顾佳峰 著

跟毛泽东学创业

GEN MAOZEDONG XUE CHUANGYE

人民出版社

目　录

自　序

　　随着如火如荼的创业活动在世界各地不断深入，创业成为这个时代的一个强音。创业实践需要理论进行引导，创业的经验也需要不断加以总结和提炼。在这种背景下，我开始系统性思考和研究创业理论与实践。在哈佛大学访学期间，我把主要的时间都花在了两个图书馆里面，一个是哈佛燕京学社图书馆，另一个是哈佛商学院图书馆。在燕京学社图书馆，我开始系统性研读《毛泽东选集》，被里面所富含的创业思想所深深吸引。毛泽东是伟大的政治家、军事家、诗人，但是，很多人忘记了毛泽东更是一位伟大的创业家。他在各种不利条件下，从农村开始，进行了艰苦卓绝的革命创业，把一个力量弱小的小党领导成强大的执政党，从处处被"围剿"的境地中突围而出，成为领导民族独立富强的中流砥柱。这是一场史诗般的宏伟创业，中间克服了常人难以想象的各种困难和挑战。作为这场伟大创业的领导者，毛泽东则是当之无愧的伟大创业家。

　　当我细细研读《毛泽东选集》时，发现里面的创业思想真是博大精深，非常丰富。这简直就是一部"创业圣经"！当代社会的创业者在创业过程中所遭遇的各种困难和挑战，比如资金不足、人员不稳、竞争者的遏制、创业战略不清楚等等，这些问题毛泽东在当初革命创业时都遇到过。作为实践者，毛泽东不仅遇到这些问题，还想到了卓有成效的解决办法，通过他的文章记录和保存了下来。所以，《毛泽东选集》是一部源于创业实践、指导创业实践的伟大著作，而且被创业实践所检验和证明是科学的创业知识和创业智慧的结晶。随着研读的深入，我惊讶地发现，毛泽东创业思想具有强大的时空穿透力。尽管毛泽东阐述的是革命创业的规律，但是，里面很多的真知灼见完全可以应用到当前在产业领域中的创业活动。当我尝试着把里面关于革命的词汇转换为关于社会创业的词汇，惊喜地发现《毛泽东选集》里面所阐述的创业思想，就是关于当前产业创业、社会创业的非常完整的理论。

找到了这个线索后，我感觉眼前豁然开朗。多年以来，一直想研究创业，但苦于找不到突破口，是毛泽东创业思想让我真正领略了创业的伟大。于是，我穿梭在哈佛燕京学社图书馆和哈佛商学院图书馆之间，用于指导当前创业实践的毛泽东创业思想也越来越清晰地浮现出来。当前创业实践主要以产业创业为主，比如成立一家新公司来开展经营活动，或者现有公司去开拓新的业务领域，这些都是当前主要的创业形态。在哈佛商学院图书馆，我查阅和研读了大量国外的创业类著作。但是，相关的创业理论，总有一种隔靴搔痒的感觉。只有当这些创业实践和理论，和毛泽东创业思想结合起来时，则景象马上发生了变化，这些创业实践及其理论就马上鲜活起来。这时候，我突然领悟了。当前的各种产业创业或者社会创业，和当初毛泽东的革命创业在本质上都是一样的，都是通过变革社会的创业实践来变革与改善社会。因此，毛泽东的创业思想和当前的社会创业实践是相通的，是互相印证的。当我领悟到这一层时，再去看当前的社会创业，则仿佛一下子都看明白了。

我在北京大学已经度过了二十多年，每次经过未名湖，都会被湖畔的美丽风景所打动。后来，我明白了其中的道理。未名湖一百多年以来之所以到目前还那么美丽，是因为湖水是活水，是与外面的水道相连通的。当代社会，很多人都去创业了。但是，创业者一个普遍的困惑就是：如何才能把新创事业搞得风生水起、热火朝天？我的观点是，创业者要达到这种境界，就要有源头活水来，而毛泽东创业思想就是当前社会创业的源头活水。在中国，目前创业成功的那些大佬，每一位都从毛泽东创业思想中汲取过能量。从国际上看，很多创业成功者也自觉不自觉地在应用毛泽东创业思想，这是因为创业者成功的道理是相通的，而这种道理是跨国界、跨时空的。

在对毛泽东创业思想的研究上，我采用了时间顺序，就是根据《毛泽东选集》的文章先后顺序来开展研究。这种研究方式符合创业思想形成的客观过程，因为毛泽东创业思想的形成不是一蹴而就的，而是他在漫长而卓绝的创业历程中逐步积累起来的。毛泽东在创业过程中，根据创业实践的问题，及时总结和提出解决问题的对策，进而形成了自己的创业思想。因此，我就顺着这个线索，一方面去感触毛泽东的创业实践，另一方面去体会毛泽东创业思想的积累与发展过程。对我而言，这个研究过程很特别，仿佛自己就是当时毛泽东身边的小勤务员，从 1925 年开始，跟着这位伟大的创业家去感受当时的创业情景。这部书稿是根据《毛泽东选集》第一卷完成的，以后希望顺着这个思路，根据《毛泽东选集》的第二、第三、第四卷，继续深入去研究毛泽东创业思想，进而完成第二、第三、第四部手稿。

第一章　创业机会识别与分析

18世纪英国著名作家霍勒斯·沃波尔有一句名言，说："人们通常可以表现得更杰出，他们带着取款凭单来到这个世界，却很少全部用完。"这句话之所以被世人广泛传颂，是因为它说出了一个被世人所熟知的事实，就是每个人的潜力其实都没有被充分挖掘出来。因此，每个人都需要有开拓进取的精神和行动，去不断挖掘自身潜力，去为社会创造出更大的价值。这种开拓进取的精神和行动，就可以称之为创业，因为任何一项创业都是挑战自己、激发自身潜力的过程。在创业过程中，个人不仅可以持续挖掘更大的潜力，而且还在社会中实现个人的社会价值。当前，创业成为一股时代潮流。无论是在国际上，还是在华夏大地上，不少人都投身到创业的实践中去，在创业的大潮中去拼搏和奋斗，去挑战自我的极限。当然，还有更多的人是潜在创业者，摩拳擦掌，跃跃欲试。无论是已经在创业的，还是准备去创业的，人们都会面临一个共同的问题：如何把握住适合自己创业的机会？

第一节　了解社会

　　任何创业活动，都是源于社会，又反馈社会。因此，把握创业机会的第一步就是要了解社会。哈佛大学商学院希望自己的学生能掌握社会学的分析方法，具有更广阔的社会视野，从而有助于商学院的学生能在宏观的社会变迁与微观的创业与管理之间获得良好的平衡。因此，哈佛大学商学院专门成立了一个研究领域就是经济社会学，包括尼丁·诺瑞亚院长在内的 8 位教授参与其中，开展社会学、经济学和管理学的跨学科研究和教学。哈佛大学商学院特别鼓励其学生以各种方式参与到社会和社区活动中去，鼓励学生从社会实践中去挖掘需求，把握创业的机会。通过社会参与和社会服务，培养学生对不同社会阶层人士的认同感、关注和尊重。通过深入接触和了解社会，学生会对某些社会服务产生兴趣，萌发通过创业来帮助社会、改善社会服务的想法。为了在现实社会中实现这些想法，不少学生就投身到创业活动中去，有的已经小有成就。所以，社会参与和社会观察就是培育未来创业家和社会领袖的苗圃。

一、分清敌友很重要

　　任何一项创业，都会有其利益相关者，都会产生某种利害关系。创业过程中，往往会产生敌我不同的阵营，创业者需要分清楚敌我才能妥善处理好相关矛盾，确保创业能够稳步推进。对于任何一个创业者而言，都无法回避一个冷酷的现实，就是敌人随时可能出现，随时可以从意想不到的地方发起攻击，而友军却迟迟不出现。2008 年一个风雪交加的夜晚，特拉维斯·卡拉尼克在巴黎街头等出租车。由于一直没等到，他当时就发誓一定要推出一款应用软件解决这个问题，按个按钮就能叫车。但是，当他开发出这款软件并创办优步（Uber）之后，突然发现眼前冒出来一批敌人。他的敌人包括出租车行业、全球监管机构、竞争对手，有时甚至是客户。

这些意想不到的敌人，令他心力交瘁，疲于奔命。可见，创业者从来都不会是孤独的，因为对手会如影相随。创业历程中的每一次成功，恰恰意味着可能会有更强大对手的出现。这似乎就是创业者的宿命，也说明创业的艰辛和冷酷。Uber 刚呱呱坠地，就陷入各方围攻的困境，敌人不断在世界各地涌现出来，反对 Uber 的声浪甚嚣尘上。特拉维斯·卡拉尼克所面对的挑战，也是很多创业者所共同面对的问题，即创业的修昔底德陷阱。新崛起的事业必然要挑战现存势力，而现存势力也必然会回应这种威胁，这样竞争和对抗变得不可避免，创业过程中的敌人也就自然形成了。

修昔底德陷阱的存在，说明任何一项具有创新性的创业，都不可避免会对传统势力形成挑战。这种现象被约瑟夫·阿洛伊斯·熊彼特称为"创造性破坏"，强调的就是创新与创业的破坏性和对传统知识的挑战性。在这个过程中，不可避免会有反抗的力量，就是创业者的敌人。作为一位伟大的创业者，毛泽东说："谁是我们的敌人？谁是我们的朋友？这个问题是革命的首要问题。"[①] 从创业的角度而言，这就是创业的首要问题。任何一项具有创新性的创业，都代表了一股新生力量，都会对传统势力构成一定的威胁，甚至推翻传统势力的主导与控制。因此，伴随着创业而来的，往往是有敌意的遏制者和强有力的竞争者。当创业者无法清楚识别不同类型的敌人和竞争者并与之斗智斗勇时，那么，这些敌人就会在创业者尚弱小的阶段发起攻击，把创业扼杀掉。所以，对创业者而言，分清楚敌人和朋友是头等大事。否则，创业者最终失败了还不知道为何而失败。例如，脸书（Facebook）对初创公司特别敏感警惕，一旦发现初创企业对自己可能构成一定的威胁，就会试图去收购。当这种收购遭到初创公司拒绝时，Facebook 就会使出杀手锏，对创业公司的态度就会产生巨变。如果买不下你，就扼杀掉你！这是因为任何行业竞争都有残酷的一面，即便

---

① 毛泽东：《中国社会各阶级的分析》（1925 年 12 月 1 日），载《毛泽东选集》第一卷，人民出版社 1991 年 6 月第 2 版，第 3 页。

是 Facebook 这样的行业巨头也要通过积极防御的战术来巩固自己的位置。当然，Facebook 也想尽可能把天下英才都招致麾下，体现了创业者永不安于现状的进取心。

那么，创业者如何才能在强敌环伺的环境中，整合利用好自己所能动用的资源，从逆境中脱颖而出？在这个问题上，伟大的创业家毛泽东有系统性的思考与研究。在《中国社会各阶层的分析》一文中，毛泽东深入系统地分析了当时中国各个社会阶层的处境、心态以及未来发展的方向，提出了正确的创业道路。毛泽东总结革命创业失败的原因时，一针见血地指出，说："中国过去一切革命斗争成效甚少，其基本原因就是因为不能团结真正的朋友，以攻击真正的敌人。"[①] 从创业的角度来说，就是创业者一定要精准识别出自己的敌人和朋友。亚马逊的创办人杰夫·贝佐斯，经常开车在街上游荡，找寻创业的机会。有一天，他在开车途中，一个念头浮上了脑海：为什么不办一个网上书店，用新方法销售图书和 CD 光盘呢？杰夫·贝佐斯在创业之前，就采用了与毛泽东相似的分析方法，精确预测出包括邦诺书店在内的这些传统书店巨人的反扑和遏制。根据这些对手和敌人的攻击方式，他做好了各种防御与反击措施。结果，亚马逊一上线，果然各种攻击如期而至。但是，因为早有准备，亚马逊在被遏制中得以突围而出，最终成为新的霸主。所以，杰夫·贝佐斯在亚马逊创业成功后，反复提醒别的创业者要分清敌我，道理就在里面。

对于每一位创业者而言，来自传统势力的扼杀和压制，可以看成是创业的必经之路。尤其在创业初期，创业者一般都比较弱小，无法正面与这些强敌进行对抗。对此，毛泽东认为，面对扼杀与压制，不必害怕，要学会联合一切可以联合的力量来对抗这些敌人，他说："我们的革命要有不领错路和一定成功的把握，不可不注意团结我们的真正的朋友，以攻击

---

① 毛泽东：《中国社会各阶级的分析》（1925 年 12 月 1 日），载《毛泽东选集》第一卷，人民出版社 1991 年 6 月第 2 版，第 3 页。

我们的真正的敌人。我们要分辨真正的敌友，不可不将中国社会各阶级的经济地位及其对于革命的态度，作一个大概的分析。"① 这句话强调了敌我分析的基本方法，这种方法在杰夫·贝佐斯的创业过程中，发挥了重要作用。亚马逊线上书店开张后，他发现自己的敌人除了全美最大的实体书店邦诺之外，居然还有苹果、谷歌（Google）、沃尔玛、卖玩具的玩具反斗城、卖音乐的 CDNow 等。面对如此强大的竞争压力，亚马逊一直处于亏损状态。对此，可以套用毛泽东的一句话，来形容当时亚马逊的困境。毛泽东曾经很风趣地说："他们每逢年终结账一次，就吃惊一次，说：'咳，又亏了！'"② 可以想象得出，面对着连年亏损的困境，当时杰夫·贝佐斯的心情肯定很糟糕。毛泽东对此也有所描述，他说："这种人因为他们过去过着好日子，后来逐年下降，负债渐多，渐次过着凄凉的日子，'瞻念前途，不寒而栗'。"③ 在这种态势下，亚马逊若想要存活下来，唯有采用毛泽东的策略，联合更多的朋友和盟友，壮大自己的力量，提高自身抗打击能力。事实上，亚马逊也的确是这样做的：通过提供低价书来联合读者，通过减少中间盘剥来联合书商，通过分享 15% 的佣金来联合线上的"委托机构"。结果，这位全球树敌最多的首席执行官杰夫·贝佐斯笑到了最后。可见，弄懂了毛泽东创业思想，再来看亚马逊的创业，一看就看清楚了。

　　杰夫·贝佐斯创业的例子，可用来说明毛泽东创业思想的普遍性。毛泽东是在长期的革命创业中，总结出系统性的创业思想，并且理论指导实践，最终在中国获得了革命创业的成功。虽然，毛泽东的革命创业实践在中国，但是，他从中总结出来的一般性的创业思想和原则，具有普遍

5

---

① 毛泽东：《中国社会各阶级的分析》（1925 年 12 月 1 日），载《毛泽东选集》第一卷，人民出版社 1991 年 6 月第 2 版，第 3 页。

② 毛泽东：《中国社会各阶级的分析》（1925 年 12 月 1 日），载《毛泽东选集》第一卷，人民出版社 1991 年 6 月第 2 版，第 6 页。

③ 毛泽东：《中国社会各阶级的分析》（1925 年 12 月 1 日），载《毛泽东选集》第一卷，人民出版社 1991 年 6 月第 2 版，第 6 页。

性。以创业的敌我关系为例，无论是在东方还是在西方进行创业，无论是革命创业还是社会创业，创业过程中都会遇到敌我关系的处理问题。无论是马云、马化腾，还是史蒂夫·乔布斯、杰夫·贝佐斯，都需要处理敌我关系，才能确保创业能够往前推进。所以，学习毛泽东创业思想，要活学活用，要理论结合实际。杰夫·贝佐斯不一定就读过毛泽东的书，但是，他的创业实践体现了创业的一般规律，这些规律毛泽东通过革命创业实践已经提炼出来了。因此，用毛泽东创业思想来分析国外的创业案例，不但同样适用，而且有助于把握住毛泽东创业思想的普遍性和科学性，领会其中的现实指导意义。

二、谁才是中坚力量？

毛泽东的创业思想，博大精深。毛泽东的社会阶层分析，运用到创业中，其中之一就是西方管理学所说的利益相关者分析（Stakeholder Analysis）。目前创业中常用到的分析工具，就是迈克尔·波特的五力模型及罗伯特·卡普兰的平衡积分卡分析。他们都是哈佛商学院杰出的教授，在哈佛大学商学院图书馆入口墙上的显要位置，挂着这两位教授的头像及其学说成就的介绍。迈克尔·波特的五力模型强调了五种利益相关者，分别是供应商、购买者、潜在进入者、替代品及同业竞争者。罗伯特·卡普兰的平衡积分卡分析，则强调股东、客户、员工、供应商和社区是五种重要的利益相关者。上述这两种分析方法，核心是定位分析。事实上，讲定位分析讲得更为透彻的，就是毛泽东的社会阶层分析法。毛泽东从社会人群分类的角度来确定社会利益相关者，在此基础上，确定不同的关系建构与维护策略。因此，这种社会阶层分析的方法，具有更加宏观的视野和对于社会需求更加立体的识别。通过社会阶层分析，毛泽东为中国革命找到了中坚力量，为革命创业的成功奠定了关键性基础。社会创业很重要的基础和前提，就是社会关系分析和社会定位。与迈克尔·波特和罗伯特·卡普兰的分析方法相比，毛泽东的社会分析方法更适用于社会创业。

毛泽东所强调的中坚力量，就是创业能否成功的决定力量。创业者在起步阶段，往往势单力薄，急需强有力的支持者，能够一起同甘共苦，共同去创业。但是，在创业之初，未来不明朗。于是，一些意志不坚定者，就会选择离开创业团队。马云曾说："创业的时候，我不断提醒自己我们是谁，我们从哪里来。"这是一个类似于哲学式的问题，但是，却是创业的关键性问题。我们是谁，就是要明确参与创业的人所组成的团队都是哪些人，各有何种特征，能在创业过程中发挥出何种作用。参与到创业中来的成员，嘴上高喊创业的，不一定就是真正来创业的。鲁迅先生在小说《阿Q正传》中，形象描述了高喊革命的投机者，"历来不相能"的假洋鬼子和赵秀才在看准形势后也"相约去革命"。在创业初期，创业者尤其需要清楚界定谁才是创业的中坚力量，是创业得以依赖的力量。马云在创业的过程中，发现聪明的人都离开阿里了，剩下的成了富翁。这说明，那些所谓的聪明人往往更容易见异思迁，看到更好的机会时，就不愿意忍受创业的艰辛，就会脱离创业团队。显然，这类人不是创业的中坚力量。当然，留下来一起创业的，其实也不是很笨的人，而是更加认同创业活动且愿意投身其中的人，这类人更适合成为创业的伙伴。马云向毛泽东学习，牢牢把握创业的中坚力量，所以他成功了。

在回答"我们是谁？"这个问题上，毛泽东通过社会阶层分析，精准地找到了答案。他说："工业无产阶级是我们革命的领导力量。一切半无产阶级、小资产阶级，是我们最接近的朋友。那动摇不定的中产阶级，其右翼可能是我们的敌人，其左翼可能是我们的朋友——但我们要时常提防他们，不要让他们扰乱了我们的阵线。"[①]可见，这个"我们"包含了多种成分，有些是可依靠的，而有些是需要提防的。创业者在起步阶段，一般往往找到一些私交很好的伙伴来一起创业，例如朋友、同事、同学、亲

---

① 毛泽东：《中国社会各阶级的分析》（1925年12月1日），载《毛泽东选集》第一卷，人民出版社1991年6月第2版，第9页。

戚、校友等等。阿里巴巴、巨人、盛大、腾讯、网易的创业团队几乎惊人地一致，都是选择了私交比较好的伙伴一起来创业。但是，众人由于性格、志趣等方面的不同，往往出现表面上的合作，而实际上创业团队中真正全身心投入创业出力的不多。所以，创业者在尽可能笼络人才一起创业的同时，需要清楚界定创业团队中不同成员的角色。任何一项创业，都是从"我"到"我们"的过程，而毛泽东提醒创业者需要认真思考"我们"的内涵，既要合作，又要提防，这样才符合创业的辩证法。

对于创业的第二个问题，我们从哪里来，就是要清楚了解这些人员的出处。毛泽东在《中国社会各阶层的分析》一文中，对于革命力量的来源分析之细致，堪称经典。马克思通过研究资本主义社会各阶层，提出工人阶级是革命的中坚力量，使得社会主义从空想变成了现实。列宁在创业中，继承了马克思的理论，发动俄国工人阶级，成功获得政权。毛泽东根据中国当时的国情，开创性地提出了农民是不可忽视的革命力量的观点，开启了中国革命创业的新篇章。毛泽东甚至还发现诸如"三合会""哥老会""大刀会""在理会""青帮"这些非主流人群也有可团结价值，他说："这一批人很能勇敢奋斗，但有破坏性，如引导得法，可以变成一种革命力量。"[1] 毛泽东这里用"引导"一词，点出了创业的突破口。创业若想成功，就需要合理引导社会需要。当初，在马化腾创业做 QQ 软件时，社会上没有多少人愿意去用，大家也不晓得"小企鹅"是做什么的。但是，马化腾通过研究发现，大学生是更容易接受这种新颖沟通方式的人群，便积极采用各种措施来引导这个人群。记得当时经常看到北京大学校内"三角地"的路旁，有人派送"小企鹅"，作为免费的礼物。在学校食堂附近，看到有人派送食堂新鲜烤制的炸鸡腿，前提是需要先注册一个 QQ 用户。对于当时北京大学的学生而言，食堂炸鸡腿的诱惑是难以抵挡的。因此，不少

① 毛泽东：《中国社会各阶级的分析》（1925 年 12 月 1 日），载《毛泽东选集》第一卷，人民出版社 1991 年 6 月第 2 版，第 9 页。

北京大学的学生开始注册成为 QQ 用户。不久，QQ 就开始火起来了。马化腾的创业成功，在于毛泽东所说的会"引导"。

三、要到哪里去？

对于创业者而言，除了要清楚自己的创业团队是谁，是从哪里来的，还要明白要到哪里去。小说《爱丽丝梦游仙境》里面有一段精彩的对话，爱丽丝问柴郡猫："可不可以告诉我，接下去我该走哪条路？"柴郡猫反问道："那你要去哪里啊？"爱丽丝回答说："其实我并不知道自己想去哪里？"柴郡猫于是说："那你随便走哪一条路都可以！"这个对话对于创业者的启发就是，创业者需要有明确的目标和方向，才能带领创业团队找出合适的路径而获得成功。若创业者自己都不清楚自己的方向和目标，那么，又如何去鼓励和团结创业力量？创业者往往会陷入陷阱，就是看到一个觉得好的东西，马上就去试验，结果因为目标不明确而中途放弃。创业者首先需要明确具体所要解决的问题，根据这个问题去设定解决方案，这就是创业的目标和方向。有了目标和方向，再来考虑采用何种技术手段才是最优的问题。这样的创业，成功的可能性就比较大。也就是说，创业目标决定创业的手段。

毛泽东之所以要在 1925 年写《中国社会各阶层的分析》这篇文章，是因为他发现当时的革命领导者存在偏离方向的危险。对于革命创业，当时有不同的策略。以陈独秀为代表的，强调国共合作；以张国焘为代表的，只注意工人运动。在毛泽东看来，这两种思路和策略都有问题，而问题就出在这些领导者对于革命的目标认识有偏差。革命创业就是消灭旧势力，推翻现有政权，建立新政权。有不少创业者，花费了巨大心血，但是，创业成功后，要么黯然下台，被迫离开自己一手创办的公司，要么沦落为打工仔。就连创业者的偶像苹果电脑的创办人史蒂夫·乔布斯也曾经被苹果公司给扫地出门过。2013 年，在印度尼西亚巴厘岛的一次会议上，苹果公司前首席执行官约翰·斯卡利曾谈及他是如何赶走史蒂夫·乔布斯的。无论何种解释，创业者史蒂夫·乔布斯曾经被自己创立起来的企业所解雇，这是不争的事实。创业者应该好好学习毛泽东的具有前瞻性的眼光，才能避免因为引狼入室而无法享有创业果实的境遇出现。

毛泽东分析的这两种危险，其实就是创业过程中的两个陷阱。在创业初期，创业者往往觉得自己的力量还不够强，于是，想通过找盟友的方式来强化自己，结果，引狼入室的情形时有发生。马云早期创业做的是黄页，叫"中国黄页"。在杭州有家"西湖网联"，有政府背景，财大气粗。与之相比，"中国黄页"则力量单薄。为了背靠大树好乘凉，马云决定与西湖网联合资。合资后，中国黄页占30%的股份，西湖网联所属的南方公司占70%的股份，马云仍出任总经理。但是，好景不长。几个月后，马云带人到外地拓展业务，等再回到杭州一看，情况大变。南方自己又注册了一家自己的全资公司，名字也叫"中国黄页"。这时，马云才恍然大悟，原来西湖网联并无合作诚意，而是因为竞争不过，才与马云合资，合资的目的是先买过来再灭掉，然后去培育自己完全控制的全资黄页。等马云发现，已悔之晚矣，也只有辞职了。无论是革命创业还是社会创业，都可能陷入敌人设下的陷阱，而遭受灭顶的打击。这种相似性，表明人类的活动在不同的历史阶段和不同的领域中会以不同的方式去变革社会，但其内在的规律是相通的。这就是为什么毛泽东创业思想依然能够很好指导当前创业的原因所在。毛泽东所提示的创业陷阱，马云在创业历程中就遭遇到了。事实上，正是这些陷阱让马云痛定思痛，开始深入研究毛泽东创业思想。随着学习的不断深入，创业也就越来越顺利了。可见，毛泽东的创业思想具有跨时空、跨领域的特征，对于当前的创业依然具有重要的指导意义。

毛泽东分析的创业的另一个陷阱，就是没有找到合适的中坚力量。毛泽东发现，以张国焘为首的，只重视工人阶级而忽略了农民，容易把革命带入歧途。后来，张国焘另立中央以及叛逃，都印证了毛泽东的先见之明。2000年，阿里巴巴刚融完资，马云就想到硅谷招募年轻人，打算做中美之间的贸易。但到了硅谷才发现，会讲英文的老外不懂贸易，懂技术的人也不懂贸易。在硅谷公司成立了三个月，共招募七八十人。马云说，最后发现"这些人都不是我们要的人"，只好裁员。裁员时，问员工究竟要二分钱一股的股票，或是拿 2000 元美元，多数人选择了拿现金。马云那时到硅谷招人，忽略了留在硅谷的中国人才，这些人才既懂中文和中国，又了解美国。但是，令人不解的是，这个人群居然并未进入马云的视野。结果，马云遭遇到了痛彻心底的失败，他自己形容说："我那时特别沮丧，很痛苦。"在这次创业活动中，马云失败了，究其原因，就是毛泽东所指出的那样，并没有找到创业活动的中坚力量。因为人没有找对，所以这次创业活动就做不起来。

令马云耿耿于怀的是，这些硅谷有创业基因又有技术的年轻人，居然大多数喜欢要 2000 元美元的现金而不是二分钱一股的股票。现金和股票的区别在于，前者拿到马上能用，效果是立竿见影的，而后者有风险且需要一定时间的等待。当马云为此疑惑不解时，毛泽东则一语道破天机，他说："这种人发财观念极重，对赵公元帅礼拜最勤，虽不妄想发大财，却总想爬上中产阶级地位。他们看见那些受人尊敬的小财东，往往垂着一尺长的涎水。这种人胆子小，他们怕官，也有点怕革命。"[1] 用现在通俗的话来说，尽管是硅谷的所谓青年才俊，身处这片充满创业的土壤中，但是，其中很多人其实胆子小，也有点怕创业。这类人自诩聪明，也不乏发大财的梦想，看到或听到创业成功者，还会流口水。但是，真正让这些人去创业，他们往往首先选择的是退缩。毛泽东对于人心和人性的洞察，令人拍案叫绝。毛泽东的著作和论述，如同一面镜子。创业者若用这面镜子来看自己，往往就能够明白自己之所以成功和之所以失败的根源。当结合当前的创业实践来重读毛泽东的作品时，不得不为毛泽东精辟的见解所具有的时空穿透力所折服。

---

[1]　毛泽东：《中国社会各阶级的分析》（1925 年 12 月 1 日），载《毛泽东选集》第一卷，人民出版社 1991 年 6 月第 2 版，第 5 页。

第二节 做好调研

1897 年，法国著名的后印象派画家、雕塑家保罗·高更完成了其生平最大幅的经典作品《我们从何处来？我们是谁？我们向何处去?》，这幅高达 1.5 米、宽 3.6 米的旷世巨作，提醒忙碌的世人要思考最本质的问题。这些本质的问题，也是创业者在创业过程中所不可回避的问题。创业者若能够在创业过程中，很好回答这些问题，就能够把握住创业的方向，能够发挥自己的优势去获得创业的成功。当然，回答这些问题不能靠拍脑袋，而是需要建立在客观事实基础上。创业是追逐梦想的过程，但创业本身并不是形而上的梦想或者主观臆想，而是一种基于现实的客观实践活动。因此，解答创业过程中的问题，需要对于客观现状有清楚的认识，才能实事求是，才能作出符合客观现实的决策，才能解决现实中的问题。这个过程，调查研究是基本功。

一、掌握第一手资料

2001 年，电影《毛泽东在 1925》正式公映。在电影的开始，毛泽东生病了，友人给他找好了襄阳医院去看病。对此，毛泽东说："看病的地方我自己已经找好了，韶山，明天就回韶山。"当时，毛泽东已经感觉到革命创业存在一些问题，要解决这些问题，就需要到农村、到基层去调研，才能找到革命创业的正确道路。毛泽东说："我这回到湖南，实地考察了湘潭、湘乡、衡山、醴陵、长沙五县的情况。从一月四日起至二月五日止，共三十二天，在乡下，在县城，召集有经验的农民和农运工作同志开调查会，仔细听他们的报告，所得材料不少。"[1] 通过调查所获得的第一

---

[1] 毛泽东:《湖南农民运动考察报告》(1927 年 3 月)，载《毛泽东选集》第一卷，人民出版社 1991 年 6 月第 2 版，第 12 页。

手资料，往往是创业的关键信息。不少年轻人，羡慕那些成功的创业者，觉得是幸运让这些创业者获得了成功。对此，吉姆·柯林斯在其著作《从优秀到卓越》中指出，成功不是因为幸运，而是因为"谋事在先"。要"谋事在先"，就首先需要掌握第一手信息和资料，而到基层、到一线进行调查与研究，则是获得第一手资料的重要手段。创业者在开始创业时，往往豪情万丈，头脑发热。结果，一旦真正去创业，就会发现所遭遇的困难远比想象的要多。很多创业者因为遭遇预期之外的困难，不得不中途放弃创业而退缩。所以，无论是革命创业还是社会创业，都需要掌握实际情况。在大革命时代，各路人马都打着革命的旗号进行活动。毛泽东则敏锐地意识到，农民将会是重要的革命力量。但是，他没有拍脑袋，而是亲自到农村进行调研。在掌握了第一手资料之后，毛泽东对于发动农民搞革命创业的思想也更加成熟和自信。对于创业者而言，第一手资料是科学决策的重要依据。

当然，做调研是项苦差事，不少创业者嫌麻烦，往往想绕过调研而直接去获得成功，反而更容易导致创业的失败。戴尔公司创始人迈克尔·戴尔8岁时看到了一则广告，说经过一种专门考试，就可免除不必要的环节，直接拿到高中毕业文凭。小戴尔看到这则广告后，非常激动，如同天上掉下馅饼刚好砸到自己一样。于是，他马上就拿起电话申请，希望能一步到位解决自己的文凭问题，直接进入大学。结果，当然是可想而知了。这种投机取巧、想走捷径的心态，往往是导致创业失败的重要原因之一。一些创业者，在创业之初认定自己会是幸运儿，幻想以最快的速度获得成功，最好是一步登天。持有这种心态的创业者，往往喜欢走捷径，希望通过投机的方式，迅速获得成功。这种心态如同创业者的心魔，若不加以克服，往往会把创业引入死胡同而遭遇滑铁卢式的失败。创业者尤其需要理性，能够冷静地去判断创业机会。冷静的创业者，往往都会认真地做好各项创业前的准备，包括做好各项调研工作。创业者要学习毛泽东脚踏实地的态度和创业方式，认真做好各项调研工作，稳健而坚定地去创业，而不要想着走捷径。

　　不少想创业的人，苦于没有好的创业机会。其实，好的创业机会来自调研。毛泽东说："许多奇事，则见所未见，闻所未闻。"[1] 这些发现，都是毛泽东在走入农村调研时所获得的，从中他学习到了很多书本上学不到的知识。这就是实地调查的魅力，能够获得第一手资料和信息，掌握最鲜活的知识和学问。读万册书不如行万里路，这是因为在行万里路的过程中，是一边走一边实地调研，才能掌握最新的信息。不少想创业的人抱怨，为什么没有好的点子呢？从哪里才能发现好的创业点子呢？毛泽东已经给出了最好的答案，就是去实地调研。关于这一点，迈克尔·戴尔就是一个很好的例子。迈克尔·戴尔从自己 8 岁时糗事中不断反省，终于明白了创业不能通过走捷径来获得成功的道理。想明白这个道理后，他就开始依靠自己的努力去创业。进入高中后，16 岁的他在《休斯敦邮报》做兼职电话销售。他通过调查发现一个"奇事"，有两种人几乎最愿意订阅邮报：一种是刚结婚的人，另一种人则是刚搬进新房的人。这个第一手信息令他兴奋不已，立即雇了几个高中"死党"搜索这类人的信息，并给这些人发送了报纸订阅资料，结果一下子就找到了数千名订户。仅仅一个学期，他的这份兼职就为他带来 1.8 万美元的收入，连他的老师都觉得是"奇事"，都感叹自己一年的收入还不及学生的一份兼职。

　　对于这些创业中的所谓"奇事"，毛泽东进一步指出，说："我想这些情形，很多地方都有。"[2] 顺着毛泽东的视线去看各种创业成功的案例，就会发现通过实地调研获得第一手信息而创业成功的情形，果然在很多地方都有。迈克尔·戴尔高中时代的创业"奇事"，就是其中很好的一例。任何一项创业活动，本质上都是变革社会的活动，因此，就需要从掌握社会

---

　　[1]　毛泽东：《湖南农民运动考察报告》（1927 年 3 月），载《毛泽东选集》第一卷，人民出版社 1991 年 6 月第 2 版，第 12 页。
　　[2]　毛泽东：《湖南农民运动考察报告》（1927 年 3 月），载《毛泽东选集》第一卷，人民出版社 1991 年 6 月第 2 版，第 12 页。

第一手资料入手，去分析和了解社会，找出社会问题的症结所在，进而通过创业实践去解决这些社会问题。美国有一本畅销书，书名是"outliers"，这指的是离群值或者叫奇异值，是一个统计学上的概念。若翻译成中文，就是《异类》。这本书解释了一个现象，就是成功者往往就是异类，往往能看到被人忽略的现象，通过分析这些现象而进行创业活动，结果就获得了成功。毛泽东通过实地调研发现的各种"奇事"，实际上就是一些容易被大众忽视的现象。不少人很奇怪，为什么成功的创业者都能够找到很好的创业机会，而自己总是觉得无从下手呢？其实，这些成功的创业者不是天生就具有敏锐的观察力，而是通过不断实地调研去发现各种奇奇怪怪的现象，进行分析和思考而得到了创业的最初想法。

二、"糟得很"还是"好得很"

开展实地调研，关键是要能够掌握第一手资料和信息。但是，对于同样的信息，不同的人往往会有不同的解读。在毛泽东到农村去实地调查前，社会上弥漫着一股风气，就是普遍否定农民搞革命，认为这是很糟糕的事情。毛泽东说："农民在乡里造反，搅动了绅士们的酣梦。乡里消息传到城里来，城里的绅士立刻大哗。我初到长沙时，会到各方面的人，听到许多的街谈巷议。从中层以上社会至国民党右派，无不一言以蔽之曰：'糟得很。'"[①] 新生事物往往被传统势力所否定。来自传统势力的否定性判断，还会传染，会打击创业的积极性和士气。当马克·扎克伯格最初想做他的"独家虚拟年鉴"脸谱网时，内心也颇犹豫。于是，他决定做些调研，问周围的人对这个想法的建议。结果，负面的反馈占主导。一些人直接就告诉他这玩意儿太怪诞了，根本没用。反对者言之凿凿，提出各种证据。社交网络聚友网（My Space）已深受人们喜爱，为什么还需要一个

---

① 毛泽东：《湖南农民运动考察报告》（1927 年 3 月），载《毛泽东选集》第一卷，人民出版社 1991 年 6 月第 2 版，第 15 页。

"虚拟年鉴"？这种态势，让马克·扎克伯格内心更加挣扎和犹豫，因为情况看上去似乎比想象的还要糟糕。对于这种创业的境遇，毛泽东描述说："即使是很革命的人吧，受了那班'糟得很'派的满城风雨的议论的压迫，他闭眼一想乡村的情况，也就气馁起来，没有法子否认这'糟'字。很进步的人也只是说：'这是革命过程中应有的事，虽则是糟。'"[①] 当时的马克·扎克伯格，似乎就陷入了毛泽东所说的这种很糟糕的境地，甚至已经怀疑起自己来了。

对于很多创业者而言，这"糟得很"是其创业需要突破的一道关。如果说，成功的创业者如同破茧而出的蝴蝶，那么，这"糟得很"就是阻挡创业者前进的"茧"。若无法突破，就不可能前行。假如马克·扎克伯格在当初的质疑声中放弃了自己创业的念头，那么，就不会有后来Facebook的巨大成功。如果毛泽东当时也人云亦云，就很可能不会下农村去调研，就不可能发现推动革命创业的新力量。因此，对于创业者而言，要有辩证看问题的能力。在商业中有个经典案例：两个业务员到非洲去卖鞋，发现非洲人都不穿鞋。一个业务员说，非洲人不穿鞋子，这里没市场。而另外一个业务员则说，不对，非洲人都没鞋子穿，这里的市场一片大好。结果，根据第二个业务员的判断，鞋厂在非洲获得了空前成功。创业者需要有独到的眼光和判断，才能发现足以成功的创业机会。同样是去农村，毛泽东的判断就与众不同，他说："这是四十年乃至几千年未曾成就过的奇勋。这是好得很。"[②] 所以，创业者不能被"糟得很"所迷惑，而要能够敢于对"糟得很"说不，要能够有说出"好得很"的底气和自信。从"糟得很"到"好得很"，虽然仅有一字之差，但是，含义完全不同。前者会令人退缩，而后者则能够鼓励创业者大胆前进，这才是创业者所需要的。

---

① 毛泽东：《湖南农民运动考察报告》（1927年3月），载《毛泽东选集》第一卷，人民出版社1991年6月第2版，第15页。

② 毛泽东：《湖南农民运动考察报告》（1927年3月），载《毛泽东选集》第一卷，人民出版社1991年6月第2版，第15—16页。

要创业，就必须要有过人的眼光。创业者就是要看到别人看不到的机会，并且能够通过创业活动来抓住机会。若机会人人都看到了，那么，也就不是创业的好机会了。创业者有了想法，并且通过实地调研之后，觉得是不错的机会，就要有"明知山有虎，偏向虎山行"的斗志和气势，才有可能在看似不可能的机会前，把握住创业的机遇而获得成功。曾经在东北有一个乡村小学老师，听到恢复高考的消息，他就想去报考。他查看通知，发现在教育系统工作的要报考师范类大学。但是，他经过反复思考和研究，发现通知上并没有说"除了师范类大学就不能报考其他大学"这类的规定。于是，他就大胆地报考了北京大学。他的报名材料送到所在地区的教育管理部门的管理人员手中，工作人员觉得这种报名不符合规定，就向领导请示。领导看了材料后说，让他报吧，连报名通知都看不懂的人，报了也肯定考不上。在这种情况下，批准了他的申请。结果，居然他考了当地的最高分，被北京大学录取了。后来，他不仅成为著名的教授，而且也成为北京大学校级领导。在他身上，就有一股创业家的精神，就是善于冷静思考和分析。这类创业者，一旦认定机会，就大胆去尝试，在看似"糟得很"的环境中，不人云亦云而坚持主见，努力奋斗而获得"好得很"的成果。

不能片面地把创业者的大胆看成是鲁莽。没有做好实地调查的，是鲁莽。而通过仔细调研和思考后能够力排众议而特立独行者，一定有其道理。毛泽东说："对于一件事或一种人，有相反的两种看法，便出来相反的两种议论。"[①] 对于同一个社会现象，不同的人有不同的认知和解读。创业者不能有从众心理，而是需要有自己的主见和判断。肯德基快餐店的招牌中有一位戴着眼镜、留着山羊胡老爷爷的头像，他就是其创始人哈莱德·桑德斯。65岁的他，想要创业，拿着一个炸鸡配方到镇上的每一家

---

① 毛泽东：《湖南农民运动考察报告》（1927年3月），载《毛泽东选集》第一卷，人民出版社1991年6月第2版，第18页。

餐馆去游说，希望合作。可是，当他敲开每一家餐馆的大门时，几乎所有的人都以嘲讽的口气问他："这么大的岁数了，还能有什么可作为呢？"他并不气馁，逢人就说他的想法，终于在诉说了差不多上千次后，有人接受了他的想法，抱着试一试的态度和他合作开了一家炸鸡店，这就是现在遍布全球的肯德基炸鸡店的第一家店。对于自己的成功，他总结说："人们常抱怨天气不好，实际上并不是天气不好，而是不同的好天气罢了。"所以，创业者不仅要能够捍卫自己的观点和立场，而且还需要通过持之不懈的行动去打动、说服甚至感染周围的人。

三、不要迷信"高大上"

现在，大学生都喜欢创业。尤其是，当同班同学或者认识的同龄人创业成功的消息传来，大学生往往会按捺不住内心的冲动，豪情壮志要创业，说要成为史蒂夫·乔布斯第二、马云第二，俨然一副壮志凌云的样子。有这种奋斗的理想是好的，但是，创业除了有激情之外，还需要务实的态度。罗马不是一天筑成的，而是通过数代人的努力才逐渐积累而成的。大学生以苹果、阿里巴巴等公司为奋斗目标，去努力创业，这种想法处理不好，就可能导致急功近利，出现创业过程中的冒进，容易招致创业的失败。今天的史蒂夫·乔布斯、马云绝对是"高大上"的典范，但是，在创业初期，无论是史蒂夫·乔布斯还是马云，都是普通人而已。史蒂夫·乔布斯创业初期，找著名的风险投资家阿瑟·洛克去谈融资。结果，阿瑟·洛克看他一脸胡子拉碴的，刚从印度回来，衣冠不整，嬉皮士一个，就根本不看好他，也没有给他投资。现在，大家都知道马云的迈巴赫豪车，却不知道马云在创业初期，曾经骑着一辆破旧的自行车上班三年。那时，杭州城里他只是一个骑着老旧的自行车、其貌不扬的人，而非现在坐着迈巴赫豪车的老板。所以，现在的大学生创业，不能仅仅看到"高大上"的一面，而应该耐下心来做该做的事情，一步一步去获得自己未来的成功。

　　"精英"与"草根"，看起来似乎是对立的两个概念，分别描述的是两种不同的人群。但是，在创业中，其实彼此之间的界限不是很明显。在大革命时代，当毛泽东想要通过农民的力量来进行创业时，发现社会上对于农民运动有不少错误的看法，称之为"痞子运动""惰农运动"等。但是，毛泽东认真分析了情况后发现，农民才是革命创业的重要力量。他通过实地调查发现，农民一旦组织起来，就可以爆发出巨大能量，是"革命先锋"，成为改变现状的重要力量。对此，他说："他们站在一切人之上——从前站在一切人之下，所以叫做反常。"① 毛泽东的这个"反常"，点出了从"草根"到"精英"的转变过程。从革命创业的角度来说，是农奴翻身做了主人。从社会创业的角度来说，就是"草根"通过创业成功成为社会的精英。这个过程，在很多创业者身上都有明显的体现。马云搞电子商务阿里巴巴，被骂是骗子。史玉柱搞脑白金，外界都不看好，嘲笑挖苦者多的是，认为他是"脑白痴"。马化腾搞 QQ 时，没有人来用，自己被迫伪装成少女去和别人聊天，结果，被人识破而饱受鄙视，差点要卖掉 QQ。这些商界精英人物，在其创业初期，做的却是当时不起眼、没人愿意去做的业务。不仅不被看好，甚至饱受嘲笑、讽刺与挖苦。

　　当毛泽东到农村去联合农民搞运动时，不少人不以为然。但是，毛泽东还是坚持自己的主见，扎根农村搞创业，结果，慢慢就打开了局面。当农民被组织起来后，当地的社会秩序也变得好起来了，他说："农会势盛地方，牌赌禁绝，盗匪潜踪。有些地方真个道不拾遗，夜不闭户。"② 从毛泽东扎根农村搞革命创业的例子，可以总结出创业的一条基本原则：心气要高，起点要低。毛泽东搞创业，心气是非常高的，就是要解放全人类，实现共产主义。但是，在实际创业过程中，要选择最合适的起点专注

---

　　① 毛泽东：《湖南农民运动考察报告》（1927 年 3 月），载《毛泽东选集》第一卷，人民出版社 1991 年 6 月第 2 版，第 18 页。

　　② 毛泽东：《湖南农民运动考察报告》（1927 年 3 月），载《毛泽东选集》第一卷，人民出版社 1991 年 6 月第 2 版，第 22 页。

地去做。毛泽东通过实地调研，选择了农村，开辟了一个新的创业模式，最终获得了成功。在浙江，义乌小商品是出了名的。义乌小商品之所以能够成功，很重要的一点就是做别人看不上、懒得做的"小玩意儿"，比如纽扣、标签、小饰品等等。尽管是冷门小生意，但是义乌人做得却非常专注。比如，有个老板专门做几毛钱一个的小玩具——橡皮图章。因为做得很专业，全世界的橡皮图章都到他这里来采购，他的生意就做得很大。所以，对于创业者而言，不要一味去追求大生意、大产品，而可以从小做起，一步一个脚印，去专注做好认定的事业，那么，离成功就不远了。义乌人搞创业，成功就在于专注和务实。这不仅造就了一大批义乌老板，而且还造就了义乌的小商品奇迹。

当然，在务实创业过程中，还需要不断总结和反思，找出各种行之有效的策略。毛泽东在扎根农村的创业过程中，从实践中不断总结经验，成为指导农民运动的重要原则。他说："但是农民所做的事很多，为了答复人们的指摘，我们须得把农民所有的行动过细检查一遍，逐一来看他们的所作所为究竟是怎么样。我把几个月来农民的行动分类总计起来，农民在农民协会领导之下总共作了十四件大事，如下所记。"[1] 这十四件大事，就是毛泽东在实际农村运动中总结和提炼出来的创业经验，简单而好用。创业者千万不能被"高大上"的口号所迷惑，也不能死抱着教科书去创业，而是需要从实践中去发现、总结和提炼属于自己的创业模式。克雷格列表（Craigslist）从 1999 年开始就没换过界面，发展至今页面始终采用最简单的纯文字链接，没有图片，不做特效，拒绝加入花哨的元素。但是，就是这样一家企业，在全球 50 多个国家都有分站，年营收过 3 亿美元，人员到现在也只有 30 多人，人均产出却惊人，超过谷歌排第一。Craigslist 成功的秘诀是，当别人都在喊着向前跑、向前跑的时候，Craigslist 却一直在

---

① 毛泽东：《湖南农民运动考察报告》（1927 年 3 月），载《毛泽东选集》第一卷，人民出版社 1991 年 6 月第 2 版，第 22 页。

往下挖，往下挖。Craigslist通过简单实用的创业，拒绝一切花哨的东西，结果，大受欢迎。

对于那些花哨的东西，毛泽东提到一个说法，就是："那班东西么，不作用了！"① 当然，毛泽东批判的是当时的旧式乡镇机关。这用来批判时下那些作秀搞怪、玩弄花哨把戏的创业者，也同样适用。创业者在创业初期，人力和财力有限，因此，不能被花哨的东西所迷惑，而是应该专注于简单有用的事物上。战国时期的秦孝公从其父亲手里接过来的是一个屡弱的秦国，于是，他重用商鞅，开始励精图治的创业。《管子·国蓄》说："利出于一孔者，其国无敌。"商鞅在秦国变法，核心就是去掉各种无用的政策和措施，实施"利出一孔"的耕战政策。在国内，鼓励耕种，提高粮食产量，为战争做好扎实的准备。对外，就是积极用兵和扩张，利用军功来提拔人才和给予奖励。如此一来，本来民风彪悍、私斗成风的老秦人，在法律的引导和约束下，把精力投入到耕种和获得军功之上。于是，整个秦国成为一个制度严明、分工明确、效率高超的组织，为后来统一中国奠定了关键性基础。当时，变法之风在诸国广为流行，但是，其他各国的变法都是以失败而告终，究其原因，不外乎如同毛泽东所说的"不作用了"。只有采用商鞅变法的秦孝公获得了创业的成功。可见，创业需要的是简单而实用的东西，花拳绣腿的做法没有什么用处，不值得提倡。

第三节　憧憬未来

既然是创业，就会遭遇挫折和失败。美国加利福尼亚州霍桑有个太空探索技术公司（Space Exploration Technologies Corporation），简称为SpaceX。这是一家私人太空发射公司，投资发展各种先进的火箭，甚至

---

① 毛泽东：《湖南农民运动考察报告》（1927年3月），载《毛泽东选集》第一卷，人民出版社1991年6月第2版，第28页。

是可回收火箭，用于经营太空货运生意。2015 年 6 月 28 日上午，在波士顿保诚中心（Prudential Center）的一家开放式餐厅里外，人头攒动。这家餐厅墙上挂着巨大的液晶显示器，正在播放 SpaceX"猎鹰 9"火箭搭载"龙"飞船从佛罗里达州卡纳维拉尔角空军基地升空的画面。忽然，人群中响起一片叹息，原来发射数分钟后，火箭在空中爆炸，残骸落入大西洋。这已经是 SpaceX 第三次尝试火箭回收失败了。面对接踵而至的挫败，SpaceX 的创始人埃隆·马斯克并没有任何退缩的意思，而是下定决心，即使最后要卖掉房子，也要实现自己的太空梦。六个月后，SpaceX 公司成功发射并回收火箭。这是人类第一个可实现一级火箭回收的轨道飞行器。因此，创业者需要有坚韧不拔的意志和越挫越勇的斗志，对于未来有乐观的预期，永远能够积极面对所遭遇的各种阻力。

一、没有失败，何来成功？

创业的本质是一种试错的过程，投身创业的人都是通过创业实践来检验最初的创业构想是否能够实现。既然是试错，就说明未来成功和失败的可能性都会有。一旦失败，创业者不能气馁，而是要从中汲取经验与教训，调整创业方案和策略，从而往更接近成功的方向去努力。1993 年公映的电影《秋收起义》，毛泽东一出场的第一句台词就是："我也要动手了，扯旗放炮，干它一个天翻地覆，天翻地覆！"这一句话，道出了多少创业者的雄心壮志。每位创业者，都会有大干一场的冲动。当然，创业不可能是一帆风顺的。1927 年 8 月 7 日，毛泽东在湖南组织秋收起义。但是，由于出现叛徒、军事斗争经验不足等原因，这次起义受挫了。由于连续作战和疲劳、饥饿、疾病的袭扰，起义部队从最初的 5000 多人，等到达三湾时已不足千人。对毛泽东而言，第一次领导武装暴动，就遭遇挫折，显然打击不小。当然，挫折是创业家必经之路。即便是爱迪生，这么一位伟大的发明家，也是屡屡受挫。1878 年 9 月，他开始研究电灯，找了几位股东，凑了 5 万美金，成立了一家股份公司。很快钱用完了，一部分股东的信念开始摇动，爱迪生遭遇到事业上的危机。对于创业者而言，失败是不可避免的。美国最大的商店和药品商店零售商彭尼公司的创始人詹姆斯·彭尼说："若不是因为挫折，今日我不会有任何成就；我是被迫在困境中进步。"无论是革命创业，还是社会创业，能够一蹴而就获得成功的例子很少，绝大多数都是遭遇挫折后继续勇往直前而最终迎来了创业的成功。

面对挫折而带来的危机，如何处置？这往往是考验创业者是否具备过人素质和能力的时候。当毛泽东带领着一支士气低落、组织涣散、思想混乱的队伍时，在他心头，也很难抹去刚刚挫败的阴影。但是，创业者的韧性，在这种场合中往往会发挥出关键性的作用。毛泽东并没有垂头丧气，而是认真分析和总结这次挫败的原因，发现统一思想是战斗力的重要保障。于是，他在三湾村的"泰和祥"杂货铺里，召开了重要的会议，提出了"支部建在连上"的重要治军思想。面对士气低落的队伍，毛泽东力挽狂澜，挺身而出，鼓励大家说："有什么可怕的，没有挫折和失败，革命是不会成功的！"这就是著名的"三湾改编"，对于人民的军队而言，具有里程碑式的意义。创业有高潮，也不可避免会因为挫败而陷入低潮。当创业陷入低谷时，真正的创业者是不会退缩的，而是通过反思而进行及时调整与完善，积聚力量继续前进。当爱迪生研发电灯时，不断失败以至于股东信心大失。这时，爱迪生甚至苦口婆心地去劝这些股东，最终说服了他们从而继续获得资金的支持，最终成功研发出电灯而名扬天下。所以，创业者不会把挫折看成是失败，而是把挫折看成是通向成功的台阶。

挫折，对于一般人而言，是事业陷入低谷的表现。但是，对于创业家而言，也可以是机遇。毛泽东看到队伍处于崩溃的边缘，于是，他抓住机会进行整编，借势进行变革。结果，不仅重振人心，而且战斗力更强。毛泽东治军的一个重要举措就是强调纪律。创业一旦受挫，最容易导致纪律涣散。毛泽东通过实施"三大纪律，八项注意"来强化部队的纪律，建立一支纪律严明、训练有素、战斗力十足的队伍。利用危机进行整改，体现了创业者过硬的管理素质。1984 年，35 岁的张瑞敏成为青岛电冰箱总厂第四任厂长，被爆出冰箱质量有问题。他检查仓库时，发现有缺陷的冰箱还有 76 台，他就把这 76 台冰箱当众全部砸掉！结果，海尔冰箱从此进入优质时代。同时，他制定了 13 条劳动纪律，包括不准在车间大小便、不准偷抢厂里物资等最基础的条例。通过整顿纪律，很多人开始收敛，不敢再妄为了，也逐渐对工厂恢复了信心。创业不能是一盘散沙，而是应该有纪律、有组织地进行。未来充满了不确定性，唯有通过纪律严明的团队，才能在创业过程中齐心合力地去克服各种阻力和困难，获得最终的成功。真正的创业者，会把危机看成是一个可以让人生变得更卓越不凡的机会，会抓住危机进行变革和突破，使得创业进入一个更高的境界。

创业遭遇陷阱，甚至陷入绝境，对于创业者而言，或许是一种普遍的挑战。很多创业者在险境中知难而退了，有的干脆就放弃了创业的念头。但是，迎难而上的创业者往往能够绝处逢生，进而达到"柳暗花明又一村"的境界。改革开放以来，涌现出一批想要到美国求学的人潮，而要到美国留学，首先需要通过相关的英语考试，比如 TOFEL 和 GRE 考试。在这种背景下，新东方的创始人俞敏洪离开北京大学教学岗位，通过帮助这些人学习英语来提升考试成绩的方式，开始了创业。在新东方教室的墙上，刻着红色的大字：在绝望中寻找希望。这个口号，曾经鼓励了一批又一批被英语折磨得近乎绝望的考生。事实上，俞敏洪创业之艰辛，非常人所能忍受。俞敏洪提出的这条口号，不仅在激励广大考生，也是其艰苦创业中用于自我激励的内心写照。所以，真正的创业家，不会被绝境和挫折所打倒，而是会利用困境来开展动员，化被动为主动。毛泽东通过三湾改编，确立了党对军队的绝对领导，保证了部队的组织性和纪律性，把人心涣散的队伍整编成一支有指导思想、守纪律、战斗力强的生力军。1927年 10 月 3 日，毛泽东率领这支风貌崭新的创业部队，以坚定的步伐，迎着朝阳，开始了向井冈山迈进的征程。这种力挽狂澜的创业家素质，是每一位创业者都需要学习的。

二、找准自己的定位与利基

当前，我国进入了"大众创业、万众创新"的新时代。"忽如一夜春风来，千树万树梨花开"，创业在社会的各个层面以各种方式展现出蓬勃的生机与能量。在北京大学，创业成为学生的一个普遍心声。有个学生，就在学校的地下室租了个很小的办公空间，开了一家互联网打印社。结果，生意很火爆。其实，在学校里面，已经有很多家打印社了，彼此的竞争也很激烈。在这种情况下，这位学生通过调研发现，目前这些打印社都没有提供互联网打印业务。于是，他就在这块并未被占领的领域创业了。由于提供互联网打印业务，那么，无论在宿舍、教室还是在校园内的任何一个地方，只要通过互联网就可以提出打印指令。这种打印模式，既方便，又省钱。所以，开门营业以来，需求很旺盛，生意很好。从创业者的角度，由于这种打印社不需要门面，因此，可以避免与现有的传统打印社的门面之争，选址在传统打印社不愿意去的地下室，租金明显低得多。北京大学这家百年老店，每年都有大量的打印业务。因此，在学校好的地段，都被实力强大的打印社占据。这位学生通过精准地定位，巧妙地避开了与大打印社的直接竞争，找到了一个属于自己的利基，获得了创业上的成功。

"利基"一词是英文"Niche"的音译，意译为"壁龛"，有拾遗补阙或见缝插针的意思。菲利普·科特勒在《营销管理》中给利基下的定义为：利基是更窄地确定某些群体，这是一个小市场并且它的需要没有被服务好，或者说"有获取利益的基础"。毛泽东在革命中，就善于发现和利用"利基"。毛泽东说："一国之内，在四围白色政权的包围中，有一小块或若干小块红色政权的区域长期地存在，这是世界各国从来没有的事。"① 毛泽东敏锐地发现了通过"利基"策略来获得生存和发展的创业之道。在强

---

① 毛泽东：《中国红色政权为什么能够存在？》（1928 年 10 月 5 日），载《毛泽东选集》第一卷，人民出版社 1991 年 6 月第 2 版，第 48 页。

敌环伺的环境中，创业者若要想生存下来，首先需要从强敌的缝隙中找到生存和立足的空间。有了立足的空间之后，再与这些强敌周旋而逐渐使自己变得更加强大。这些"小块红色政权"，就是革命创业初期最宝贵的"利基"，也是革命的关键根据地。有了这些小块的"利基"，创业者就有了自己的地盘和根据地，就有创业成功的可能性。沃尔玛创始人山姆·沃尔顿准备在零售业进行创业，当时美国零售业已经有西尔斯、凯玛特、吉布森等一大批颇具规模的公司。山姆·沃尔顿通过调研发现，这些零售业大公司将目标市场瞄准大城镇，而"看不起"小城镇，认为小城镇利润太小，不值得投资。于是，山姆·沃尔顿用"天天低价"经营模式，在阿肯色州一个大约5000人口的小镇上建立了一家小杂货店。结果，在短短几十年，很快就席卷美国，成为国际零售巨头。这些成功创业家的一个共同特点就是善于找到创业的"利基"。

当然，"利基"策略要获得成功，需要具备一定的前提条件。毛泽东说："小地方民众政权之能否长期地存在，则决定于全国革命形势是否向前发展这一个条件。全国革命形势是向前发展的，则小块红色区域的长期存在，不但没有疑义，而且必然地要作为取得全国政权的许多力量中间的一个力量。全国革命形势若不是继续地向前发展，而有一个比较长期的停顿，则小块红色区域的长期存在是不可能的。"① 也就是说，对于创业者而言，"利基"策略能否成功取决于所选择的"利基"是否处于一个不断向前发展的产业空间中。若创业者所选择的领域处于一个不断成长的朝阳产业中，那么，水涨船高，创业成功的可能性就大。若创业者所选择的领域处于一个停滞不前的夕阳产业中，那么，创业成功的可能性就小得多。2008年3月，段永平和他一手创办的步步高，高调宣布进军生活电器行业，尤其是在电磁炉、豆浆机领域。然而3年过后，步步高带着3.2亿元

26

---

① 毛泽东：《中国红色政权为什么能够存在？》（1928年10月5日），载《毛泽东选集》第一卷，人民出版社1991年6月第2版，第50页。

的亏损，黯然撤出生活电器行业。段永平向来以善于在夕阳产业中挖掘到商机而自居，但是，在生活电器行业的创业失败令他深入反思，让他体会到了行业选择对于创业的重要性。俗话说："男怕入错行，女怕嫁错郎。"对于创业者而言，很重要一点就是要选对产业。也就是说，创业者在识别"利基"时，要具有全局眼光，不能局限于局部分析。

对于创业者而言，"利基"式创业意味着需要通过见缝插针的方式，在强敌环伺的格局中找到可以立足的缝隙，然后以极其精准的方式去创业，在强敌尚未干预之前获得成长。当然，这种创业，对于创业者心理素质的要求是很高的。尤其是在创业遭遇到强大竞争对手的威胁时，创业者需要的不仅仅是勇气，还要有积极乐观的心态。例如，当遇到困境时，毛泽东就会及时发现问题，提醒大家说："有些同志在困难和危急的时候，往往怀疑这样的红色政权的存在，而发生悲观的情绪。"[①] 同时，他会给大家打气，鼓励大家用积极的眼光去分析问题。这就要求创业者需要具有"胜不骄、败不馁"的心态，去克服各种阻力而创业。

当一位职业经理人辞去一家大公司的高管职位，创建淘宝店铺进行创业时，发现创业的辛苦远比自己以前所能想象的还要多。压力之下，他主动调整心态和创业的策略，放弃了急于求成的心态，而采用"养儿子"的策略来进行创业。在他看来，"养儿子"和"养猪"是两种不同的创业价值观。儿子是需毕生心血来慢慢培养，而猪只要在一定时间内快速养大出栏。所谓的"养儿子"与"养猪"的创业模式，本质上考验的是创业者是否具有良好的心态。心态好，创业者就会有"泰山崩于前而色不改"的定力，就能够沉着应对而最终化险为夷。心态不好，则急功近利而陷于被动，压力面前容易出现毛泽东所说的"逃跑主义"。

27

---

① 毛泽东：《中国红色政权为什么能够存在?》（1928 年 10 月 5 日），载《毛泽东选集》第一卷，人民出版社 1991 年 6 月第 2 版，第 49 页。

三、创业的时机很重要

要在夹缝中进行创业和壮大，创业的时机就很重要了。创业能否成功，取决于三个因素：天时、地利、人和。见缝插针的"利基"式创业，"地利"指的是强敌并未重视的地区和领域，"人和"强调的是创业团队的内在凝聚力。除了上述两个因素之外，创业时机的选择显得格外重要。创业者最关心的就是创业的机会，什么是创业的好机会？如何才能把握住创业的好机会？整个世界都是在动态向前发展着的，而创业的机会也是稍纵即逝。在这种情况下，如何才能识别和掌握创业的好机会？时机很重要。成功的创业者，都具备一种敏锐的嗅觉，能够在天机乍现的时候，果断而迅捷地出手，通过创业而把握住机会。所以，对于时机的把握能力，往往决定了创业者能否获得最终的成功。创业的机会抓到了，而且在时间上也刚好合适，符合社会和环境的需要，那么，创业往往会比较顺利，也有更大的可能获得成功。但是，如果时机不成熟，或者好的时机已经过去了，那么，创业的难度就会加大，失败的可能性也会提高。

要在夹缝中创业，就要利用强敌之间的矛盾。当这些强大竞争者之间互相攻伐而分身乏术时，就是创业者最好的时机。毛泽东说："军阀间的分裂和战争，削弱了白色政权的统治势力。因此，小地方红色政权得以乘时产生出来。但军阀之间的战争不是每天不停的。每当一省或几省之间的白色政权有一个暂时稳定的时候，那一省的统治阶级或几省的统治阶级必然联合起来用尽力量来消灭这个红色政权。"[①] 因此，创业者需要在强敌不留神的时候，迅速占据地盘并不断壮大自己。但是，当新进入者形成一定气候后，旁边的强敌也会关注到。卧榻之侧岂容他人酣睡。于是，这些传统强敌就可能暂时放下恩怨而联手来绞杀新进入的创业者，试图在

---

① 毛泽东：《中国红色政权为什么能够存在?》（1928 年 10 月 5 日），载《毛泽东选集》第一卷，人民出版社 1991 年 6 月第 2 版，第 51 页。

创业者还立足不稳之际，给予致命的打击。可见，在毛泽东看来，创业是个动态的过程。创业者在利用强敌之间的矛盾而突入传统势力范围的薄弱点进行创业的同时，也需要着手准备各种防御措施，以应对传统势力的联合绞杀。所以，从毛泽东的见解中，可以获得关于创业时机的基本原则：强敌纷争而无暇顾及时，是最有利的创业时机。但是，这种时机是有明显的时间限制的。创业者需要在有限的时间之内，迅速地壮大自己，并且做好各项防御措施，以应对接踵而来的强大敌人和竞争者的反扑和联合绞杀。所以，创业者必须有紧迫感和危机意识，不能被胜利冲昏了头脑。

在明朝末期，朝廷被国内的农民起义和关外的满族进攻搞得焦头烂额，财政入不敷出。在这种情况下，加入起义军开始了创业之旅。李自成以"均田免赋"等口号，获得广大人民的欢迎，部队发展到百万之众，成为起义军中的主力军。他利用明朝军队主力攻击张献忠的机会，攻破北京，灭掉了明朝，创业看起来获得了空前的成功。但是，李自成进京后，形势发生了迅速逆转。43天后，李自成仓皇逃出北京，从此迅速地走向了失败。毛泽东从李自成创业失败中，汲取经验和教训，不敢有丝毫骄傲与松懈。1949年，党中央进北平，毛泽东就以"进京赶考"来提醒广大党员和革命队伍，并强调说："我们绝不做李自成！"创业者在获得一定成功后，往往会沾沾自喜，觉得自己很厉害。但是，恰恰是这种骄傲自满的心理，往往会葬送掉创业的大好前景，使得创业者遭受失败。当工农革命力量成功建立起一小块、一小块的根据地时，毛泽东却看到了潜在的危险，他提醒说："边界党如不能对经济问题有一个适当的办法，在敌人势力的稳定还有一个比较长的期间的条件下，割据将要遇到很大的困难。"[①]这种居安思危的危机意识，对于创业者而言，是弥足珍贵的。

29

---

① 毛泽东：《中国红色政权为什么能够存在？》（1928年10月5日），载《毛泽东选集》第一卷，人民出版社1991年6月第2版，第53页。

本·古里安用自己的一生进行创业，目标就是要让犹太人有属于自己的国家。但是，犹太人要建国，谈何容易啊。本·古里安则抓住了第二次世界大战后旧的世界秩序被战争所摧毁而新的秩序亟待兴建这个历史机遇，实现了犹太人复国。他认为这次复国运动就是一次利用大国间矛盾、为犹太人争取属于自己土地的、彻头彻尾的政治运动，这条路坎坷艰辛，"不是在走绳索，而是在走头发丝"。结果，创业成功了。1948年5月14日，在英国结束委任统治的前一天，本·古里安在特拉维夫宣布犹太国成立，国名为以色列。从创业的角度来看，犹太人建国的创业历程，与毛泽东所阐述的红色工农割据有相似之处。从某种意义上来讲，毛泽东预测出了五次中东战争必定会发生，周围强大的邻国必定会联合起来对于通过创业而进来的新进入者进行绞杀和遏制。这种扼杀在创业中屡见不鲜。做摩托车起家的尹明善抓住国家支持企业自主创新的机会，进军轿车领域，并很快就拿到许可证。2006年，力帆520轿车全球同步上市，标志着力帆正式进军汽车产业。但是，竞争者的反扑也令尹明善有点措手不及。在强大竞争对手联合反制的情况下，力帆轿车的命运岌岌可危。尹明善在积极应对的同时，也似乎更明白创业的真谛了。任何一项创业活动，都是在各种力量角逐下的动态过程，而创业要获得成功，关键在于把握好各种力量矛盾而迅速壮大自己，成为一股新的力量。

第二章　初创军团的崛起

　　为了鼓励学生创业，哈佛大学专门成立了创新实验室（Harvard Innovation Lab，HI）。哈佛大学专门有一栋楼给这个实验室，这个楼里面的布局都是开放式的，便于学生在里面进行讨论和实验。HI 有例行的研讨会，邀请创业成功的团队回来作报告，交流创业的心得。对于好的创意，学校还有专门的奖励，有专门的奖金用于学生的创业。这些正在HI 创业的学生，鲜少有单个个人在创业，一般都是几个学生成立一个团队，联合起来进行创业。大多数创业团队的学生来自不同的专业。比如，有个创业团队的成员是由学经济学、工程学和考古专业的学生组成的，在一起开发一款基于当地空间特征的服务系统。他们发现，不同的专业背景，让创业更加有动力有活力，这些年轻的创业者都首先强调创业团队的重要性。

第一节　要耐得住寂寞

2011 年 12 月 17 日上午，中国创业家联盟成立仪式在北京钓鱼台国宾馆隆重举行。在会上，成思危作主题演讲。面对台下那么多群情激昂的创业者，他却泼了点冷水，强调说："创业家要耐得住寂寞。"他进一步指出，说："要准备好 5—7 年的时间来奋斗，否则创业将成为一句空话。"这样的提醒，对于创业者而言，无疑是很重要的。但是，与会的代表似乎很快就忘记了成思危的提醒，会议中的讨论也鲜少有人再提及这个话题。对于他们而言，最关心的问题还是如何以最快速度获得创业的成功。在很多人眼中，创业就是一番风风火火的事业。但是，现实往往与想象有距离。很多创业成功的例子，其实在其成功之前，都有一段默默无闻、艰苦创业的历程。只不过，社会大众很容易看到创业成功时风光的样子，而忽略了默默创业阶段的坚韧不拔。从统计的角度来看，一炮走红式的创业成功的案例不是没有，但是，总体而言，是个小概率事件。绝大多数的成功创业，都是厚积薄发的结果和产物。

一、寂寞也是力量

寂寞对于创业者而言，如影随形，是创业者必须突破的一个挑战。大文豪雨果说："孤独可以使人能干，也可以使人笨拙。"成功的创业者，大多能够善用寂寞的力量。寂寞给创业者带来某种无助感的时候，也往往能够给创业者带来一个不受外界干扰的创业氛围，便于创业者能够静下心去思考创业突破的办法，激发创业者的潜能，进而去获得创业的成功。一个创业者经过了三次创业后，他有一个体会：创业不苦但寂寞苦。创业者在成功之前，就是坐"冷板凳"，没有人关注。唯有等到创业成功了，那么，社会各界的关注就一下子都来了。但是，对于创业者而言，能否利用这段寂寞的日子获得创业上的突破，才是最为关键的。鲁迅先生说："不在沉默中爆发，就在沉默中灭亡。"能够在寂寞中获得创业上的突破，这样的创业者在沉寂一段日子后，就会卷土重来，出现在世人的视野中而备受瞩目。反之，则意味着创业的失败，创业者就此在公众视野中销声匿迹了。

　　毛泽东是一位伟大的诗人，对于革命充满了无限的热情。当革命遭遇低谷时，他期盼能够早日改变现状，说："我们深深感觉寂寞，我们时刻盼望这种寂寞生活的终了。"① 显然，当革命陷入低谷时，在毛泽东的心头有一股挥之不去的寂寞。但是，长期的农村革命实践让毛泽东意识到，光有理想抱负，无法支撑创业。于是，毛泽东积极面对出现的各种挑战，并且有针对性地提出各种对策，以破解当时的困局。没有粮饷时，就自己想办法筹集，"十月在遂川游击，筹得万余元，可用一时，用完再讲"② 。兵员不够，就感化俘虏来补充力量，"后二项中又以敌军俘虏为多，设无此项补充，则兵员大成问题"③ 。群众不热烈的，就加强宣传，"红军每到一地，群众冷冷清清，经过宣传之后，才慢慢地起来"④ 。通过实施各种有针对性的政策和措施，处于低谷的农村革命力量开始聚集起来，革命创业的声势也越来越大。毛泽东在偏远地区搞农民革命，党中央无法直接提供援助，当地群众也不一定就能理解革命的意义。在这种情况下，毛泽东感到了深深的寂寞。但是，寂寞也给予他力量，让他在实践中琢磨出一套在农村搞革命创业的经验和路子。这为日后毛泽东的崛起，奠定了重要的基础。

---

　　① 毛泽东:《井冈山的斗争》(1928 年 11 月 25 日)，载《毛泽东选集》第一卷，人民出版社 1991 年 6 月第 2 版，第 78 页。

　　② 毛泽东:《井冈山的斗争》(1928 年 11 月 25 日)，载《毛泽东选集》第一卷，人民出版社 1991 年 6 月第 2 版，第 71 页。

　　③ 毛泽东:《井冈山的斗争》(1928 年 11 月 25 日)，载《毛泽东选集》第一卷，人民出版社 1991 年 6 月第 2 版，第 63 页。

　　④ 毛泽东:《井冈山的斗争》(1928 年 11 月 25 日)，载《毛泽东选集》第一卷，人民出版社 1991 年 6 月第 2 版，第 78 页。

对于创业者而言，要战胜寂寞，最好的办法就是奋斗。正如俄国诗人莱蒙托夫所说的那样，没有奋斗，人生便寂寞难忍。在寂寞孤独中创业的人，因为有了奋斗就可以突破寂寞的负面效应，实现在忍辱负重中获得创业上的突破。不少创业者，都经历过创业的低谷和挫折，甚至到了绝望的地步。面对这些困难，真正的创业者即便是在举目无助的困境中，还不忘自我激励和自我打气，不轻言放弃。毛泽东发动秋收起义后，从攻打大城市败退进山沟，这已经是逆境。由于放弃攻打长沙，结果，他的中央政治局候补委员也被免掉。但是，毛泽东并未因此而消沉，而是在沉默中苦干，为壮大革命积蓄力量。毛泽东这种甘于寂寞的精神，成为鼓励创业者战胜寂寞的重要精神支柱。一位创业者在其创业初期没有钱做网站，他就下载了几个教学视频，跟着视频写了3个月代码，居然作出了一个商务网站的最早版本。尽管这个版本还有很多不足，一遇到下单人数过多就会崩溃，但是他通过自己学习编程和制作网站，度过了创业的最寂寞的阶段，并且学会了一门技术。此后，随着网站的上线，越来越多的客户来光顾和下单，这时，他就开始忙不过来了，想再寂寞下也不可能了。当他回顾自己的创业时，坦言在创业的最艰辛时期，非常寂寞，是毛泽东创业思想激励了他。

对于创业者而言，不在于是否会遭遇寂寞的困境，而在于是否能耐得住寂寞。在创业的道路上，寂寞是必然的挑战。毛泽东在宁都被贬之后，就没有实权了，只能闲居在家里。在那段时间，来看望他的人越来越少，到后来成了如毛泽东在延安说的"连鬼也不上门"的冷清场面。这种寂寞，非常人所能忍受。但是，毛泽东则通过不断看书研读来使自己不被寂寞所打垮，利用这段清静的时间发奋图强。周鸿祎反思自己的创业历程发现，创业者都是被孤独逼出来的。没有遭遇过孤独寂寞的洗礼，很难成为一个出色的创业者。周鸿祎想通过做软件来创业，结果失败了，开发出来的软件根本就卖不动。他也亲自去卖，可还是卖不动。在这种情况下，创业团队中再也没有人愿意支持他，开始有人诟病产品和他这个人，质疑声四起。由于被团队中其他成员所疏远，周鸿祎感到前所未有的寂寞和苦闷。但是，他并没有自暴自弃。当大家都远离他的时候，他反而用这段清静的时间来思考和总结，并且鼓励自己不要放弃，认为只要方向对了，那么，经历的所有一切都是宝贵的财富。在这种信念的激励之下，他继续创业，后来成为中国互联网领域重要的人物之一。可见，读懂了孤独，才能真正明白创业的本质。

二、坚持住，就是胜利

当创业陷入低谷时，创业者势必会遭遇常人所难以忍受的寂寞与孤独的考验。这个时候，创业者的心态和应对就会出现很大的不同。在进退维谷的困境，创业者如何冷静面对，往往决定了创业能否最终成功。毛泽东在秋收起义受挫之后，顶着上面的压力把部队带到井冈山。但是，即便在井冈山获得了喘息的机会，整体情况还是相当艰难。毛泽东说："中段的缺点，是因割据已久，'围剿'军多，经济问题，特别是现金问题，十分困难。"[①] 创业者在事业陷入低谷时，首先的压力来自资金短缺。任何一项创业，一旦资金短缺了，团队成员就会纷纷离去，事业也会被迫停滞不前。投资者一般都是"晴天送伞，雨天收伞"，看到创业者陷入困境了，资金都周转不动了，投资者更加不愿意往里面注入资金了。资金短缺，是很多创业的瓶颈。创业者在创业中，一旦出现了资金严重短缺，公司就会陷入困境。新创企业去向银行贷款，一般很难获得。亲戚朋友一听说创业快要失败了，就都躲起来了，唯恐向自己借钱。这个时候，创业者会发现似乎是一夜之间，之前所有认识的人都变成了陌生人。

处于这种困境，创业者不能轻易放弃，而是需要尽可能坚持到底。创业一旦遭到挫折，意志不够坚定者，就会想要通过逃避和逃跑来躲过险

35

---

① 毛泽东：《井冈山的斗争》（1928 年 11 月 25 日），载《毛泽东选集》第一卷，人民出版社 1991 年 6 月第 2 版，第 79 页。

境。但是，这种"逃跑主义"的做法，其结局一般都不理想。对于这种创业意志不坚强者，毛泽东如此描述说："敌人来了，主张拚一下，否则就要逃跑。"① 创业者遭遇资金严重短缺的困境，往往会发现各种问题犹如泰山压顶一般地砸向自己。于是，那些创业意志不坚定者，就会在"拚一下"与"逃跑"之间摇摆。但是，对于陷入困境的创业者而言，这两种想法都不合适。在陷入困境的情况下，再"拚一下"的话，很可能把所有家底都彻底拼光了，从此再也无东山再起的机会了。"逃跑"固然可以在一定程度上保存实力，但是，在优势强敌合围的态势下，想要全身而退，绝非易事。对此，毛泽东一针见血地指出，说："经过了长时间党内的斗争和客观事实的教训，例如拚一下遭了损伤，逃跑遭了失败，才逐渐地改变过来。"② 因此，这两种做法都不是恰当的做法，都无助于创业者摆脱困境，反而可能让创业者陷入更大的困境。创业者在忙乱中作出上述两种判断和决策，结果往往使自己更为被动。

2012 年，在武汉高校大学生中的一则创业调查显示，在接受调查的 300 名大学生中，77.2% 的人有过创业想法，但真正创业的学生不足 20%，最终成功者仅占 4.1%。这说明在想创业的大学生中，多数是半途而废，仅少数人坚持了下来，直到最后的成功。调查进一步发现，不少在创业中途放弃的大学生，具有一个普遍的特征，就是心理负担沉重迫使其半途而废。因此，创业者要获得成功，需要具备一定的心理素质，尤其是在困境中要有坚持到底的信心和面对失败的勇气。无论处于何种困境，都不能轻言放弃，而是要有积极主动的心态去找方法、想出路。毛泽东带领队伍进入井冈山，探索出一条农村割据的新路。但是，形势依然紧迫，处境依然很危险。即便如此，还有各种不理解和不符实际的命令下来。对

---

① 毛泽东：《井冈山的斗争》(1928 年 11 月 25 日)，载《毛泽东选集》第一卷，人民出版社 1991 年 6 月第 2 版，第 73 页。

② 毛泽东：《井冈山的斗争》(1928 年 11 月 25 日)，载《毛泽东选集》第一卷，人民出版社 1991 年 6 月第 2 版，第 74 页。

此，毛泽东说："我们接受了这样硬性的指示，不从则迹近违抗，从则明知失败，真是不好处。"① 最终，毛泽东还是坚信自己的判断，在极其困难的环境中，顽强地坚持，使得革命力量不断壮大。即使是在最困难时期，毛泽东还是保有一颗乐观的心，他说："但若我们于现金问题能继续找得出路（粮食衣服已不成大问题），则凭借边界的基础，对付此数敌人，甚至更多的敌人，均有办法。"② 这是一个假设句，假设资金短缺的问题能够得到缓解。可见，即便是在资金严重短缺的情况下，毛泽东还是充满了乐观之情，主动通过假设的方式来给予自己正面积极的暗示，进而能够激发出正能量来。

柳传志一谈到创业，就会很有感触。他认为，创业者是孤胆英雄，死熬拼命地坚持到最后，才能获得成功。在他看来，在创业的最艰难时刻，创业者一定要坚持甚至死熬，像战旗一样插在那里，团队自然就会跟上来。由安东尼·福库导演的电影《阿瑟王》的结尾，面对汹涌而来、在人数上占有绝对优势且无比凶残的萨克森人的进攻，连勇敢的圆桌骑士都犹豫了。看到这种情况，阿瑟王一个人把战旗插在萨克森人扑来的路上，试图一个人抵挡萨克森人的进攻。圆桌骑士看到这种情景，都不由自主加入进来，共同抗击萨克森人的进攻。在创业的危机关头，创业者尤其需要有坚定的意志和果断的行动，而不能犹豫摇摆。因为出现摇摆不定的情况，那么，就会动摇人心，使得队伍更容易涣散。毛泽东说："湖南省委对于此间的行动计划，六七月间数星期内，曾三变其主张。"③ 这样朝令夕改的做法，会让创业团队不知所措，影响队伍的士气和战斗力。无论处于何种险境，创业者都必须有坚如磐石的自信和果断一致的行动。若左右摇

---

　　① 毛泽东：《井冈山的斗争》（1928 年 11 月 25 日），载《毛泽东选集》第一卷，人民出版社 1991 年 6 月第 2 版，第 80 页。

　　② 毛泽东：《井冈山的斗争》（1928 年 11 月 25 日），载《毛泽东选集》第一卷，人民出版社 1991 年 6 月第 2 版，第 80 页。

　　③ 毛泽东：《井冈山的斗争》（1928 年 11 月 25 日），载《毛泽东选集》第一卷，人民出版社 1991 年 6 月第 2 版，第 79 页。

摆，那么，就会给人荒腔走板的感觉，自乱阵脚。此时，创业者要表现出"泰山崩于前而色不变，麋鹿兴于左而目不瞬"的定力，才能传递正能量给团队成员，才能同舟共济而力挽狂澜。

三、投机心理不可有

沃伦·巴菲特有一句名言，说："只有当大潮退去的时候，你才能知道谁在裸泳。"在创业的大潮中，有的人是真正在创业，而有的人则混迹其中想要捞点好处，即所谓创业的投机分子。在现实中，这类投机分子往往标榜自己是真正的创业家，为了伟大的事业而勇往直前，甚至自诩是创业的天才。这类创业者，有个共同的特征就是心态浮躁，做企业想的是上市、圈钱，而不是真正想把企业做大。这类人一旦看到"钱景"美好，就闻风而动，想要沾点利。但是，一旦出现困境，首先逃跑的就是这类人。毛泽东在创业时，曾经尖锐地指出这类机会主义者的恶劣行径，他说："他们挂起红带子，装得很热心，用骗术钻入了政府委员会，把持一切，使贫农委员只作配角。"①在当前的创业大潮中，一旦看到创业有成功的苗头，这类机会主义者就会很热心地跑过来，要求加入创业团队，并努力在其中攫取更大的股份和话语权。这些人加入创业团队后，急于从创业中挣钱，因此，会搅乱创业的正常路径，使得真正的创业者被边缘化，就连创业教父史蒂夫·乔布斯也无法幸免。1985 年，他被迫离开苹果。离开时，他曾悲壮地说："我才刚刚 30 岁，我想我还有机会继续进行创造一些事情。至少我现在已经创造了一个更棒的计算机。不过苹果不能再给我机会继续我的梦想了。"

被赶出苹果后，史蒂夫·乔布斯尽管很寂寞，但并没有泄气。当时，他已经是富翁了，完全可以通过投资的方式去获得更多的财富。但是，他

---

① 毛泽东：《井冈山的斗争》（1928 年 11 月 25 日），载《毛泽东选集》第一卷，人民出版社 1991 年 6 月第 2 版，第 73 页。

并没有这样做，而是创办了另一家针对高校市场的电脑公司，继续自己的创业之旅，并准备绝地大反击。毛泽东说："只有在斗争中揭破了他们的假面，贫农阶级起来之后，方能去掉他们。"① 毛泽东知道斗争的重要性，通过斗争才能识别出创业者的真伪。史蒂夫·乔布斯的斗争方式，就是再创办一家电脑公司继续创业。而赶走史蒂夫·乔布斯的机会主义者们，则开始把苹果公司引入到一条不归路。为了迅速地攫取利润，苹果公司居然进入了服装、家居、生活甚至是玩具市场，生产制造出了大量与电脑无关的商品。当这帮投机者看到儿童的钱比较好赚，居然不顾苹果公司的主业而大举进入儿童市场，销售童装和玩具。如此一来，投机者的真实面目暴露无遗了。濒临破产的苹果公司，最后不得不再请史蒂夫·乔布斯回来。史蒂夫·乔布斯的绝地反击，堪称经典。毛泽东似乎有先见之明，预言道："这种现象虽不普遍，但在很多地方都发现了。"② 例如在中国古代，勾践就连国家都被灭掉了，还依然卧薪尝胆，艰辛创业，最终击败强敌而复国。这些都是创业者对于投机者反戈一击的经典案例。

　　创业者和投机者的心态是不一样的。投机者想的是如何尽快圈钱，这样自己就可以买大房子、开奔驰。创业者想的是如何才能有价值，如何才能对得起投资人、社会、员工以及其他利益相关者。因此，一旦遇到挫折，真正的创业者往往会坚守阵地，而投机者则望风而逃。毛泽东提醒创业者要高度警惕投机者的负面效应，说："白色恐怖一到，投机分子反水，带领反动派捉拿同志，白区党的组织大半垮台。"③ 为了私利，投机者什么事情都做得出来，就连出卖朋友也在所不惜。尤其是当创业陷入低谷时，创业团队中的投机者为了挽回自己的损失，不惜出卖同伴，与创业伙伴反

---

　　① 毛泽东：《井冈山的斗争》（1928 年 11 月 25 日），载《毛泽东选集》第一卷，人民出版社 1991 年 6 月第 2 版，第 73 页。

　　② 毛泽东：《井冈山的斗争》（1928 年 11 月 25 日），载《毛泽东选集》第一卷，人民出版社 1991 年 6 月第 2 版，第 73 页。

　　③ 毛泽东：《井冈山的斗争》（1928 年 11 月 25 日），载《毛泽东选集》第一卷，人民出版社 1991 年 6 月第 2 版，第 75 页。

目成仇。这类投机者为了达成其个人目的，往往会怂恿、诱导甚至诱骗创业伙伴离开团队队伍，使得创业偏离航道，结果因误入歧途而失败。所以，毛泽东一再提醒创业者要提高警惕和警觉性，不能被投机者所利用。日本企业家稻盛和夫在回顾自己的创业历程时，强调坚持自己路线的重要性。20 世纪 70 年代末期到 80 年代中期，日本很多企业都投资房地产，赚了很多钱。因此，不少人劝稻盛和夫投资房地产。但他不希望赚那些投机来的钱，更希望踏实做好自己的事业。结果，日本在 20 世纪 80 年代楼市泡沫破灭，无数公司倒闭，而稻盛和夫的企业却安然无恙。对此，他提醒创业者不要有投机心理，而是应该踏实做好自己的事情。

　　1999 年，第一次互联网泡沫破灭的前夕，由 5 个哈佛 MBA 和 2 个芝加哥大学 MBA 组成堪称"梦幻团队"的创业团队，成立了亿唐互联网公司。一开始，就获得了 5000 万美元的投资。开局很顺，创业团队内部也比较融洽。可是，2000 年年底，互联网的寒冬突如其来，亿唐钱烧光了大半，仍然无法盈利。此后，并未有丝毫起色的迹象。2008 年亿唐公司只剩下空壳，昔日的"梦幻团队"在公司烧光钱后也纷纷选择出走。亿唐的失败，原因是多方面的。但是，很重要的一点就是创业团队过于浮夸，投机倾向明显，不够坚持。亿唐曾经手握大量资金，但是，很多消耗在非生产环节上。结果，泡沫一破裂，亿唐就扛不住了。投机倾向明显的另一个证据是，亿唐定位很不明确，总是摇摆和飘忽不定。结果，公司经营不可能有起色。可见，创业团队踏实创业最重要，而不是看是否有名校头衔。不少名校的高才生，都倒在了创业的征程中，一个原因是这些高才生都太聪明了，以至于很容易见异思迁，恰恰很难做到坚韧和坚持，而这些素质往往是创业更需要的。对于这些高才生的创业失败，需要引以为戒。毛泽东说："这种痛苦的经验，是值得我们时时记着的。"① 创业者要善于从自己

_____

① 毛泽东：《井冈山的斗争》（1928 年 11 月 25 日），载《毛泽东选集》第一卷，人民出版社 1991 年 6 月第 2 版，第 80 页。

和别人创业的痛苦经验中吸取教训，避免重蹈覆辙。

第二节　要经得起折腾

美国麻省理工学院（MIT）有位教授一开始研究 3D 打印技术，是这个领域中的先驱式人物，也是最早用这项技术去创业的人。结果，由于过于超前，以及有些核心技术并未成熟，创业很快就失败了。于是，他去研究深水炸弹技术。结果，想把这项技术进行转化时，创业再次失败了。但是，他并未放弃创业的念头，而是把研究目标转移到了太阳能芯片的制作工艺上来。后来，他研究的成果能够使得新工艺比传统工艺节省近一半生产成本，而且效率还提升明显。在这种情况下，他又想投身创业了。但是，MIT 对教授创业有规定，最多离职三年。所以，这位教授就面临着痛苦的抉择，是放弃在 MIT 的教职而下海创业呢，还是继续留在 MIT 当老师。他吸取前两次创业失败的教训，最后决定离开 MIT 去全身心创业了。当他离开 MIT 的消息传出时，一片哗然，很多人觉得他做了一个错误的决定。几年后，他的创业受到了投资者的青睐，资金也不断注入，事业越做越大。MIT 显然是科技创业者的摇篮，在 MIT 的历史和当下，无处不见这些爱折腾的教授们的身影。

一、指导思想要正确

创业是个不破不立、大破大立的历程，不改变现状就无以创业。在创业的过程中，需要不断和各种错误的创业思想作坚决斗争。在革命创业的过程中，毛泽东发现队伍中有各种错误思想，直接影响了士气，削弱了队伍的战斗力。于是，他写了《关于纠正党内的错误思想》一文，系统地研究和列举了各种错误思想及其特征，剖析其根源。在此基础上，毛泽东还提出了克服这些错误思想的对策。毛泽东对于错误思想的批判与斗争，使得革命创业队伍在经历了挫败之后，能够脱胎换骨而重新站起来。创业历程，是创业思想指导创业实践的过程。正确的指导思想有利于创业，而错误的指导思想容易导致创业的失败。因此，需要不断批判各种错误的创业思想，树立正确的创业思想。中国台湾企业家尹衍梁在年轻时，创业非常辛苦，每天起早贪黑，但是，事业也没有起色。后来，他遇到了南怀瑾。南怀瑾告诉他说，要改变思想，把事情做好，成功自然就会来。于是，他就专注于做好每一件事情。渐渐地，好口碑就传开了，生意接踵而来，事业也做得越来越大。所以，对创业者而言，一个好的指导思想往往是开启创业成功之门的钥匙。

在创业过程中，传统保守思维往往会阻碍创业的进行。体现在具体行动上，传统保守思想往往会束缚住创业者的手脚，使得创业者放不开手脚做事情。结果，事业就会裹足不前，创业团队内部往往会出现如同毛泽东所说的那样，"人人变成了谨小慎微的君子"①，反而那些敢闯敢拼的创业者会被孤立和边缘化。一些创业新手往往谨小慎微，不敢布大局、打大战役。这种创业指导思想和做法是错误的，因为小战役失败的概率并不比大战役小。从概率上来说，两者是相同的。只不过大战役失败了，可能损失会大些。但是，在其他条件都一样的前提下，创业者进行大战与小战而结果失败的概率是一样的。既然如此，何不放手一搏，输了自认倒霉，万一赢了就是大满贯。创业者不能被常规思维所束缚，大家都不愿意或者不敢去做的事情，不见得就是难度很大的事情。

创业者很忌讳的一点，就是总觉得时机不成熟，条件不具备。这种错误的思想，很可能让创业者永远都迈不出第一步。这种创业思想之所以是错误的，是因为没有认识到条件是人创造出来的。要是等万事俱备了，那么，创业可能也就没有必要了。惠普公司的创始人比尔·休利特和戴维·帕卡德创业时，只有一间狭窄车库，工具异常简陋原始，只有一个工

① 毛泽东：《关于纠正党内的错误思想》（1929年12月），载《毛泽东选集》第一卷，人民出版社1991年6月第2版，第92页。

作台、一套老虎钳、一台钻床、一把螺丝刀、一把锉刀、一只烙铁、一把钢锯以及一些在外面买来的元件。对于很多人来说，这么简陋的条件，哪能创业啊？但是，惠普公司就是在这样简陋的条件下诞生的。所以，创业者不能消极等待条件自然地成熟，而是需要通过坚决果断的行动来创造出各种条件进行创业。毛泽东说："党的领导机关要有正确的指导路线，遇事要拿出办法，以建立领导的中枢。"[1]创业者一遇到事情，不能说条件不成熟而无视问题的存在，而是应该积极主动去思考，拿出具体的应对办法和措施。没有条件的就创造条件，也要把问题给解决掉，才能确保创业能够不断前进。核心创业人员有怕事的心理，那么，就难以建立起领导的中枢，创业团队就会缺少主心骨而削弱战斗力。

当然，有些创业者会认为，在创业初期，自己力量比较弱小，为了保存实力，最好不要进行大规模的出击。对此，毛泽东犀利地指出，说："因此，保存实力、避免斗争的思想非常浓厚。这是机会主义的残余。"[2]日本战国时期，有个著名的桶狭间之战。当时，雄踞一方的霸主今川义元集结了20000到25000的兵力，而织田信长则可动员的全部兵力不到4000，双方兵力相差悬殊。在这种情况下，织田信长采用奇袭的策略，居然以少胜多，一举砍下了今川义元的脑袋。这次战争让"织田信长"这个名字响彻全日本，他因此而迅速崛起成为一方霸主，之后便开始了统一全日本的征程。假设当时，织田信长为了保存实力而避战，最终肯定会被实力强大的今川义元所灭。但是，织田信长不愿意坐以待毙，而是主动出击，以少胜多，最终不仅保存了自己，而且还消灭了一个强大的敌人。可见，创业者在自身尚弱小时，不仅不能坐以待毙，而且还要积极寻觅良好的战机，主动出击去获得更大的创业空间。李嘉诚人生的转折点是他利用

---

① 毛泽东：《关于纠正党内的错误思想》（1929 年 12 月），载《毛泽东选集》第一卷，人民出版社 1991 年 6 月第 2 版，第 89 页。

② 毛泽东：《关于纠正党内的错误思想》（1929 年 12 月），载《毛泽东选集》第一卷，人民出版社 1991 年 6 月第 2 版，第 87 页。

长实 6.93 亿港元的资产，控制了价值超过 50 亿港元的老牌英资财团和记黄埔。这则"小蛇吞大象"的非常规出击制造了商业奇迹，让李嘉诚成为首位入驻英资财团的华人，更奠定了李嘉诚在中国香港企业界教父级的地位。所以，在创业初期还比较弱小时，一味避战往往会丧失机会。此时，更应该积极思考，通过出其不意的方式去获得创业上的主动权，而不是一味防守。

二、胜败乃兵家常事

创业是一个通过不断试错来获得成功的过程。在这个过程中，成功和失败都是很正常的事情。创业者一定要有良好的心态，坦然面对成功和失败。创业的成功，往往不是一蹴而就的，而是需要通过反复试验和测试，才能找到成功的方法。美国 3M 公司有一句关于创业的"至理名言"：为了发现王子，你必须先与无数只青蛙接吻。所以，创业者最忌心浮气躁，患得患失。毛泽东曾批评说："打胜仗就骄傲，打败仗就消极。"① 创业时有了小成，就得意扬扬，从此目空一切，得意忘形。但是，一旦遇到些挫折，就垂头丧气，仿佛世界末日到了，往往容易一蹶不振。这样的创业者，就连自己都无法战胜，哪可能去战胜别人？ 1864 年 9 月 3 日，阿尔弗雷德·伯纳德·诺贝尔在海伦坡实验室进行炸药实验时发生了爆炸，实验室被炸得无影无踪，当场炸死了 5 人，其中包括他的亲弟弟。但是他并没有退缩，而是以百折不挠的意志，把实验室搬到市郊湖中的一艘船上继续实验。这说明为了创业，他已把自己的命都赌上了。在船上做实验，一旦爆炸就是船毁人亡。这种无所畏惧的创业劲头，最终为他赢得了成功。

尽管胜败乃兵家常事，但是，创业者还是要尽可能减少失败的概率。

---

① 毛泽东：《关于纠正党内的错误思想》（1929 年 12 月），载《毛泽东选集》第一卷，人民出版社 1991 年 6 月第 2 版，第 87 页。

围棋高手李昌镐有句名言：少犯错误的人，要比华而不实的人更容易成功。创业时，需要的是脚踏实地，而非华而不实。在创业过程中，需要脚踏实地地去做好各项基础工作，才能减少犯错的可能性，才能提高成功的概率。这些基础工作体现在日常经营与管理的各个方面。创业需要充分调动团队中每位成员的积极性和创造力，鼓励大家积极畅所欲言，提出各种观点和建议。毛泽东说："开会时要使到会的人尽量发表意见。有争论的问题，要把是非弄明白，不要调和敷衍。一次不能解决的，二次再议（以不妨碍工作为条件），以期得到明晰的结论。"① 创业初期，往往会形成少数人主导的局面，少数人掌握了话语权而强迫创业按照其个人的意愿去推进，结果，众人的智慧被扼杀，创业更容易犯这种错误。创业需要的是群策群力，需要所有人同舟共济。在遇到问题时，要充分依靠众人的智慧，把问题讨论透彻才能彻底解决。正如毛泽东说的那样，"一次不能解决的，二次再议"，直到把问题研究得水落石出，就能找出最佳的问题解决方案。1981 年，通用电气公司（GE）迎来了一位年轻的 CEO 杰克·韦尔奇。他一上任，就借鉴毛泽东思想，推广后来被哈佛商学院教授称为当代西方企业管理领域最伟大革命的"群策群力"（Work-Out）变革，获得了巨大成功。

创业团队的内部建设，既是一门科学，又是一门艺术。在团队提升的工作中，特别要注意，在一些不好的苗头出现时，就要予以制止和克服，不能任由其扩散和蔓延。在团队内部沟通上，要强调实事求是，沟通和交流要真诚，不能弄虚作假，否则就会出现毛泽东所说的情形，"不要证据的乱说，或互相猜忌"②，不利于创业。这种负面沟通和交流模式，往往导致团队内部的矛盾和内斗，如同毛泽东所说的那样，"你在这次会议

45

---

① 毛泽东：《关于纠正党内的错误思想》（1929 年 12 月），载《毛泽东选集》第一卷，人民出版社 1991 年 6 月第 2 版，第 89—90 页。

② 毛泽东：《关于纠正党内的错误思想》（1929 年 12 月），载《毛泽东选集》第一卷，人民出版社 1991 年 6 月第 2 版，第 91 页。

上说了我，我就在下次会议上找岔子报复你"①，创业就会沦为个人恩怨的牺牲品。结果，创业就不成为创业了，而是成为"你卡我，我报复你"的宫廷内斗，严重削弱了创业的力度。号称中国互联网餐饮第一品牌的西少爷，是一家售卖肉夹馍，以及擀面皮、小豆花、胡辣汤等具西北特色的快餐食品，第一家店在五道口一开业就火爆京城。但是，伴随而来的是创业团队内部的激烈斗争。创业团队的内耗，大大削弱了西少爷的拓展能力，开店速度明显跟不上，而且网络上充斥着各种关于团队内斗的消息，使得品牌形象蒙上了阴影。

要减少不必要的失败，创业团队的经营与管理是很重要的。创业团队的成员，除了需要群策群力之外，还需要有同舟共济的归属感。缺乏这种团队归属感，就会产生各种弊端，团队成员内部就会互相扯皮，整个创业团队将因为内耗而无法产生凝聚力。自然，创业过程中就会错误百出，最终以失败而告终。毛泽东曾有这样的描述，他说："甚至在一副担架两个伤兵的情况，宁愿大家抬不成，不愿把一个人抬了去。"②有个耳熟能详的"三个和尚没水喝"的故事，讲的就是团队内部互相扯皮、不合作的情形。1994 年，吴炳新、吴思伟父子在山东济南祭起"三株口服液"大旗进行创业。崇拜毛泽东"农村包围城市"思想的吴炳新，利用低廉的人力成本优势，开展人海战略，聘用了数以十万计的大学生到县级、乡镇级的办事处和宣传站。结果，以区区 30 万元创业起家，在短短三五年之内，便开创了资产达 40 多亿元的三株"帝国"基业。但是，这个创业团队学会了毛泽东的战略思想，却忽略了毛泽东的执行力思想。毛泽东思想中的战略和执行，是相辅相成的。毛泽东说："一成决议，就须坚决执行。"③

---

① 毛泽东:《关于纠正党内的错误思想》(1929 年 12 月)，载《毛泽东选集》第一卷，人民出版社 1991 年 6 月第 2 版，第 92 页。

② 毛泽东:《关于纠正党内的错误思想》(1929 年 12 月)，载《毛泽东选集》第一卷，人民出版社 1991 年 6 月第 2 版，第 91 页。

③ 毛泽东:《关于纠正党内的错误思想》(1929 年 12 月)，载《毛泽东选集》第一卷，人民出版社 1991 年 6 月第 2 版，第 89 页。

但是，当三株创业有了一定局面后，团队内耗问题就浮出台面了。内部机构重叠，人浮于事，互相扯皮，甚至出现一部电话三个人管的怪现象。随着三株内部团队执行力的退化，无法适应市场的节奏，失败就在所难免了。

三、行动，不是盲动

创业需要有闯劲，但是，不能瞎折腾。在创业大潮的鼓动下，不少人满怀激情地想创业，通过创业来实现自己的人生梦想。但是，光有激情是不能成功创业的。有些人被横扫而来的创业之风所带动，不顾自己的主观和客观条件，进入了一种盲动、乱动的状态，一切都还没有准备好就匆匆上阵，结果，金钱、时间和精力都投入了进去，才发现自己走错路。创业需要激情，但绝不能盲动。毛泽东对盲动的定义是："不顾主观和客观条件的盲干。"① 条件不成熟，就擅自行动，结果，招致挫败。毛泽东领导发起秋收起义，战前的方针是攻打长沙。但是，起义受挫，部队伤亡很大。在这种情况下，若继续既定计划，去攻打长沙，那么，结果只有一个，就是长沙非但打不下来，革命的部队也将损耗殆尽。因为当时无论从主观的条件，还是从客观的条件来看，都不应该去硬碰硬。在权衡利弊后，毛泽东没有盲动，而是毅然放弃最初计划，带领队伍去井冈山建立根据地。此后的革命实践证明，这是一个非常正确的决定，不仅保存了实力，而且挽救了整个革命。创业需要行动，但不是盲动。盲目行动，就会把创业初期微薄的家底给败光，会造成元气大伤。

日本战国时期武田信玄从其父亲手中夺取领导权之后，其实力在当时诸侯中相对还很弱，常常受到周围强权的侵略。于是，他决定重整旗鼓。他从《孙子兵法》中"疾如风，徐如林，侵略如火，不动如山"的论

---

① 毛泽东：《关于纠正党内的错误思想》（1929 年 12 月），载《毛泽东选集》第一卷，人民出版社 1991 年 6 月第 2 版，第 95 页。

述中受到启发，提出了"风、林、火、山"的口号，建立了四支军队，其中"山"字军强调的就是不动如山的气势。由于日本当时的军事理论远远落后于中国，武田信玄的治军打仗方略，在动乱的日本战国时代，开创了一个新纪元，一举成为当时名震四方的诸侯。武田信玄临死前，特别叮嘱其继承人武田胜赖绝不能盲目出击。可叹武田胜赖年轻气盛，主动带领精锐部队和强敌织田信长与德川家康联军对战，结果，一败涂地，精锐尽失，很快亡国亡家，数代人辛苦创业的家业在他手里彻底被败光。翻看历史，让人唏嘘不已。看当今之创业，历史往往一遍又一遍地重演。2003年，海鑫钢铁已发展成为资产规模超过 40 亿元的地方支柱企业。第一代创始人在办公室突遭枪杀，22 岁的继任者被仓促推上董事长的位置。但是，继任者的盲动使得这家钢铁公司在十年后宣布破产。其间，这位年轻的继任者，抛弃钢铁玩投资以及高调迎娶演员两年后离婚，这些动作都暴露了他不成熟的一面，投机心理再加上盲动，结果败光了父辈辛苦创业的资本。

对于盲动产生的根源，毛泽东有精辟的论述，他说："因为对于政治形势的主观主义的分析和对于工作的主观主义的指导，其必然的结果，不是机会主义，就是盲动主义。"[1] 可见，盲动的根源是主观主义。当主观上的认识和客观世界的发展之间存在很大的偏差，很容易导致行动上的失败。1986 年以 400 元在乌鲁木齐注册的一个小型彩色照片扩印店为起点，德隆系经过短短 18 年的发展，到 2004 年，公司发展成为一个跨所有制、跨行业、跨区域经营的大型集团，控制资产达 1200 亿元。随着企业规模的不断扩大，德隆系创业团队对形势的估计开始出现重大偏差，盲目乐观的情绪开始蔓延。在这种过于乐观的情绪支配下，德隆系不断地扩张，共跨越 14 个产业，光金融机构就控股与参股了 20 家。但是，客观的形势发

---

① 毛泽东：《关于纠正党内的错误思想》（1929 年 12 月），载《毛泽东选集》第一卷，人民出版社 1991 年 6 月第 2 版，第 91 页。

展并不容乐观。在快速扩张的同时，德隆系遭遇了资金短缺、周转不灵的问题。最终，资金链断裂，庞大的德隆系轰然倒塌，其创始人也因为非法吸收公众存款而进了监狱。在现实中，盲动有不同的表现形式，毛泽东说："不顾主客观条件，犯着革命的急性病，不愿意艰苦地做细小严密的群众工作，只想大干，充满着幻想。这是盲动主义的残余。"① 创业者往往都有想干一番大事的雄心壮志，但是，这样的志向一旦脱离实际，就容易被成功的幻想所麻痹而盲目行事，结果招致失败。

毛泽东不仅提出了一个问题，而且还提出了解决问题的方法。对于盲动的对策，他说："从思想上肃清盲动主义。"② 思想指导行动，当盲动主义成为创业的指导思想时，那么，盲目行动就不可避免。因此，毛泽东认为首先需要进行思想上的斗争，把这种错误思想从创业者的脑海中除去。除了思想上的斗争之外，还要辅以有效的制度和政策，毛泽东强调说："从制度上和政策上纠正盲动的行为。"③ 创业者在创业初期，往往各项制度不完整，无法有效约束盲动行为。但是，制度的作用应该引起所有创业者的高度重视。常言道：在马背上得天下，不能在马背上治天下。有效的制度设计和治理结构，往往能够抑制住个人主义行为，减少行事的盲目性。制度上的漏洞，有时往往是致命的。创建于 1763 年的巴林银行，是历史显赫的英国老牌贵族银行。但是，一个普通的证券交易员利用这家银行制度上的漏洞而盲目行动，居然让这家有两百多年历史的银行，一夕之间灰飞烟灭。要克服盲动，就需要实事求是，毛泽东提醒说："使党员注意社会经济的调查和研究，由此来决定斗争的策略和工作的方法，使同

---

① 毛泽东：《关于纠正党内的错误思想》（1929 年 12 月），载《毛泽东选集》第一卷，人民出版社 1991 年 6 月第 2 版，第 87 页。

② 毛泽东：《关于纠正党内的错误思想》（1929 年 12 月），载《毛泽东选集》第一卷，人民出版社 1991 年 6 月第 2 版，第 95 页。

③ 毛泽东：《关于纠正党内的错误思想》（1929 年 12 月），载《毛泽东选集》第一卷，人民出版社 1991 年 6 月第 2 版，第 95 页。

志们知道离开了实际情况的调查，就要堕入空想和盲动的深坑。"① 创业者要不断调查研究，掌握客观的事实和发展情况，不断完善制度和政策，才能避免盲目行动的发生。

第三节　要守得住繁荣

在众多的创业公司当中，不乏昙花一现的案例。这些公司初期看起来光鲜亮丽，被认为是创业明星，但是，很快就在人们的视野里消失。伟大的公司是熬出来的，不是吹捧出来的。商界中许多新创公司在刚开始的时候，都被捧上了天，成为媒体和投资者的宠儿，成为创业者竞相效仿的对象，但却不是每一家都能持续生存下去。每一项创业，就像龟兔赛跑一样，路遥方知马力。对于创业者而言，要追求创业的可持续性，而不是转瞬即逝的昙花一现。创业需要爆发力，但是，更需要坚韧不拔的持久性和坚持到底的意志力。快速的成功，有时候往往会让创业者产生一种幻觉，认为自己已经是成功者。结果，高兴过早而迷失了自己，忽视了潜在的各种风险，创业出现逆转而功亏一篑。这样的例子，并不少见。

一、夯实团队基础

初创企业经过不懈努力，有了一个好的局面，这是很难得的，因此，需要倍感珍惜，要能够守住这种局面，并且能够继续发扬光大。要守住好的开局，并且能够稳健地扩张，创业者需要有一个好团队。创业绝非一个人的事情，而是团队的分工与协作的结果。一个布衣起家的刘邦，能够手提三尺宝剑，斩蛇起义，灭秦挫项，一统天下，建立了大汉王朝，创

---

① 毛泽东：《关于纠正党内的错误思想》（1929年12月），载《毛泽东选集》第一卷，人民出版社1991年6月第2版，第92页。

业靠的就是团队。他自我评价说:"夫运筹帷幄之中,决胜千里之外,吾不如子房;镇国家,抚百姓,给馈饷而不绝粮道,吾不如萧何;连百万之军,战必胜,攻必取,吾不如韩信。此三人者皆人杰也,吾能用之,此吾所以取天下也。"在刘邦创业的过程中,多次被兵多将广的项羽所打败。有几次,刘邦败得都无地自容了,想自杀了。但是,与他一起夺路逃亡的创业团队,不仅没有抛弃他,反而极力规劝他放弃自杀的念头,帮助他重整队伍而继续抗争。在与项羽的对抗中,他的创业团队不断扩充和加强,最终赢得了胜利。因此,任何一项创业,都是团队分工协作的结果。对于创业者而言,有一个强有力而团结的团队,创业就等于已经成功了一半。美国"钢铁大王"安德鲁·卡内基有一句名言:"如果把我的厂房设备、材料全部烧毁,但只要保住我的全班人马,几年以后,我仍将是一个钢铁大王。"这班人马就是安德鲁·卡内基的创业团队,是他赖以依仗的"国王班底"。

创业者要打造这样的"国王班底",就需要对于创业团队加以引导和管理,并与各种错误的思想和行为作斗争。当创业团队内部有派系时,小团队主义就会滋生和蔓延。这样的团队就很难实现内部团结,内耗容易拖垮整个创业团队。泡面吧是面向中文用户的在线计算教育平台,采用伴随式教育的概念,让用户可以像泡面一样更高效、更主动地学习。创业团队有三位合伙人,一开始还是很合作。泡面吧刚推出,就大受欢迎,前来洽谈的投资者趋之若鹜。第一轮融资,就有四家投资者想要加入,其中最高的条件让泡面吧的估值超过了一亿。但就在签署风险投资协议的前夜,三个合伙人因为股权之争而导致合作决裂。一家明星式的创业企业,就此陨落了。当事人对于当夜的情形,各自都有一套说辞,俨然是一出"罗生门"。不过,谁的说法对错已经无所谓了,一个不争的事实是,一家具有梦幻般好开局的新创企业并未真正开花结果。毛泽东说:"只注意自己小团体的利益,不注意整体的利益,表面上不是为个人,实际上包含了极狭隘的个人主义,同样地具有很大的销蚀作用和

51

离心作用。"① 这种销蚀作用和离心作用，轻者导致团队运行效率的损失，重者导致团队的分崩离析。因此，对于创业者而言，不可不防。

大凡成功的创业团队，都有一个共同的特点：创业团队中，每个成员都在创业，都把创业视为自己的责任和使命。这样的创业团队，凝聚力特别强，效率特别高，战斗力十足，能够克服常人所不能克服的困难。这里，就有个创业的主体性问题。毛泽东说："不认识自己是革命的主体，以为自己仅仅对长官个人负责任，不是对革命负责任。这种消极的雇佣革命的思想，也是一种个人主义的表现。"② 作为创业团队中的一员，若不认为自己是创业的主体，那么，就会消极地应付工作，缺乏创业所需要的闯劲，容易成为创业团队的负担。创业者拉起团队进行创业时，往往会有人潜伏在团队中，看到有好处就伸手，遇到要承担责任就找借口。这种做法，就是毛泽东所说的"雇佣"思想在作祟。这种人会认为自己是被花钱雇来搞创业的，因为给钱所以来创业，而不是出于自身内在的创业动机和意愿。创业者往往很难辨别这些潜伏者，因为这类人往往口头上打着创业的旗帜，实际上要么是创业的投机者，要么是创业的冷漠旁观者。这类人不会公开站出来反对创业，但也不可能真正为创业去拼命。在创业团队中，这类人具有一定的隐蔽性和欺骗性。创业者在组建团队时，尤其需要警惕这类人的存在。这类人，往往在创业的关键时刻"掉链子"。

毛泽东还进一步强调，说："这种雇佣革命的思想，是无条件努力的积极活动分子所以不很多的原因。雇佣思想不肃清，积极活动分子便无由增加，革命的重担便始终放在少数人的肩上，于斗争极为不利。"③ 这说明，在创业团队中，这类人不仅具有隐蔽性，还具有杀伤力，会对团队其

---

① 毛泽东：《关于纠正党内的错误思想》（1929 年 12 月），载《毛泽东选集》第一卷，人民出版社 1991 年 6 月第 2 版，第 92 页。

② 毛泽东：《关于纠正党内的错误思想》（1929 年 12 月），载《毛泽东选集》第一卷，人民出版社 1991 年 6 月第 2 版，第 93 页。

③ 毛泽东：《关于纠正党内的错误思想》（1929 年 12 月），载《毛泽东选集》第一卷，人民出版社 1991 年 6 月第 2 版，第 93 页。

他成员产生负面效应，使得原本有创业积极性的人，都变得消极起来。能征惯战的拿破仑的失败，不能简单归因于滑铁卢战场上英国将军威灵顿的高超指挥，内部原因不能被忽视。孔子一语道破天机，那就是"祸起萧墙"。拿破仑的兄弟姐妹可谓是其创业的核心团队成员，但是，这些兄弟姐妹为了个人利益，不惜与外敌相勾结，而屡屡干涉和破坏拿破仑的行动。这些兄弟姐妹不仅自己暗中阻挠拿破仑的计划和行动，而且还积极拉拢原先支持拿破仑的其他人，让这些人在关键时刻要么保持中立不支持拿破仑，要么直接就叛变，给拿破仑反戈一击。结果，拿破仑在关键性的战役中，屡屡失手。最终，无力回天。在迎来创业高潮的时刻，创业者往往会被眼前的成功所迷惑，而忘记了潜在的、来自身后的攻击。当发现时，已经为时晚矣。所以，创业者一定要极其谨慎地审视自己的创业团队，掌握其中每个人的特征和个性，予以有针对性的管理和引导。

二、不要被胜利冲昏头脑

创业者经过艰辛的创业，成功之后，名誉和各种褒奖都会接踵而来，俨然成为时代的明星。不过，不少创业者还是会沉醉于成功的莫大喜悦之中，忘记了各种潜在的危机。结果，被社会抬得越高，摔得越重。所以，创业者要有自知之明，尤其在成功面前要保持冷静的头脑。1992 年，史玉柱在广东创办珠海巨人高科技集团。他刚出道，就获得了难得的成功，被评为"十大改革风云人物"之一。当年，他意气风发，决意在珠海盖一栋自己的大厦。最初大楼设想是要建 18 层，很快决心要盖 70 层，盖成中国第一高楼，而当时他手里的钱仅能为这栋楼打桩。眼前的风光，让他意识不到潜在的巨大危险，而决定去冒险。柳传志这样形容当时的史玉柱："他意气风发，向我们请教，无非是表示一种谦虚的态度，所以没有必要和他多讲。而且他还很浮躁，我觉得他迟早会出大娄子。"不幸，这样的预言成为现实。巨人大厦很快坍塌下来，一夜之间负债 2.5 亿元。当成功来得太突然时，创业者往往很难在胜利面前保持冷静的头脑。对此，毛泽东经常提醒大家说："人贵有自知之明。"创业者要有自知之明，才能在面对成功的荣誉时保持清醒的头脑，继续不断努力去追求更大的成绩。

毛泽东曾经反复研读清人谷应泰所撰《明史纪事本末》一书，对于朱棣的创业历程多有评论。朱棣在建文二年（1400年）发起了白沟河战役，以弱胜强，将李景隆等率领的勤王之师打得大败。但在随后的东昌战役中，他因骄傲轻敌而被盛庸等击败，被擒斩万余人。当时，朱棣身处重围，险些丧命。对此，毛泽东点评道："白沟河大胜之后，宜有此败。"这就是说，朱棣被胜利冲昏了头脑，注定会有闪失。创业者一旦获得了胜利，往往就会滋生享乐的念头，开始挑三拣四，不愿意再去做艰苦的创业活动。毛泽东说："他们总是希望队伍开到大城市去。他们要到大城市不是为了去工作，而是为了去享乐。"①曾经李宁运动系列产品，广受国人的欢迎。后来，北京开奥运会，李宁作为运动员的代表，点燃奥运会主火炬，全世界的人都看到了这个历史性的画面。对于李宁品牌而言，这无疑是巨大的宣传效应。不过，此后，李宁本人就离开了其一手创办的公司，到香港定居。再后来，李宁公司业务逐渐萎缩，失败已经不可避免。李宁公司的没落，与其创始人的离队有直接的关系。

核心成员的离队，对于创业而言，其打击有时是致命的。毛泽东对于这种离队思想及其行为，有过深入思考和研究，他发现："在红军工作的人要求脱离队伍调地方工作的与日俱增。"②这种离队现象，引起了他的警觉和思考。他进一步研究，找出了其中的原因，他说："其原因，也不完全是个人的，尚有一，红军物质生活过差；二，长期斗争，感觉疲劳；三，领导者处理问题、分配工作或执行纪律不适当等项原因。"③可见，导

54

---

① 毛泽东：《关于纠正党内的错误思想》（1929年12月），载《毛泽东选集》第一卷，人民出版社1991年6月第2版，第93页。

② 毛泽东：《关于纠正党内的错误思想》（1929年12月），载《毛泽东选集》第一卷，人民出版社1991年6月第2版，第93页。

③ 毛泽东：《关于纠正党内的错误思想》（1929年12月），载《毛泽东选集》第一卷，人民出版社1991年6月第2版，第93页。

致离队的原因是多方面的，需要从多方面着手来解决这个问题。创业中，要减少这种离队现象，首先创业的核心成员不能离队。核心成员一离队，其他人就会人心不稳，想要离队的念头就会随之产生。恺撒每次出征，都喜欢自己亲自带队。行军打仗的过程中，他也喜欢和士兵们并肩作战。因此，他在士兵的心目中有崇高的威望。有一次，他的侄子屋大维去军营看他。屋大维生病了，一直在咳嗽。当时，恺撒正拿着镐头和士兵一起挖工事，看到一边咳嗽而来的侄子，他就递过来一把铁铲，对屋大维说："不能让士兵看到你孱弱的样子，一起干吧。"正是这种与士兵同舟共济的做法，让恺撒在创业过程中，始终受到士兵们的拥护。创业干部坚决不能离队，否则后果很严重。2012 年，李宁决定归队，再次亲自主持李宁公司的管理。但是，为时已晚，李宁公司的颓势已经很难改变了。

　　毛泽东熟读历史，曾多次告诫军事将领不要"犯大胜之后骄傲的错误"。历史上，不少创业者不是在危难前倒下的，而是倒在了胜利前。黄巢、李自成等在艰难困苦的创业时期，能够勤俭创业。但是，一旦获得了一定的成功，就开始放纵自己，尽情享乐而没有了进取心。结果，失败就随之而来。毛泽东指出说："应当认识，历史上黄巢、李闯式的流寇主义，已为今日的环境所不许可。"[1] 但是，在当今的创业大潮中，创业小成后就开始享乐而不思进取的创业者，依然存在。创业成功后，一些创业者开始进入了守势、吃老本、不思进取，拿巨资建豪华办公大楼和公寓。在这种心态指导下，企业的发展就会受到影响，就会走下坡路。1999 年，26 岁的陈天桥与弟弟陈大年，在上海一套三室一厅的屋子里，用 50 万元创办了盛大网络。创业仅四年时，在纳斯达克上市，获得巨大成功。但是，之后的盛大很快内部矛盾凸显，创始团队开始作鸟兽散，创始人也跑到新加坡隐居。结果，十年后的今天，已经很少听到关于盛大的好消息了，它似

---

　　① 毛泽东：《关于纠正党内的错误思想》（1929 年 12 月），载《毛泽东选集》第一卷，人民出版社 1991 年 6 月第 2 版，第 94 页。

乎已从中国一线互联网公司中消失。创业者在尽情享受创业成功所带来的饕餮大餐之后,留下的是令人不忍直视的一片狼藉。这就是毛泽东所说的创业中的"流寇主义",今天还有不少创业者在重蹈覆辙,上演着创业中的喜与悲。

三、奔跑吧,兄弟

创业是一生的事业,需要倾注一生去持之不懈地努力。哈佛大学著名的社会学家、东南亚问题专家傅高义在 1979 年出版了《日本第一:对美国的启示》一书而声名大噪,一举奠定了他在学界中的地位。70 岁那年,他从哈佛大学退休,但是,他是"退"而不"休",开始着手研究邓小平。经过十多年的潜心研究,2013 年出版《邓小平时代》一书,迅速成为席卷全球的热门书。傅高义已经快九十岁高龄了,但是,依然思路敏捷,笔耕不辍。目前,他还在写另一部重要的著作。纵观他的创业之路,39 岁那年出版《日本第一》可谓横空出世,确立了江湖地位。此后,他从未停歇过,而是不断有新的研究成果出来,不断攀升事业的高度。直到退休了,依然还在启动新的创业计划。退休对他而言,不是创业的终点,而是创业的新起点。傅高义是通过笔在学术道路上进行创业,社会大众则通过资金和个人劳动在业界进行创业。创业的形式有不同,但创业的精神是相通的,那就是需要持之不懈的努力,才能不断攀上事业的新高峰。当这种攀登的意志和行动停止了,表明真正的创业其实已经停止了。一些创业者在事业获得小成之后,就开始忙着去享受人生了,那么,创业已经成为历史。

创业者在事业出现小成之后,有的就开始享受生活,也没有以前那样有进取心了,毛泽东说:"稍不遂意,就消极起来,不做工作。"[1] 美国

---

[1] 毛泽东:《关于纠正党内的错误思想》(1929 年 12 月),载《毛泽东选集》第一卷,人民出版社 1991 年 6 月第 2 版,第 93 页。

20世纪有位著名的创业家叫霍华德·休斯，他创业的事迹在当时的美国，可谓家喻户晓。他创业的领域涉及航空业、饭店、博彩、好莱坞影视等众多产业，是当时世界上最富有的人之一。他具有顶级创业家的一切品质：大胆而果断、专注、不惧风险。有几次，为了挑战飞行纪录，他屡屡与死神擦肩而过。但是，这样一位天生就是创业家的人，在45岁时，居然感到累了，对创业似乎失去了兴趣，选择了隐居的生活。从某种意义上来说，45岁时尽管他的企业还在运行，但是，作为创业家的霍华德·休斯已不复存在了。就连空难都没有终止霍华德·休斯的创业梦想，但是，是他内在的懈怠彻底打垮了他，摧毁了他创业的意志。1976年的一天，70岁的霍华德·休斯在从墨西哥的住处去休斯敦的卫理公会医院时在飞机上去世。天行健，君子以自强不息，这说的就是创业者永不疲倦的开拓进取精神。所以，唯有积极进取才能持续创业，创业者才能勇往直前。

创业不仅仅是一种行动，更是一种心态，一种积极开拓、勇于进取的精神状态。一旦丧失了这种精神状态，即便仍在创业，但都是消极做事，难有作为。迈克·泰森19岁时就成为拳击史上最年轻的世界重量级拳王，一度被称为世界拳击场上的"铁人"，身价至少4亿美元。但是，成功让他变得挥霍无度，生活也十分奢靡。一般来说，最好的消费是量入为出，而泰森完全不是这样的。即使在1991年后，他的收入锐减，但也没有改变他奢侈的消费习惯。结果，债台高筑而申请破产。现在，他已穷困潦倒，沦落为玩自由搏击时给人当人肉沙包，甚至在拉斯维加斯的酒店里当供人合影用的道具。从创业的角度，迈克·泰森的创业在1990年停止了，他的心已经远离了事业。他说："我已不再钟爱拳击运动了，说实话自从1990年起我便从来没有喜欢过它。我感觉自己好像有120岁那么老，我觉得我已经不想追求胜利了。拳击已离我越来越远，没有斗志是无法继续比赛的。"可见，创业者一旦贪图享乐和安逸的生活，那么，已离创业越来越远了。毛泽东强调创业者要始终冲在一线，批评享乐的想法。

57

他批评了创业的三种错误思想，其中第三条就是享乐主义，他说："不耐烦和群众在一块作艰苦的斗争，只希望跑到大城市去大吃大喝。"① 一旦有了享乐之心，那么，创业的雄心就会消退，甚至会荡然无存。

创业者个人松懈时，组织和团队就会变得松弛。组织松弛是一种低效率的表现，通常情况下被认为是人员的过多或是资源的闲置，诸如组织内部小团体所要求的资源与企业实际所需要的资源之间在数量上的差额或者企业所拥有的资源大于企业实际使用的资源等等。西方管理学者中有的人认为，组织松弛有助于创新。但是，毛泽东则一针见血地指出其中的弊端，他说："这是一种削弱组织、削弱战斗力的销蚀剂。"② 创业者在经历成功后，往往会面临一个问题，就是突然发现大量的资金涌进来，手头可以支配的资金大得惊人。在这种情况下，创业者会觉得已经获得了成功，是时候享受下了。这种心态会在创业团队和企业中迅速蔓延，整个企业就会弥漫松弛的气氛。在盛大快速下沉时，携程旅行网横空出世。四个创始人在很短的时间，就把携程做成了中国旅游业的老大。然后，其中三个创始人携带成功的喜悦和资金先后离开了携程，仅留下一位在守成。结果，携程步履维艰，业务明显下滑。2014 年，新 CEO 上任称：我回携程，不是为了名，也不是为了利，就是要和大家一起体验二次创业的艰辛、激情和成功的快感。但此一时，彼一时。显然，携程已经风光不再了。创业中有很多这样的例子，当获得了很好的开局时，创业团队往往觉得已经获得了成功，就无心恋战了，而是套现享受生活去了。结果，大好局面没能维持太久，企业就开始走下坡路了。这其中关键的原因是，这些创业者并未认识到创业是个不进则退的过程，犹如逆水行舟。当成功时，就想歇歇。但是，别人在埋头创业而迎头赶上，结果，先行者变成了落后者。所以，

---

① 毛泽东：《关于纠正党内的错误思想》（1929 年 12 月），载《毛泽东选集》第一卷，人民出版社 1991 年 6 月第 2 版，第 94 页。

② 毛泽东：《关于纠正党内的错误思想》（1929 年 12 月），载《毛泽东选集》第一卷，人民出版社 1991 年 6 月第 2 版，第 92 页。

在阅读和学习西方的管理与创业理论时，需要有分辨能力。例如，组织松弛在西方管理学界被认为对企业创新和发展是有正面积极作用的，但是，在当前国人的创业中，唯有拿出只争朝夕的拼搏劲头，才有可能获得成功。可见，创业者不能有丝毫的松懈和懈怠。

第三章　创业的路径选择

　　麻省理工学院罗伯特·兰格（Robert Langer）教授在四十出头时，已经当选美国科学院、美国工程院和美国医学院的三院院士，是生物工程学领域的著名学者，尤其以对靶向药物传递系统和组织工程学的研究而出名。从 1987 年起，他就开始创业，创办了第一家公司。此后，他先后创办了 20 多家生物技术公司，申请过上千项专利。自从创立第一家公司起，他创办公司的原则和策略一直没变过。他把自己成功创业的诀窍归纳为 3P，分别是：平台技术（Platform）、发表论文（Paper）和专利（Patent）。除了这三个基本条件之外，他还强调另外两个因素，就是有足够令人信服的证据和适合创业的人。当条件具备时，他就会选择自己的创业路径。他首先通过发表论文和申请专利把科技研发做好，然后开始在合适时机找钱。问谁要钱，怎么谈价，他都十分有把握。这些创业路径构成了一种良性循环，让他在资本界如鱼得水。在罗伯特·兰格的办公室，发现几面墙上都挂满了各种奖状，显示出这位多产高效的科技、商业、学术三栖大鳄的过人之处。

第一节　建立创业的根据地

从罗伯特·兰格创业的例子可以看出，他之所以能够成功集聚资本
进行创业，一个很重要的原因是他在 MIT 建立起了一个强大的实验室，
这就是他创业的根据地。他的实验室在这个领域，是全美最大的，100 多
人，每年 1000 多万美元的研发经费，研发效率和产出极高。他把这个实
验室当成自己创业的大本营，投资者则趋之若鹜。比尔·盖茨就经常找他
深谈，希望掌握最新的研究动向。有了这个根据地，罗伯特·兰格就可以
很从容地创业。在创业路径上，他通过技术转让办公室（Technical Train-
ing Officer，TTO），获得学校授权许可，把专利转到自己创办的公司，让
学校拿些股份，或转让费加销售提成。这种规范的模式，让产学研很好地
结合。在国内，一些大学的教授通过私下开公司的方式进行创业。但是，
公司一旦做大，难免有后患。结果，明明是在搞创业，却做得像偷鸡摸狗
似的。这样的创业路径不是正路，创业也很难真正成功。因为有了强有力
的根据地，罗伯特·兰格就可以游刃有余地去创业了。所以他的每家公
司，不愁找不到钱与合作伙伴。在创业的合作过程中，他很知道投资者的
心态，在什么阶段、什么价位、什么比例股权，投资者愿意进来参股。因
此，在创业过程中，他觉得自己进可攻、退可守，创业则左右逢源。

61

一、找准战略支点

古希腊科学家阿基米德发现了杠杆原理后曾说："给我一个支点，我
就能撬动地球。"社会现象中，人们发现杠杆原理是普遍存在的。于是"阿
基米德支点"（Archimedean Point）成为一个专业名词，是指一个能够把
事实与理论统筹起来的关键点。在现实生活中，只要找到了这样的"阿基
米德支点"，就可以实现"四两拨千斤"的效果。对于创业者而言，找到

这样的战略支点是非常重要的，甚至能够直接决定创业路径的选择以及创业的最终成败。在大革命如火如荼时，在城市中发动暴动和占领城市成为当时中国共产党搞革命的基本方针。毛泽东奉命到湖南发动秋收起义，目标也是要攻占长沙。但是，事实表明，凡是去攻占城市的武装起义，最终都是失败的。这说明在敌我力量悬殊的城市，无法构成工农革命的战略支点。这些城市地区都是敌人重兵把守的地区，工农革命队伍即便是花费了巨大的代价占领了若干城市，最后也很难抵挡敌人的反扑，无法守住这些城市。毛泽东发现了这个规律，就带领部队上井冈山。以井冈山为战略支点，在周边地区发动农民群众搞革命。结果，探索出一条新的创业路径，就是"农村包围城市"的创业路径。革命的实践表明，这是一条适合中国国情的创业路径，新中国的成立就是这条创业路径获得成功的证据。

战略支点对于创业的重要性，强调得再多也是不为过的。马云喜欢打太极拳，路人皆知。2015 年 1 月在达沃斯世界经济论坛上，世界名嘴查理·罗斯问马云如何看待像亚马逊这样的竞争者，马云就以打太极拳作比喻，并用手脚在现场比画，说明太极拳的奥秘，说："太极是种哲学，我喜爱太极。运用于商业，冷静，保持自身平衡。"其实，马云想要说的是自己的创业到目前为止，只做成了一件事情，就是找到并不断巩固了一个战略支点，就是互联网平台。马云因为找到了这个战略支点，就把全世界商品、资金、信息都整合起来，形成了一个巨大无比的企业。有了这个战略支点，他把全世界的资源都撬动起来了。因此，从某种意义来讲，这样的战略支点，如同创业者手中的"金箍棒"。创业者一旦找到拥有了这根"金箍棒"，就能成为孙悟空，威力无穷。毛泽东对孙悟空很有研究，曾说："我们上山打游击，是国民党'剿共'逼出来的，是逼上梁山。就像孙悟空大闹天宫。玉皇大帝封他为弼马温，孙悟空不服气，自己鉴定是齐天大圣。可是你们连弼马温也不让我们做，我们只好扛枪上山了。"毛泽东所说的山，就是井冈山。有了井冈山，就有了"金箍棒"，大闹天宫的孙悟空就横空出世了。

　　每一位创业成功者的内心，都会永远珍藏着一个地方，就是创业初期的根据地。在帕洛·阿尔托（Palo Alto）市艾迪生（Addison）大街367号，有一个极其简陋的车库。这个车库就是大卫·帕卡德和比尔·休利特创办惠普公司的起点，也是其战略支点。他们在这个车库里工作了大概有两年，却奠定了惠普公司成功的基础，而且被视为整个硅谷的诞生地。1965年5月，毛泽东重上井冈山，难抑心中的激情，破例连续写了两首词。在《水调歌头·重上井冈山》中，他写道："可上九天揽月，可下五洋捉鳖，谈笑凯歌还。"这充分体现了井冈山这一战略支点的重要性。因为有了这一战略支点，创业就可以上天入海，就可以"谈笑凯歌还"。在《念奴娇·井冈山》中，他更是把井冈山和日后的创业成功联系在一起，写道："一声鸡唱，万怪烟消云落。"因为有了之前的井冈山，所以，才有了后来的新中国成立时在天安门上的伟大宣言。每年，都有成千上万的人去参观惠普的车库，都有成千上万的人上井冈山去参观。这些人到这些地方去参观，都有一个目的，就是想了解伟大的创业家都是如何在极其艰苦的环境下创业并获得最后的胜利的。

　　其实，伟大创业家的秘诀就在于找到了其创业的"井冈山"。任何一项事业，都有其战略支点，都有其自己的"井冈山"。所以，创业者要想成功创业，就需要找到所创事业的"井冈山"，以此为根基而扩大事业版图，进而一步一步走向成功。这样的"井冈山"，在不同的行业有不同的表现方式，比如史蒂夫·乔布斯的车库、马克·扎克伯格的宿舍、马云在湖畔花园的202室、李彦宏在北京大学资源宾馆的办公间、季琦在北京的一个地下室等。这些创业家在最初很简陋的环境中，至少获得了一个可以生存和喘息的地方。在这些地方，这些创业家开始了各自的创业征程，并为未来的创业成功奠定了关键性基础。这些创业家的成功说明了一点，就是需要找到创业的战略支点。一旦找到了创业的战略支点，就像阿基米德所宣称的那样，就可以撬动整个地球。对于创业者而言，是不是能够及时找到新创事业的战略支点，直接决定了创业的成败。1999年创建的亿唐公司，从风险投资者拿到了5000万美元左右的融资。那时，亿唐风头无限，独领风骚。但是，几年下来，花了很多钱，最终也没有找到适合亿唐公司的"井冈山"。结果，在整个创业过程中，亿唐根本找不到自己的定位，一直处于"飘浮"状态，不着地。最终，也只能以失败告终了。这个例子说明，即便资金再多，若没有战略支点，钱会被花光，而创业依然无法成功。在毛泽东看来，这种创业方式是"流寇思想"的体现，注定会失败。

二、看得准，还得看得远

当然，建立了根据地，找到了战略支点，创业并不是就万事大吉了，还需要不断地开拓和进取。当革命力量在井冈山积聚时，创业团队中就有一些成员看不清楚前进的方向，以为就是在山上当山大王。因此，持有这种想法的团队成员，就会感到悲观和泄气。对此，毛泽东指出说："剩下的一点小小的力量，若仅依据某些现象来看，自然要使同志们（作这样看法的同志们）发生悲观的念头。"[1] 初创事业的艰辛是可想而知的。创业者在初创时热情高涨，但遭到挫折，就难免会产生悲观的念头。毛泽东虽然把部队整顿好，且已经带到了井冈山上。但是，依然有不少团队成员对此表示不理解。于是，毛泽东就鼓励大家，不要泄气，说："这就是说，现在虽只有一点小小的力量，但是它的发展会是很快的。"[2] 当时，不少人认为创业已经到了低谷，再次高潮是遥遥无期的事情。但是，毛泽东却坚信根据地的作用，并高瞻远瞩地看到了创业高潮的来临，他通过打比喻非常形象地说："它是站在海岸遥望海中已经看得见桅杆尖头了的一只航船，它是立于高山之巅远看东方已见光芒四射喷薄欲出的一轮朝日，它是

---

[1] 毛泽东：《星星之火，可以燎原》（1930年1月5日），载《毛泽东选集》第一卷，人民出版社1991年6月第2版，第99页。

[2] 毛泽东：《星星之火，可以燎原》（1930年1月5日），载《毛泽东选集》第一卷，人民出版社1991年6月第2版，第99页。

躁动于母腹中的快要成熟了的一个婴儿。"[1]

其实，成功的创业家，都同时是出色的战略家，需要具有战略眼光。毛泽东用"看得见桅杆尖头了的一只航船"来比喻创业的高潮已近在咫尺了，这是一种战略家的前瞻性眼光，是创业家必不可少的个人特征之一。有一天，一艘造于 1921 年的西班牙高桅帆船抵达波士顿。行人还离开码头有相当远的距离，就看到了这艘船高耸入云的桅杆尖头。随着距离越来越近，船只的整体面貌才逐渐呈现在眼前。战略家就是要看得远，才能从事物发展的端倪中看到创业的机会。具有战略眼光的创业家，能够高瞻远瞩地看到远方的目标，进而引导大家往前走。马云当初创业时，想做互联网，邀请了 24 位朋友到他家里来。结果，23 个反对，剩下一个说可以试试，不行赶紧逃回来。那时的马云，已经看到了互联网创业的"桅杆尖头"，但是，对于当时绝大多数中国人而言，包括他的创业团队成员，互联网还是一个遥不可及的陌生事物。

创业初期，一般公司规模都比较小，条件也比较简陋。在这种情况下，创业团队内部可能会有悲观的想法。对此，毛泽东一句话，就能够提振人心，他说："这里用得着中国的一句老话：'星星之火，可以燎原。'"[2]事实上，不少创业者在刚开办公司时，都会用这句话来鼓励团队，给团队鼓劲。沙县夏茂镇是个人多地少的农业镇，出来创业之前，夏茂人是典型的"面朝黄土背朝天"的农民。20 世纪 90 年代以来，夏茂人决定不再死守着这一亩三分地，而是扛着"沙县小吃"的牌子，走出大山去创业。创业之初，艰辛是显而易见的。经营沙县小吃，原是当地群众在百般无奈下的自发之举。然这一星星之火刚露头，就得到了当地政府的大力支持。政府主导对沙县小吃进行大规模的宣传推广，鼓励当地农民走出去创业。在当地政府

65

---

① 毛泽东：《星星之火，可以燎原》（1930 年 1 月 5 日），载《毛泽东选集》第一卷，人民出版社 1991 年 6 月第 2 版，第 106 页。

② 毛泽东：《星星之火，可以燎原》（1930 年 1 月 5 日），载《毛泽东选集》第一卷，人民出版社 1991 年 6 月第 2 版，第 99 页。

和成千上万沙县创业者的共同努力之下，形成了创业的一股强大无比的合力，沙县小吃最终形成了燎原之势。目前，在全国分布着数万家沙县小吃店，每年收入以亿元计。沙县小吃的成功，是中国创业大潮中的新式农民运动。中国农民具有天然的创业智慧和能量，在 1978 年冬，小岗村 18 位农民以"托孤"的方式，冒险在土地承包责任书按下鲜红手印，通过实施"大包干"进行创业。当时他们谁也没有想到，这样一个小小的创业，日后居然很快形成燎原之势，席卷全国，成为中国改革开放的里程碑。所以，创业者需要有股闯劲，能够化不利为有利，最终实现燎原之势。

1973 年，德国经济学家 E.F. 舒马赫出版他的著作《小的就是美的》，提出了小企业所具有的大能量，获得了各界一致的共鸣。创业者一开始，往往壮志凌云，想要一下子做成个大公司。千里之行，始于足下。创业者再大的抱负和志向，也需要很务实地去创业。只要路子多了，一开始的小公司，未来就可以做大。毛泽东说："我们看事情必须要看它的实质，而把它的现象只看作入门的向导，一进了门就要抓住它的实质，这才是可靠的科学的分析方法。"[①] 创业者不能仅仅因为小企业而低估了自己的潜力，也不能因为竞争对手是大企业而高估了对手的实力。新创公司一开始往往都规模比较小，但是，只要能够把握住社会与产业发展的趋势，那么，小公司也可以快速成长为业界的领导者。日本著名的经营学专家坂本光司实地调查采访了 6300 多家小企业，发现名不见经传的小公司，却能够发挥出惊人的能量。一个只有 3.3 平方米的小店，年销售额竟突破了 3 亿日元。一个只有 5 名员工的小印刷社，却是全日本第一名片商。类似这样的例子，在现实中并不少见。这些小微企业的创业者，不断在各自领域开拓进取，使得业务飞速地成长，成为业界的"隐形冠军"。不少创业者好高骛远，觉得创建大公司才是创业。对此，毛泽东提醒说："所以有这

---

① 毛泽东：《星星之火，可以燎原》（1930 年 1 月 5 日），载《毛泽东选集》第一卷，人民出版社 1991 年 6 月第 2 版，第 99 页。

种抓住表面抛弃实质的观察，是因为他们对于一般情况的实质并没有科学地加以分析。"① 可见，创业者要善于透过现象看本质，不能被表面现象所迷惑。创业的本质不在于规模大小，而在于是否利用提供创新性的服务和产品推动了社会进步。若创办了一家小公司，但是，符合市场需求和社会进步的需要，那么，就是一个大创业。

三、从大处去布局

管理大师彼得·德鲁克于 1954 年出版的《管理实践》一书中，讲了一个关于三个石匠的故事，几十年来一直为管理界所津津乐道。有三个石匠在干活，一天，有人走过去问他们在干什么。第一个石匠说："我在混口饭吃。"第二个石匠一边敲打石块一边说："我在做世界上最好的石匠活。"第三个石匠带着想象的光辉，仰望天空说："我在建造一座大教堂。"听到这则故事，东方人可能觉得没有什么，但是，对西方人而言，这则故事的寓意是显而易见的。在美国，教堂具有很高的地位。因此，在西方社会，当做的事情与教堂相关，一下子就会觉得这是一件很神圣的事情，做事的意义一下子拔高了很多。所做的事情，即便是再枯燥和艰辛，也是觉得很有意义。同样是三个石匠，但眼光和视野不同，导致了做事与做人格局的不同。在创业过程中，眼界和视野直接影响了创业的格局。当毛泽东把队伍带上井冈山时，创业团队中的一些成员就觉得挺悲观。因为，从井冈山及其周围地区的革命情况来看，似乎不是很妙，创业看不到成功的希望。但是，毛泽东则一下子看到了世界革命的形势和中国全国的革命运动，他从站在世界和全国的角度来经营井冈山的创业，满眼看到的都是希望。在井冈山时期，毛泽东撰有楹联：大刀梭镖铲除旧世界；斧头镰刀开创新乾坤。这是何等的视野和气魄啊！创业家都应该这样。

67

---

① 毛泽东：《星星之火，可以燎原》（1930 年 1 月 5 日），载《毛泽东选集》第一卷，人民出版社 1991 年 6 月第 2 版，第 100 页。

　　创业者开始做的可以是很小的事情，但是，布局一定要大。俗话说：
"心有多大，舞台就有多大。"创业者具有宽广的视野，即便手头做的是很
小的事情，做起来的格局也大不一样。"只见树木，不见森林"，这是创业
者容易犯的错误。尤其是当遇到挫折和困难时，创业者往往把局部的挫折
看成是全局的失败，结果，导致悲观绝望情绪的产生。对此，毛泽东一针
见血地指出说："特别是我们在红军中工作的人，一遇到败仗，或四面被
围，或强敌跟追的时候，往往不自觉地把这种一时的特殊的小的环境，一
般化扩大化起来，仿佛全国全世界的形势概属未可乐观，革命胜利的前途
未免渺茫得很。"① 创业者遇到挫折时，往往会错估形势，把情况想象得很
糟糕。孔武有力的创业者项羽，因为"四面楚歌"而被打败。他自己左冲
右突，居然杀出了重围而逃到了乌江边上。此时，他在南方还有大量兵
马，完全可以重整后再与刘邦决战。但是，在乌江边上的项羽却把这次失
败当成了全面的失败，因此，自刎于乌江。拿破仑在滑铁卢战败后，其实
巴黎周围还有十多万法军，他还有重整旗鼓的机会。但是，他却把滑铁卢
的战败扩大化了，认为法国已经战败了。这种误判，直接导致了他后面的
逃亡以及被流放。相反，处于强敌环伺下的弹丸小国以色列，在中东战争
局部上的战役经常被打败，甚至到了被灭国的时候，但是以色列始终相
信，从全局上来说，以色列不会被打败。当全世界犹太人的物资源源不断
涌入时，以色列都能够在战败后迅速调整策略而最终获胜。于是，以色列
就有一股"打死不退"（Chutzpah）的精神，败了不气馁，越战越强。

　　任何创业，都要认真研究时局的变化，才能更好地把握社会与产业
的发展趋势，进而为创业的成功提供外部支持。随着技术更新速度的不断
加快，社会变迁的广度、深度和速度都在持续增强。2015 年 4 月的一天，
在硅谷山景城市的计算机历史博物馆里面，正在举行一场特别的生日庆祝

---

　　① 毛泽东：《星星之火，可以燎原》（1930 年 1 月 5 日），载《毛泽东选集》第一卷，人
民出版社 1991 年 6 月第 2 版，第 100 页。

会。不是给人过生日，而是给摩尔定律（Moore's Law）过 50 岁的生日。1965 年戈登·摩尔发现，半导体芯片上的晶体管数量，每两年会增长一倍，这就是摩尔定律。后来，摩尔定律被用来形容现代社会急剧发展变化的程度。在这种急剧变化的社会中，要进行创业，就需要有全局观和整体性，能够通盘考虑问题，把握社会发展中的创业机会，避免相关的创业陷阱。毛泽东说："在大混乱的现局之下，只有积极的口号积极的态度才能领导群众。"[①] 社会变化快，既是挑战，也是机遇。对于创业者而言，关键是要从积极的角度去看待社会变化，从中找到创业突破的机会。狄更斯在《双城记》的开头说："这是最好的时代，这是最坏的时代。"时代的好坏，取决于个人看待时代的角度。创业者要从辩证的角度去看待社会，即便是对多数人而言是很糟糕的时代，但是，依然有不少创业者获得了成功。因此，创业者不能怨天尤人，而是应该积极主动去开拓进取。

　　著名风险投资者保罗·格拉汉姆指出，创业者倾向于回避困难，避繁就简，结果错失了很多好的创业方向和机会。他认为创业者应该正视为了回避困难而产生的创业盲区问题，应尽量把握困难背后的机遇。对于"大混乱的现局"，一些创业者可能会望而却步，不愿意去直面创业的困难。但是，对于真正的创业者而言，是无所畏惧的。创业领域，有个专业名词，就是"创造性混乱"（Creative Chaos），是指环境波动触发的组织性的知识创造。能够直面创造性混乱的创业者，往往能够将"大混乱"转化为现存市场的新技术、新产品和新流程，进而成功地飞跃。用"创造性混乱"这个词形容以色列的创业环境，再贴切不过。以色列自从建国以来，无时无刻不在战争阴影中，纠结了数千年的民族、宗教冲突，从未停息过。即便在这样的环境中，以色列的创业者却保持着高昂的创业热情。在这个人口只有 800 多万的弹丸小国，其科技创业公司居然多达 4000 家，

69

---

① 毛泽东：《星星之火，可以燎原》（1930 年 1 月 5 日），载《毛泽东选集》第一卷，人民出版社 1991 年 6 月第 2 版，第 102 页。

密度居全球第一。以色列成为名副其实的"创业之国"。所以，创业者不能把创业的失败和挫折消极地归结于所处的环境，而是应该积极把握环境剧变下的机会，迎难而上去获得事业的成功。

第二节　从实践中探索创业之路

创业需要创造力和创新思维，但是，不切实际而空想的创业，很容易失败。创业，本质上是一门实证式学问，创业的想法最终要靠实践来检验。只会纸上谈兵，对创业没有丝毫意义。麻省理工学院斯隆商学院大楼的墙上，很大的篇幅在介绍该商学院推广行动学习（Action Learning）项目的实践和成果。为了推广行动学习，斯隆商学院成立了全球不同地区的实验室，比如中国实验室（China Lab）、印度实验室（India Lab）等。每年，斯隆商学院的学生随机组成团队，到这些地区实地去帮助企业进行创业，从中挖掘出更好的创业机会。这种学习模式，直接面向社会，让学生们能够从真实的社会中学习到创业的知识，获得了学生们的欢迎。有些学生在实践过程中，找到了创业的机会，就组建团队开始自己创业。这样的案例，在斯隆商学院行动学习项目中，屡见不鲜。因此，创业源自实践，回归于实践，是一门实践的学问，而非课本上的学问。实践是检验真理的唯一标准。创业者唯有不断摸索实践中的规律，才能探索出一条适合自己的创业道路，才能获得更好的创业成就。

一、没有调查，没有发言权

毛泽东的名言"没有调查，没有发言权"[1]，对于创业者而言，可谓一语道破天机。创业不是在真空中进行的，而是在现实社会中进行的。创业

---

[1]　毛泽东：《反对本本主义》（1930年5月），载《毛泽东选集》第一卷，人民出版社1991年6月第2版，第109页。

者若想要在现实社会中获得成功，就必须深入做好各项调查工作，了解社会的真实情况。闭门造车就可以创业，这是一种幻想。持有这种幻想的创业者，如同把脑袋埋入沙地的鸵鸟，既不清楚机会何在，也感觉不到风险的存在。这样的创业者，即便侥幸获得了成功，最终还是会失败。对于广大创业者而言，不能心存侥幸，而是应该脚踏实地去做好调查工作，把情况摸透了，把困难都考虑到了，再去规划和实施具体的创业，成功的可能性就比较大。即使是失败了，也可以及时控制住损失，调整创业的方向而东山再起。

毛泽东说："你对于某个问题没有调查，就停止你对于某个问题的发言权。这不太野蛮了吗？一点也不野蛮。"[①]　毛泽东的创业思想，都是从创业实践中总结出来的。在毛泽东诞辰一百年时，有部电影《井冈山》，拍得非常好，建议每位创业者都去看一看。在电影中，有这样一个剧情：当毛泽东在井冈山建立根据地，并且在周围地区成功发动群众来一起创业时，上头派来一个年轻的书生样子的人，指责毛泽东的行动，把毛泽东贬为师长，并要求把部队带出去攻打城市。毛泽东无奈之下，唯有照办。结果，远征途中伤亡很大，且根据地被敌人占据。之前支持革命的群众，被残忍地杀害。所以，在毛泽东看来，没有做调查而信口开河的，那才是真正的残忍和野蛮，直接的后果就是群众被无辜地杀害。这样的教训，在商界也并不少见。秦池酒厂的前身是 1940 年成立的山东临朐县酒厂，一直是小型国有企业。20 世纪 80 年代至 90 年代初，秦池酒厂年产量仅保持在万吨左右，一直经营不善，连年亏损，处于倒闭的边缘。1992 年，王卓胜临危受命，接任秦池酒厂厂长，进行了秦池史无前例的创业。1996年，以 6000 万元勇夺 CCTV 标王，获得了空前的成功。在大好形势下，创业团队就开始天马行空了，对于商品质量和消费者抱怨都已经熟视无睹

---

① 毛泽东：《反对本本主义》（1930 年 5 月），载《毛泽东选集》第一卷，人民出版社 1991 年 6 月第 2 版，第 109 页。

了。在没有做任何调研的情况下，1996 年，秦池以 3.2 亿元的天价买下了中央电视台黄金时间段广告。结果，半年以后，企业全面衰退。

有经验的创业者，都会做好调查这项工作，因为通过调查才能找到解决问题的出路。毛泽东说："你对于那个问题不能解决吗？那末，你就去调查那个问题的现状和它的历史吧！你完完全全调查明白了，你对那个问题就有解决的办法了。一切结论产生于调查情况的末尾，而不是在它的先头。"① 这种扎实做好调查的做法，体现了创业者的成熟。中国改革开放一开始，美国的肯德基公司高层就意识到中国这块市场潜力巨大。但是，他们对当时的中国市场一无所知。当时，高层团队中有两种声音：一种是激进论，主张马上进入中国；另一种是务实论，主张先了解中国后再确定对策。当然，后者占据了主导。于是，在 1980 年，肯德基就派团队对中国的市场、社会、人口、城市、气候、习俗、口味等等，做了系统性调查，充分掌握了第一手数据和信息。根据这些调查信息，肯德基高层能够陆续明确一些核心问题的答案。最终，1987 年肯德基在中国北京开出了第一家店，非常成功。即便是这样，肯德基在中国也依然是非常谨慎的。在之后的几年，并没有大张旗鼓地大量开设新店，而是一边运营一边调查，不断深入去了解中国社会的方方面面。几年之后，肯德基通过实地调查，已经掌握了大量第一手信息，于是，才开始大规模地展店。

创业者离开了实际调查，就会出现如同毛泽东所说的那种情形，"那末，它的结果，不是机会主义，便是盲动主义"②，创业失败的可能性就大。2011 年，英国前首相托尼·布莱尔之妻切丽与盖尔·莱塞共同创建名为"爱己医疗保健"的连锁机构，誓言欲在英国设立 100 家连锁医疗保

---

① 毛泽东：《反对本本主义》（1930 年 5 月），载《毛泽东选集》第一卷，人民出版社 1991 年 6 月第 2 版，第 110 页。

② 毛泽东：《反对本本主义》（1930 年 5 月），载《毛泽东选集》第一卷，人民出版社 1991 年 6 月第 2 版，第 112 页。

健分店，向民众提供"一站式"医疗服务。但是，由于没有做调查，一开始，"爱己医疗保健"就具有浓厚的机会主义色彩，想借英国国民保健制度改革的东风大赚一笔。在创业上，不了解市场需要，盲目行动，导致亏损严重。这些连锁店都开在超市里面，但定价却很高，走的是高端时尚路线。来超市购物的消费者，大多是普通收入人群，根本无力承担。创业四年来，"爱己医疗保健"只开设了 11 家分店，且生意惨淡，每况愈下。最终不得不宣布破产，创业者唯有黯然离场。对于这类创业者，由于事先没有做好调查研究，就会出现如毛泽东所预料的情形，"一定要弄出错误"[①]，悔之晚矣。对于这类创业者失败的原因，毛泽东指出，"这并不是他在行动之前不留心计划，而是他于计划之前不留心了解社会实际情况"[②]，是行动之前没有做好足够的调查才导致了失败。毛泽东目光如炬，一眼就能够看到问题的本质。

二、要造名，更要造实

不少创业者在创业之前也进行了调查，在创业的过程中，也不忘做点调查。但是，事业并没有因为调查而有所起色，有时，甚至因为调查而遭受挫败。1957 年，福特汽车公司推出了精心打造的 Edsel，但很快就遭遇了汽车行业中的滑铁卢，成为了失败的经典案例。事实上，关于 Edsel 的市场调查工作，在这款车推出之前，持续了将近十年之久。这些调查包括车主的好恶、消费者喜好、经济收入、销售渠道等等。为了确保市场调查的科学性，福特公司特别邀请了哥伦比亚大学的调查团队来进行市场调查。调查的信息令福特高层信心满满，志在必得。但是，现实的溃败彻底颠覆了福特管理层的预期。后来，福特的这次经典溃败，被提炼为"艾德

73

---

① 毛泽东：《反对本本主义》（1930 年 5 月），载《毛泽东选集》第一卷，人民出版社 1991 年 6 月第 2 版，第 112 页。

② 毛泽东：《反对本本主义》（1930 年 5 月），载《毛泽东选集》第一卷，人民出版社 1991 年 6 月第 2 版，第 112 页。

赛尔综合征"（Edsel Syndrome），指的是企业在做某项决策前先做大量的调研活动，但这些调研并不能提供解决问题的有效方法。不少创业者重视市场的力量，也积极做了调查，但是，结果还是失败。创业者若不能通过调查来透过表象看本质的话，就如同毛泽东所说的那样，"看到一点表面，一个枝节，就指手画脚地说这也不对，那也错误"[①]，这样的调查不仅无济于事，而且还有负面作用。创业者若带着自己的主观想法去开展调查，往往是希望看到调查的结果佐证了自己的想法，而不是真实的现实情况。这样的调查，不仅不能提供真实的第一手信息，还可能导致创业者的盲目自大，导致创业的失败。

一些创业者调查失败，还有一个主要原因是调查方法不科学，有调查之名，无调查之实。毛泽东发现有些人做调查，"但是很多人的调查方法是错误的"[②]，所以，调查获得的信息就不可靠。错误的调查方法会导致错误的调查结论。例如，一个县级市的市长很有干劲，拥有博士学位。他每个周末，就在辖区内不同的家庭去进行入户调查，了解老百姓的真实情况和想法。通过一番调查后，他发现当地实际的情况和当地统计部门公布的数据之间存在较大差距。这位市长的意愿是好的，工作也是蛮拼的，希望能够在当地做点实事。但是，从调查的角度来看，他采用的是方便样本进行调查。这种调查方法，一个主要的局限性就是缺乏代表性。不少公司进行市场调查，在实际操作过程中，采用的都是这种方便样本，而不是真正意义上的随机抽样。所以，调查结果就自然会与实际情况有偏差。毛泽东说："这种调查用处不大，不能达到我们的主要目的。"[③] 毛泽东说话很科学，并没有完全否定这种调查方法，因为，这种调查方法也是多少能

① 毛泽东：《反对本本主义》（1930 年 5 月），载《毛泽东选集》第一卷，人民出版社1991 年 6 月第 2 版，第 110 页。

② 毛泽东：《反对本本主义》（1930 年 5 月），载《毛泽东选集》第一卷，人民出版社1991 年 6 月第 2 版，第 113 页。

③ 毛泽东：《反对本本主义》（1930 年 5 月），载《毛泽东选集》第一卷，人民出版社1991 年 6 月第 2 版，第 113 页。

够收集一些信息上来的。但是，这种调查方法的用处是有限的，无法真实反映客观情况，很难找到解决实际问题的答案。

吉利公司创建于 1901 年，生产的是剃须刀具，从来就是做男人的生意。进入 20 世纪 70 年代，吉利公司的销售额已达 20 亿美元。然而吉利公司的领导层并不满足现状，而是想方设法继续创业。在 1974 年一次管理层会议上，有人提出公司只是做了世界中一半人口的生意，而并未涉入另一半人口的生意，建议公司推出面向妇女的专用"刮毛刀"。这一提案，引起一片哗然。提案者不动声色地用一年时间进行周密的调查，发现在美国 30 岁以上的妇女中，有 65% 的人为保持美好形象，要定期刮除腿毛和腋毛。这些妇女之中，除使用电动刮胡刀和脱毛剂之外，主要靠购买各种男用刮胡刀来满足此项需要，一年在这方面的花费高达 7500 万美元。相比之下，美国妇女一年花在眉笔和眼影上的钱仅有 6300 万美元，染发剂 5500 万美元。对于不善于做调查者，毛泽东说："调查的结果就像挂了一篇狗肉账，像乡下人上街听了许多新奇故事，又像站在高山顶上观察人民城郭。"[①] 当然，吉利公司这个提案者，他的调查报告可不是"一篇狗肉账"，而是证据确凿、信息翔实的调查报告。当这份报告放到吉利公司管理层会议桌上时，所有人都罕见地表示赞同。结果，吉利公司精心设计了女士专用的"刮毛刀"，获得空前的成功。

有些创业者，因为怕麻烦，让别人或者调查公司去做调查，自己则坐在办公室看看调查报告。这种调查方式，很难掌握真实的情况。毛泽东说："凡担负指导工作的人，从乡政府主席到全国中央政府主席，从大队长到总司令，从支部书记到总书记，一定都要亲身从事社会经济的实际调查，不能单靠书面报告，因为二者是两回事。"[②] 创业者只有到现场、到

---

① 毛泽东:《反对本本主义》(1930 年 5 月)，载《毛泽东选集》第一卷，人民出版社 1991 年 6 月第 2 版，第 113 页。

② 毛泽东:《反对本本主义》(1930 年 5 月)，载《毛泽东选集》第一卷，人民出版社 1991 年 6 月第 2 版，第 117 页。

一线亲自去做调查，才能了解和掌握真实情况。为了解中国大陆社会经济等方方面面情况，台湾企业家尹衍梁亲自到中国大陆考察了数百趟。他甚至会借着打出租车的机会，和出租车司机聊天来了解基层社会情况。在深入了解情况后，他就指示黄明端带队进一步调研，准备去中国大陆做零售业生意。黄明端此前一直做的是纺织业，零售业是纯外行。接到这个命令后，他实在想不明白，但命令不可违抗，于是，只好硬着头皮去做调研。随着调研的深入，他越来越清楚具体情况了。几个月后，他就去找尹衍梁，说应该马上进入中国大陆进行零售业的创业。2011 年开始，他们所创的零售商大润发已打败了沃尔玛和家乐福，成为中国大陆第一的量贩店。毛泽东说："那些李逵式的官长，看见弟兄们犯事，就懵懵懂懂地乱处置一顿。"① 若不深入做调查，那么，创业者就会成为"李逵式的官长"，很容易瞎指挥。大润发创业的整个决策过程，都是基于深入细致的调查基础上的，因此，很容易在创业团队内部达成共识，大家齐心协力就把事业给干起来了。

　　创业者进行调查，不能蜻蜓点水，而是要深入调查，彻底了解和掌握具体情况。毛泽东说："初次从事调查工作的人，要作一两回深入的调查工作，就是要了解一处地方（例如一个农村、一个城市），或者一个问题（例如粮食问题、货币问题）的底里。深切地了解一处地方或者一个问题了，往后调查别处地方、别个问题，便容易找到门路了。"② 大润发创业过程中，采用了毛泽东的"农村包围城市"战略，先在三四线城市发展。在开店之前，都会做大量深入细致的调查工作，掌握周边商圈的人口、家庭、职业、竞争店等等非常详尽的信息。做了这些深入调查后，大润发总执行长黄明端还要亲自到现场看，一个人静静地想。因为做了大量的调研

---

① 毛泽东：《反对本本主义》（1930 年 5 月），载《毛泽东选集》第一卷，人民出版社 1991 年 6 月第 2 版，第 112 页。

② 毛泽东：《反对本本主义》（1930 年 5 月），载《毛泽东选集》第一卷，人民出版社 1991 年 6 月第 2 版，第 117—118 页。

工作，大润发每开出一家店就成功一家店。至今为止，大润发从未关闭过一家店。由于选的位置好，经营又得法，大润发单店的销售额和利润要明显高于沃尔玛和家乐福。可见，大润发在创业过程中，不仅从毛泽东那里学习到了经营战略，还学习到了调查的精髓。每一项创业成功背后，必然有其成功的道理。大润发创业的成功，很大程度上是借鉴和学习了毛泽东创业的经验。

三、路径依赖的错觉

1928 年，保罗·高尔文在经过了数次创业失败后，并未放弃创业的念头，而是来到芝加哥，创建了摩托罗拉公司的前身——高尔文制造厂。这次创业，他获得了久违的成功，企业很快就成为高科技无线通信行业的开拓先锋。保罗·高尔文过世后，他的儿子罗伯特·高尔文成为公司的领导。难能可贵的是，罗伯特·高尔文并没有因循守旧，而是进行了大胆的开拓和二次创业，获得了耀眼的成绩。罗伯特·高尔文接手摩托罗拉后的三十多年里，公司销售额从 2.9 亿美元攀升至 108 亿美元。那时，罗伯特·高尔文如同今天的史蒂夫·乔布斯一样，被视为业界的神话，被公认为有远见和创意频出的天才。1997 年他的儿子克里斯托夫·高尔文接过公司的领导权之后，其性格柔性有余，刚性不足，采用"萧规曹随"的做法，一味依赖其祖父和父亲的创业路径。结果，外部环境的变化，令摩托罗拉公司无所适从，业绩直线下跌，自己也黯然离职。不同的时代有不同的特点，摩托罗拉公司创业横跨了三代，经历了第一次世界大战、第二次世界大战、冷战……其间，世界发生了翻天覆地的变化，但第三代创业者的因循守旧和路径依赖，使得摩托罗拉公司从时代的弄潮儿，逐渐沦为落后者。

这家公司的衰落，一个重要原因是领导者的创业意识淡薄了，跟不上时代发展的步伐。创业者要根据环境的变化而及时调整创业的策略和方法，要与时俱进。在革命创业上，毛泽东有清醒的认识，他说："斗争的发展使我们离开山头跑向平地了，我们的身子早已下山了，但是我们的思想依然还在山上。我们要了解农村，也要了解城市，否则将不能适应革命斗争的需要。"① 毛泽东立足井冈山进行创业，随着力量的壮大，势必要下山扩大根据地。在山上进行创业和到山下进行创业，是两种环境下的创业，需要有不同的创业模式和策略。如果下了山，依然采用在山上的创业模式和路径，那么，往往因为无法适应新的环境而遭受挫败。曾经在中国，摩托罗拉手机占据了半壁江山。当时，摩托罗拉手机强大到就连苹果公司都主动找上门去寻求合作。现在，再看周围的人，已经很少有人在用摩托罗拉手机了。在新的环境下，摩托罗拉公司依然坚持半个世纪前的创业策略和路线，无法有效调整经营部署，就不能适应新时代环境的需要。最终，摩托罗拉陷入了"人为刀俎，我为鱼肉"的被动境地，成为被吞并的对象。这个从卖爆米花开始创业到打造了一代电子帝国的高尔文家族，随着时间的推移，逐渐地从世人的视线中消失了。

在滔滔向前的创业洪流中，高尔文家族的创业例子，不是第一个，也不会是最后一个。创业者一旦喜欢上了路径依赖，那么，今日的辉煌就会成为明日的负担，创业就会走下坡路。创业者不仅要与时俱进，而且要成为潮流的弄潮儿。存在依赖心理的创业者，很容易因为安于现状而不思进取。创业队伍中也不乏毛泽东所说的那种人，"红军中显然有一部分同志是安于现状，不求甚解，空洞乐观"②，因而安于现状就会不思进取，很难真正去创业。一个人一旦满足于现状了，就很难再有锐意进取之心，更不可能去继续创业。这类人喜欢"饱食终日，坐在机关里面打瞌睡，从不肯伸只脚到社会群众中去调查调查"③，懒惰就会滋生，斗志就会消磨光。

① 毛泽东：《反对本本主义》（1930年5月），载《毛泽东选集》第一卷，人民出版社1991年6月第2版，第114—115页。
② 毛泽东：《反对本本主义》（1930年5月），载《毛泽东选集》第一卷，人民出版社1991年6月第2版，第116页。
③ 毛泽东：《反对本本主义》（1930年5月），载《毛泽东选集》第一卷，人民出版社1991年6月第2版，第116页。

这样的创业者，即便被推到创业的位置上，充其量是个守成者，而非开拓者。一些创业家的后代，被誉为含着金汤勺出生，往往不知人间疾苦，又如何能独自去开拓呢？康拉德·希尔顿想要到酒店业去创业时，手头只有5000美元。他向母亲请教："我如何创业？"他的母亲告诉他："你必须找到你自己的世界。要放大船，必须先找到水深的地方。"后来，他创建了希尔顿酒店，成为美国最大的连锁酒店大王。有人问他创业成功的诀窍是什么时，他意味深长地说："站在时代的前沿，这就是我的诀窍。"但是，他的继承人女儿帕丽斯·希尔顿却是通过另一种方式成为媒体追逐的对象。她不仅私生活混乱不堪，还因为吸毒而被关进监狱。毛泽东说："假手于人是不行的。"[①]创业家的名号是自己创出来的，而不是可以通过沾父辈的荣光来获得的。帕丽斯·希尔顿已经离真正意义上的创业越来越远了。

要当时代的弄潮儿，成为有个性的创业者，其实也不难。毛泽东说："迈开你的两脚，到你的工作范围的各部分各地方去走走，学个孔夫子的'每事问'，任凭什么才力小也能解决问题，因为你未出门时脑子是空的，归来时脑子已经不是空的了，已经载来了解决问题的各种必要材料，问题就是这样子解决了。"[②]　这是创业的基本方法，就是要善于发现问题和解决问题。几位北京大学的毕业生，由于不想朝九晚五，也不愿意到大单位"饱食终日，坐在机关里面打瞌睡"[③]，于是，选择创业，并将创业项目锁定在餐饮行业中的常德牛肉米粉。为了找到最理想的米粉，创业团队到湖南常德进行实地调研，走街串巷试吃米粉，当时一天要吃十多碗。最终，功夫不负有心人，他们找到了一家口味非常正宗的米粉店。于是，拜师学

①　毛泽东:《反对本本主义》(1930年5月)，载《毛泽东选集》第一卷，人民出版社1991年6月第2版，第118页。

②　毛泽东:《反对本本主义》(1930年5月)，载《毛泽东选集》第一卷，人民出版社1991年6月第2版，第110页。

③　毛泽东:《反对本本主义》(1930年5月)，载《毛泽东选集》第一卷，人民出版社1991年6月第2版，第116页。

艺，学会了制作工艺。回到北京，创立伏牛堂米粉店，生意火爆，投资者纷至沓来，就连当时的北京大学校长也专程去店里吃米粉。所以，创业并非想象的那么难，关键是要做好调查工作，了解和掌握社会需求。创业者不能闭门造车，而是需要到社会中去调查和观察，去找到创业的好机会，"问题就是这样子解决了"①。

第三节 创业与现金流管理

随着互联网创业的日益深入，现在社会上出现了一股"烧钱热"。创业者之间，比的不是现金收入，而是看谁"烧钱"烧得更快，似乎"烧钱"越快越成功。2015 年，刘姝威发布乐视网财务分析报告，质疑乐视网现行的"烧钱"模式难持续，又一次引起了各方论战。从创业的角度来看，创业项目往往有个生命周期。在初期主要靠投入，收益很少，这就是"烧钱"期。当项目慢慢做起来，就开始有比较稳定而可观的收入，能够实现盈亏平衡，这就是稳定期。当项目有了出声誉和品牌，收入就会大增，利润也很明显，这就是收割期。随着同业者的跟进，创业项目的优势逐渐褪去，收入开始下降，这就是衰老期。不同阶段的创业，对于资金投入的要求和运作模式是不同的。京东创业至今，还在巨额亏损，但似乎投资者依然很看好这家公司。不过，无论是何种模式，投资者最终都是希望得到回报的。对于任何一个创业项目，保持稳定的、可持续的现金流都是很重要的。

一、现金流是王道

创业者需要扮演多种角色，不仅仅是开拓者，而且至少还应该是财

---

① 毛泽东：《反对本本主义》（1930 年 5 月），载《毛泽东选集》第一卷，人民出版社 1991 年 6 月第 2 版，第 110 页。

务管理专家。当然，如何协调和平衡各种身份与角色，有时候对于创业者而言，是个挑战。在哈佛大学经济系一楼的玻璃橱窗里，张贴着该系所有教员的照片，每张照片下面都有各自的名字。在最底下一行的一个不起眼的位置上，放的是阿马蒂亚·森的照片。这位诺贝尔经济学得主的照片，就这样很谦卑地放置在一个很不起眼的位置上。1998 年，他离开哈佛大学到英国剑桥大学三一学院任院长。在《身份与暴力——命运的幻象》一书中，他讲述了自己的一次经历。有一次，他拿着护照进入英国，海关检查员看着护照和文件，发现他要去的地址是三一学院，于是，就问他认不认识三一学院的院长。当时，他就很错愕，不知道如何回答。其实，他就是三一学院的院长。这次错愕的经历，让他思考社会身份与社会识别的作用。在大多数人心目中，创业者都是开拓者，天生具有一种敢闯敢拼的劲头。不少创业者也很享受这种大开大阖的感觉，沉醉其中不能自拔。但是，创业还有一项非常严格的约束条件，就是财务约束。财务约束往往把创业者从创业的宏伟大梦中拉回到现实，去面对残酷的现实。因此，创业者需要在理想和现实中切换身份和思维，取得平衡，才能使得创业具有可持续性，才可能获得最终的成功。

毛泽东年轻时，志向远大，身上没有一点铜臭气，但他深知创业过程中钱的使用价值。毛泽东说："革命战争的激烈发展，要求我们动员群众，立即开展经济战线上的运动，进行各项必要和可能的经济建设事业。"① 在创业初期，毛泽东一方面积极进行根据地建设，并向周边地区和城市进行扩展；另一方面，开展经济建设，通过农业生产和贸易来获得更多的货币，以支撑起军需之用。这种创业模式，一方面保证了队伍有充足的给养，确保了战斗力；另一方面，搞活了红区的地方经济，减轻了当地群众的经济负担。毛泽东深知，若不搞经济建设，创业就会出现现金流短

81

① 毛泽东：《必须注意经济工作》（1933 年 8 月 12 日），载《毛泽东选集》第一卷，人民出版社 1991 年 6 月第 2 版，第 119 页。

缺的局面，那么，创业就会成为无源之水，很难坚持下去。另外，若队伍缺乏给养，就可能给群众增加经济负担，就会恶化与群众之间的关系。失去群众的支持，创业就更不可能成功。基于这种考虑，向来不沾钱的毛泽东，呼吁加强经济建设，增加财政收入，为创业的可持续性提供物质上的保障。对于毛泽东而言，创业和经济两手抓，而且两手都要硬。当然，这种政策取得了很好的效果。一方面，队伍不断壮大，根据地也不断向周边地区扩展；另一方面，群众的生活在改善，负担在减小，对于革命的支持和向心力在提升。这种做法，使得根据地变得更加牢固，让创业变得可持续发展。

事实上，再成功的创业家，也非常重视现金流的重要性。19世纪的创业家约翰·D.洛克菲勒，白手起家，一步一步地建立起他那庞大的石油帝国。他的创业成功之道在于精打细算，甚至有些"抠门"。他从小养成了现金管理的良好习惯，16岁就花1毛钱买个小本子记下自己的每一笔收入和开支。他一生都把账本视为自己最珍贵的纪念物。后来他注册了属于自己的公司，更加注重成本的节约，提炼每加仑原油的成本要计算到小数点后的第3位。他每天早晨一上班，就要求公司各部门将财务报表送上来。他能准确地查阅报上来的成本开支、销售以及损益等各项数字，并能从中"嗅"出错误。他深感收支管理的重要性，在教育子女上，也从小就把现金流管理纳入其中。几个儿子周末回家后，需要逐一向他汇报一周的花销情况。他每周给每人的零花钱是25美分，不如中等人家孩子的零用钱多。他通过这种方法，教育子女不能乱花钱，而是要精打细算，学会管理好手中的现金流，确保日常营运的有序进行。他的子女长大后，也都是创业的高手，显然与老洛克菲勒的教育是分不开的。所以，对于现金流的精细管理，是成功创业家的一个共同特征。

创业和现金流管理，是密不可分的。实际上，毛泽东领导秋收起义，创立井冈山革命根据地，走农村包围城市的道路，不仅仅是一次创业运动，更是一次经济改革。在此之前，创业的经费来源主要是共产国际。毛泽东建立了红色根据地以后，完全是靠自己的力量一步一步发展壮大，在没有任何外援的情况下，从零起点开始逐步建立了自己的财政保障系统。因此，说毛泽东是一位真正的白手起家的理财大师，一点儿不过分。毛泽东说："经济建设在今天不但和战争的总任务不能分离，和其他的任务也是不能分离的。"[①] 这可是对创业最深刻的忠告，但并不是所有创业者都能够真正重视这一点。2005年年底，校内网上线，一个新的创业开始起步。校内网创业初期，就有300人的校园大使，在高校中做推广，效果还是不错的，顺利地打开了局面。但是，早期校内网除了唯一一笔额度不大的广告收入之外，就再也没有收入了。尽管，这是一个很好的创业方向，也有了不错的开局，但现金流严重短缺，使得创业团队最终在一年后被迫以200万美元卖掉了公司。结果，两年之后，校内网获得了软银3.4亿美元的融资。可见，现金流出现了问题，再好的创业项目，也无法坚持多久，最终要么中途而废，要么转让出去而让别的买家获益。巨人大厦项目的失败，让史玉柱明白：企业最怕在现金流上出问题，企业亏损不一定会破产，但现金流一断企业就会完蛋。

二、"众筹"而非"众愁"

仿佛一夜醒来，"众筹"成为创业中一个很时髦的词汇。大江南北，只要有人在谈论创业，总会说到"众筹"，似乎不懂"众筹"就落伍似的。有位中文系的才子，一天在微信群中发了个信息，说要众筹写小说。大家都踊跃响应，很快就筹得10万元，通过写小说就开始创业了。事实上，毛泽东早就知道众筹的巨大力量。在创业初期，缺粮缺战士的情况下，毛泽东坚决走群众路线，发动群众来众筹进行联合创业。参与创业的群众，不仅可以分得土地，还可以在创业成功后，成为新建事业的股东，成为新

---

① 毛泽东：《必须注意经济工作》（1933年8月12日），载《毛泽东选集》第一卷，人民出版社1991年6月第2版，第125页。

政权的主人。这个号召力实在太大了，群众奔走相告，不怕牺牲，有粮食的出粮食，有人丁的出人力，参与到革命创业中来。于是，出现了父母争相送子女参加红军，家家拿出口粮当军粮、拿出最后一尺布做军服的情景。在毛泽东之前，创业主要靠共产国际的资金，共产国际相当于现在的风险投资机构。由于仅仅只有一家风险投资机构的支持，因此，当时的中国革命势必受制于人，创业受到了风险投资机构的严格控制。毛泽东秋收起义之后，发现这条创业的路子行不通，创业的支持需要多元化。于是，他就开始走"众筹"的创业路子，把中国革命带入了一个新的境界。

有一幅油画，可能是世界上印刷次数最多的油画，那就是《毛主席去安源》。在这幅油画中，青年毛泽东身穿长衫，手拿油纸伞，傲首阔步向前走，身后是翻滚的乌云、沉降的地平线和群山。当毛泽东到安源准备发动工人开始创业时，面临着一个严峻的问题，资金严重不足。于是，他决定通过众筹的办法，发动工人出资参与创业，每位创业的工人得到一定的股份。结果，这个举措一下子激发了工人的创业热情。工人们尽管家庭生活都很困难，仍然响应号召，踊跃认购。很快，就筹集到 7800 余元股金。对于参与众筹的工人，毛泽东予以登记在册，并给予凭证。结果，一下子团结了安源路矿的数万名工人和家属，轰轰烈烈的安源工人大罢工才能搞起来。秋收起义后，毛泽东提出了"走群众路线"的方针，充分利用众筹方式筹集资金和支持，创造性地把众筹应用于苏区的革命斗争和经济建设之中，使得根据地越来越大，创业的格局也就越来越大。在电影《毛泽东去安源》中，毛泽东有一句台词，"众人拾柴火焰高"，一语道破众筹的秘密。有了这个思路，毛泽东就可以"把安源这锅冷水烧热"。在毛泽东看来，创业要能够如星星之火那样去燎原全国，就需要通过众筹这种方式来汇聚群众的力量、资源和智慧。

当然，并非所有众筹创业都能够成功。与其他创业模式一样，众筹创业也存在一定的局限性。众筹做不好，创业就会失败，投资就会受损，甚至血本无归，就会出现"众愁"的不利局面。武汉有家咖啡店，就是通过众筹来创业的。创业之初，不到两周，就筹集到了 100 万元，有 50 位投资者，每人出了 2 万元，通过"众筹"当了这家咖啡店的股东。开业当天，很是风光，媒体都去参访，新闻都上头条。可是，三个月后，这家曾经红极一时的咖啡店黯然谢幕。对于这次创业的失败，原因是多方面的，其中一个原因是对于创业者的宣传不够。宣传不够，就会出现毛泽东所说的那种情形，"不注意推动群众团体，不注意开群众大会做宣传，那末，要达到目的是不可能的"[①]，结果很难获得社会的支持。这说明，在发动群众进行众筹创业时，一定要辅以恰当的宣传，才能让群众真正明白创业的使命和责任，才能真正参与到创业中来，而不是形式上的创业者。就以这家咖啡店为例，当 50 位投资者出资参与创业后，对于其中的大多数人而言，并非为了创业，而是为了新奇。所以，当开业第一天，这些女性投资者集体穿着美丽的旗袍。对她们中的绝大多数人而言，这是一次类似成人礼式的聚会。等咖啡店真正运营后，要召集股东会议，都找不齐人来参加。对于众筹式创业，毛泽东强调开群众大会进行宣传的重要性，因为唯有通过宣传才能让参与创业的每个人都认识到创业的责任和艰辛，才能真正为创业献计献策、流汗出力。否则，往往会沦为创业的投机者和作秀者。

　　全球最大众筹网站 Kickstarter 统计显示[②]，众筹失败项目高达 59.55%。在这些失败项目中，有 19% 的项目是一分钱都没有筹到，63.1% 的项目只筹集了目标额的 1%—20%，有大约 0.7% 的项目获得目标额 81%—99% 的款项。可见，"众筹"的失败率还是相当高的。如何提高众筹的成功率？很重要的一点，就是不能采用生硬的命令或者强制口气，而是需要贴近投资者和群众的方式进行创业项目的宣传。对此，毛泽东很有经验，他说："我们一定不能要命令主义，我们要的是努力宣传，说服群众，按照具体的环境、具体地表现出来的群众情绪，去发展合作社，去推销公债，去做

---

　　① 毛泽东：《必须注意经济工作》（1933 年 8 月 12 日），载《毛泽东选集》第一卷，人民出版社 1991 年 6 月第 2 版，第 124 页。

　　② 数据来自美国众筹观察网站 Crowdfundinsider。

一切经济动员的工作。"① 在众筹平台上进行创业项目发布时，都需要有一些描述性的文字以及演示性的视频。这些材料是关键宣传资料，制作得好，可以大大提高资金筹措的能力。一些成功的众筹项目，之所以能够很快吸引资金，原因之一就是因为项目的宣传资料做得好，让人一看就产生了兴趣。分析那些失败的众筹项目，看这些项目的材料时往往有一定的生硬感和压迫感，令人不是很舒服。自然，愿意参与这样的项目的人就会少很多，创业往往在众筹阶段就会流产。因此，众筹与其说是一种创业资金筹措的方法，还不如说是一门筹资艺术。对于筹资艺术，毛泽东深谙此道，他说："命令主义地推销公债，不管群众了解不了解，买不买得这样多，只是蛮横地要照自己的数目字去派，结果是群众不喜欢，公债不能好好地推销。"② 换言之，为创业而筹资，需要动脑筋、用智慧，不能蛮干、硬干。

三、管理需要有弹性

创业时期的现金流管理，与企业在平稳发展期的现金流管理有很大的不同。对于平稳发展的企业，彼得·德鲁克描述过，说这类企业管理是很平静的，也比较枯燥，因为整套管理体制比较完善，能够按照例行的方式处理企业运行过程中的问题。彼得·德鲁克的观察，对于平稳发展期的企业而言，无疑是对的。但是，对于创业时期的企业而言，则是另外一番景象。初创企业，最主要的精力一般都放在去追求和把握稍纵即逝的机会上了，因此，会显得很忙乱，各项制度还不可能完善。在这种情况下，需要有一套适合创业的简单、灵活而适用的管理制度和方法。成熟企业的管理制度和方法，不一定适应创业企业的需要，甚至反而会对创业产生负面

① 毛泽东：《必须注意经济工作》（1933年8月12日），载《毛泽东选集》第一卷，人民出版社1991年6月第2版，第125页。

② 毛泽东：《必须注意经济工作》（1933年8月12日），载《毛泽东选集》第一卷，人民出版社1991年6月第2版，第125页。

作用，约束了创业者的前进步伐。这并不是说，成熟企业的管理方法不好，而是因为任何管理方法都有个权变，就是需要根据特定环境、特定需要开发有针对性的管理方法，而不是照搬照抄就能管用。史蒂夫·乔布斯曾经邀请百事可乐 CEO 约翰·斯卡利出任苹果 CEO，结果，约翰·斯卡利用百事可乐那套管理思想和管理方法来经营苹果公司，与创业者史蒂夫·乔布斯的理念直接对立。后来，史蒂夫·乔布斯被迫离开了苹果公司。但是，事实证明套用百事可乐的管理方法来经营苹果公司是行不通的，苹果公司被逼进了几乎破产的境地。危急关头，还是史蒂夫·乔布斯的回归拯救了苹果公司，并使其成为一家伟大的公司。

不少创业，并非由具有管理经验的资深管理人士发起的，而是由社会阅历浅、管理经验空白的年轻一代搞起来的。在创业的过程中，这些毫无管理经验的年轻创业者，靠着干中学的摸索方式，探索出一条适合创业的管理与经营模式，行之有效。在创业过程中，特别不能有官僚主义作风。毛泽东说："要把官僚主义方式这个极坏的家伙抛到粪缸里去，因为没有一个同志喜欢它。"[1] 官僚主义做法就是要论资排辈，职位分成高低不同。这种组织模式，会扼杀创业的热情。创业主要靠的是团队的力量，而不是个人权威和发号施令的结果。唯有充分调动起创业团队中每个人的力量和热情，才能真正把创业推向高潮，去获得创业的成功。现在有不少关于《西游记》的管理启示的书籍和文章，从经营管理的角度来挖掘其中的内涵。早在延安时期的 1938 年，毛泽东在对抗日军政大学的师生演讲中，对于《西游记》里的唐僧、孙悟空、猪八戒、白龙马有过非常精要的评价，从优点上来看，认为唐僧有坚定正确的方向，百折不回；猪八戒不讲究吃穿，有艰苦朴素的作风；孙悟空有七十二般变化，灵活机动；白龙马不图名，不为利，埋头苦干，所以能取得真经。[2] 毛泽东用《西游记》的故事，

---

①　毛泽东：《必须注意经济工作》（1933 年 8 月 12 日），载《毛泽东选集》第一卷，人民出版社 1991 年 6 月第 2 版，第 124 页。

②　牛克伦：《熔炉》，载《回忆毛主席》，人民文学出版社 1977 年版，第 245—246 页。

旨在阐述创业过程中团队的重要性。在创业团队中，每个人的作用都不可忽视，每个人都是通过分工与合作来进行创业。

当通过众筹而创业后，在创业的管理上，就需要和投资者进行积极有效的沟通，充分调动投资者的参与积极性，不仅为创业提供资金，还要贡献出心力来。毛泽东指出，说："每一个同志喜欢的应该是群众化的方式，即是每一个工人、农民所喜欢接受的方式。"① 众筹的投资者是多元的，有工人、农民、知识分子，各行各业的人都有可能。创业者从这些人手中募集到创业资金后，就需要采用这些人能接受的方式，进行有效的沟通与合作，汇集众人的智慧进行创业，成功的可能性就更大。众筹概念，来源于英文"Crowdfunding"。通常意义上，众筹是指基于互联网的 C2B模式，向网友募集项目资金，以便筹资者执行相关创意想法。众筹主要有四类：实物众筹（也叫产品众筹）、股权众筹、债券众筹和公益众筹。从本质上讲，众筹是一种基于信用之上的社交模式。当整体社会信用体系建设欠佳情况下，众筹发起人、用户间的沟通不够通畅，往往会阻碍众筹的发展。毛泽东通过众筹来办合作社，很有经验和心得，他说："官僚主义的表现，一种是不理不睬或敷衍塞责的怠工现象。我们要同这种现象作严厉的斗争。另一种是命令主义。命令主义者表面上不怠工，好像在那里努力干。实际上，命令主义地发展合作社，是不能成功的；暂时在形式上发展了，也是不能巩固的。结果是失去信用，妨碍了合作社的发展。"② 毛泽东一下子抓住了众筹的本质是信用，而诸如官僚主义和命令主义这些做法，会破坏信用，创业就很难成功。

在创业时期，需要根据具体问题进行具体分析，有针对性地开展各项管理，调动各方面积极性，才能营造"众人拾柴火焰高"的局面。在用

---

① 毛泽东：《必须注意经济工作》（1933 年 8 月 12 日），载《毛泽东选集》第一卷，人民出版社 1991 年 6 月第 2 版，第 124 页。

② 毛泽东：《必须注意经济工作》（1933 年 8 月 12 日），载《毛泽东选集》第一卷，人民出版社 1991 年 6 月第 2 版，第 124—125 页。

人方面，成熟的企业一般是因岗设人，就是首先设立岗位，根据岗位需求配置人才来填补该岗位。成熟企业之所以可以这样做，是因为成熟企业一般业务都很清楚，需要哪些岗位也早已确定下来。因此，只需要根据岗位需要来招募适合岗位的人就可以了。但是，这种做法在创业时期的企业不一定行得通，这是因为创业企业即便有岗位也不一定能招到人。此外，创业企业往往需要一个人兼任多项工作和多种岗位，因此，重要的是首先要找到人，再根据这个人来设定岗位，就是因人设岗。由于这类创业型人才不好找，因此，创业者往往感叹手头没有合适的干部。毛泽东觉得，找不到干部就怨天尤人的做法，是个很消极的做法，他质问道："人们常常叹气没有干部。同志们，真的没有干部吗？从土地斗争、经济斗争、革命战争中锻炼出来的群众，涌出来了无数的干部，怎么好说没有干部呢？"①所以，问题不在于没有创业的骨干，而在于没有好好去物色和挖掘这些骨干。"晶体管之父"威廉·肖克利 1955 年在加州创立了实验室，聘用了包括罗伯特·诺依斯、戈登·摩尔在内的很多年轻优秀人才。但是，威廉·肖克利对于这些人才，视而不见。结果，导致了众叛亲离局面的出现。罗伯特·诺依斯、戈登·摩尔等 8 名核心骨干离开后，创业获得了巨大的成功，开创了一个新时代。而肖克利实验室则每况愈下，两次被转卖后于 1968 年永久关闭。所以，创业者不能被自己的狭隘所束缚，而是应该体察周围一切可用之才，为创业所用。每一位创业者都应该记住毛泽东的话，他说："丢掉错误的观点，干部就站在面前了。"②

89

---

① 毛泽东：《必须注意经济工作》（1933 年 8 月 12 日），载《毛泽东选集》第一卷，人民出版社 1991 年 6 月第 2 版，第 125 页。

② 毛泽东：《必须注意经济工作》（1933 年 8 月 12 日），载《毛泽东选集》第一卷，人民出版社 1991 年 6 月第 2 版，第 125 页。

第四章　创业路上的深耕细作

　　麻省理工学院是一所世界顶级研究型私立大学。1861年威廉·巴顿·罗杰斯创立 MIT，希望能够创建一个自由的学院来适应正快速发展的美国的社会需要。创校初期，阻力重重。由于南北战争，始终无法顺利招生，直到 4 年后才迎来了第一批学生。在大萧条时期，MIT 遭遇到了前所未有的财政问题，曾一度被认为会同哈佛大学合并。但是，这所学校最终坚持下来，并迎来了发展的高潮。波士顿地铁有条红线（Red Line），有一站就是 MIT Kendal，出了这个站就到了 MIT。与其他站点不同的是，这个站具有明显的 MIT 的味道。在站台的墙面上，印刻着很多图片，下面都有文字来介绍。这些文字和图片，向世人介绍 MIT 成立以来在科技发明上的重大里程碑。一幅幅老旧图片，向世人讲解着 MIT 人在创业过程中所获得的傲人成就，让人还没走出地铁站，就已经感受到 MIT 人创业的气氛扑面而来。一百五十多年以来，成千上万的 MIT 人，在校训"手脑并用，创新世界（Mind and Hand）"的指导下，在科技创新领域深耕细作，获得了举世公认的成就。从创业的角度来看，MIT 是个很好的案例。MIT 的校训朴实无华，却代表了 MIT 人深耕创业的行动力。

第一节 深耕，才能生根

创业者都仰望史蒂夫·乔布斯，觉得他是创业家的典范。其实，没有必要把史蒂夫·乔布斯神化。史蒂夫·乔布斯创业能够取得如此高的成就，秘密很简单，就是他一辈子都在做一件事情。他从创业的第一天到最后的离世，都在电脑领域深耕，从未离开过，也从未停息过。即便是苹果公司把他赶出去，他也没有离开过这个领域，而是又成立了一家电脑公司，继续在自己钟爱的领域创业。相反，赶走史蒂夫·乔布斯的苹果公司，在没有史蒂夫·乔布斯的日子里，做了大量匪夷所思的事情，开发了大量匪夷所思的产品，甚至包括儿童服装和玩具。那时的苹果公司，与电脑已经没有关系了，更像一个生活日用品制造商。结果，公司业绩每况愈下，甚至到了濒临破产的地步。创业者热情高涨时，往往会过于乐观地判断未来发展的机会，而愿意做加法，就是不断地去扩展领域。结果，往往导致多而不精，企业因为丧失竞争力而遭遇挫败。其实，有经验的创业者往往首先做减法，先选定一个适合自己的领域，然后就深深地扎进去，做深、做精。在这个领域，做到世界第一。

91

一、寻找细分市场

当毛泽东扎根农村搞革命创业时，发现农村中的社会成分复杂而多元，容易令人产生误判。因此，他专门撰文来阐述农村阶级细分的标准和方法。这篇《怎样分析农村阶级》的文章，为在农村搞革命创业提供了重要的理论指导和实践参考。在这篇文章中，毛泽东分析了农村社会的五种角色、每种角色的基本特征和对于革命创业的影响。在此基础上，就可以确定创业需要联合哪些力量、打击哪些力量。也就是说，可以为创业确定明确的定位和边界。这种农村社会分析的方法，就是创业中的细分市场的做法。当创业者面对不同的社会群体，就需要回答一些基本问题：哪部分人群是创业所需要服务的人群？这部分人群具有哪些特征？需要有哪些有针对性的营销方法？菲利普·科特勒在其《营销管理》一书中，反复阐述的核心思想就是市场营销需要进行市场细分，针对细分市场确定包括产品、价格、渠道、促销在内的"4P营销策略"。俗语说："物以类聚，人以群分。"对于创业者而言，分清楚不同社会人群的差别，进行有针对性的创业，是创业走向成功的第一步。如果这个工作做不好，创业就会走入歧途，创业者就会出现毛泽东所说的"依靠欺骗、掠夺或亲友接济等方法为生"[1]的情形，对社会和个人都无益。

市场细分具有非常强大的威力，运用得当，就可以成为创业者手中的利器。1991年，彼得·德鲁克在纽约和杰克·韦尔奇见面，杰克·韦尔奇向彼得·德鲁克咨询管理的策略。彼得·德鲁克就建议他要确保公司业务在相关领域中处于"数一数二"的位置。杰克·韦尔奇大受启发，马上在公司中推出"数一数二"运动，要求通用电子公司所有业务部门都必须做好细分市场分析，评估自己在这块细分市场中的地位是不是已经达到了"数一数二"的地位。若没有达到这样的地位，就毫不留情地砍掉这个业务。只有达到"数一数二"地位的业务，才可以保留。这个政策一经公布，就产生了巨大的能量。整个通用电子公司都动了起来，所有业务部门都在认真地做细分市场的分析，评估自己在细分市场中的地位。一旦细分市场分析出来，对于未达标的业务部门，杰克·韦尔奇果断地裁减，17万员工被解雇，"中子弹杰克"（Neutron Jack）的绰号也因此而来。杰克·韦尔奇用市场细分的办法，成功实施了组织变革，使得通用电子公司的"二次创业"成为可能。因为通用电子公司所有业务部门在所在细分市

---

① 毛泽东：《怎样分析农村阶级》（1933年10月），载《毛泽东选集》第一卷，人民出版社1991年6月第2版，第127页。

场都做到了"数一数二"的地位，所以，通用电子公司整体上就成为世界上"数一数二"的企业。

越来越多创业成功的案例表明，小众市场的挖掘具有非常大的价值。在中国，过去打出租车会很难，因为，出租车司机和需要打车的乘客之间存在着信息不对称。于是，就有创业者看到了这块细分市场，研发出了打车软件。只要有智能手机，出租车司机和需要打车的乘客之间就可以直接交流，确定彼此的位置，远程预约出租车，很是方便。就这样一个小小的细分市场，一个小小的创意，却引起了颠覆性的效果，彻底改变了打车市场的格局。事实上，这种打车软件不仅仅改变了传统的用车模式，而且还衍生出一块新市场。每次用打车软件，就会采集空间位置信息和行车路线信息，这些信息都是非常具有商业价值的。随着大数据挖掘技术的不断成熟，打车相关的数据信息成为一块新的宝藏。看到这块市场，阿里巴巴和腾讯两大互联网巨头就再也按捺不住了，先后跳入，占据和瓜分市场。最初，打车软件就如同一颗小石头抛入一个小池塘中，谁也想不到，小池塘很快就变成了大江湖。对于创业者而言，细分市场的魅力就在于此。创业者到细分市场去创业，可以避开传统大公司的势力范围。一旦在细分市场打开局面，这些大公司就会尾随而至、纷至沓来，当初小小的创业者就可以施展"四两拨千斤"的手法，成为创业的大赢家。

创业有不同的领域，对于做学术研究者而言，作好一篇论文就是一项创业。在大学中，博士生写论文的时候，老师们都会强调一点，说国外的论文选题的切入点都是很小的，而国内的博士生在选题时，往往选择很宏伟的题目。罗纳德·科斯在 1937 年发表的《企业的性质》，研究的是一个很小的问题：企业边界是如何确定的？但是，在解释这个小小的问题时，他提出了"交易成本"这个概念，从此几乎改写了微观经济学。1960年他发表的《社会成本问题》，研究的是污染问题，提出了"外部性"这个概念。结果，诞生了后来被称为"科斯定理"的重大发现。罗纳德·科斯因为这两篇论文，获得了诺贝尔经济学奖。所以，对于任何一位创业者而言，从小处着手进行突破，不失为一条通往成功的捷径。

二、走出阳春白雪的陷阱

大学生创业，一般都喜欢选择那些阳春白雪的产业，比如金融、互联网、高科技等等。其实，行业没有贵贱之分，工作没有高低之分。在进行创业时，关键看的是能否改变现状。即便是在很土的行业中，有了创业的新思维，也能创出一片新天地来。1979 年，褚时健出任玉溪卷烟厂厂长，开始了在烟草行业的创业。此后的 18 年时间里，这个陷入亏损的小烟厂成为亚洲最大的烟厂。后来他入狱，服刑期间女儿自杀，人生遭遇到了莫大的挫折。出狱后，他已经是七十多岁的老人了。但是，创业的雄心依旧，毅然承包了 2400 亩的荒山，开种果园。他带着妻子进驻荒山，脱下西装，穿上农民劳作时的衣服，昔日的企业家完完全全成为一个地道的农民。他用努力和汗水把荒山变成了绿油油的果园，种出了汁味甜而香的橙子，被称为"褚橙"。互联网创业的急先锋丁磊，还到浙江去建了 1200 亩的网易养猪场，开始去养猪了。对此，新希望集团董事长刘永好说出了创业中的"土"与"洋"的辩证关系，他说："以前人家都觉得养猪土，搞互联网的人都很时尚洋气。现在，最时尚的人都去养猪了，说明畜牧行业是有潜力有前途的。"所以，创业中的"洋气"与"土气"是相对的，关键是能否用创新的眼光去进行创业。有创新，传统行业也能做得很洋气。

毛泽东到农村去创业时，被不少留过洋的人士所瞧不起。当时就有"二十八个半布尔什维克"的说法，指的是曾经在苏联学习过的人员的代表。因为列宁革命的成功在于在城市里发动暴动，一举夺取政权。这种革命创业路线，成为当时世界工人革命的一面重要旗帜。所以，曾经在苏联留过洋的这批人，都崇尚这种潮流，认为在中国的城市进行暴动，才是一项"高、大、上"的创业，才觉得很有档次和品位。殊不知，创业不能仅仅看表象，而是需要看实质性的成果。毛泽东从未留过洋，但是，他从中国社会实际情况出发，提出了到农村去搞革命创业的新路。这条路子，在那些留过洋的人的心目中，简直是土气得很，因此，不能接受这种看起来很土的草根创业模式。实践是检验真理的唯一标准。事实证明，看起来很土的草根创业，却是符合当时中国国情的成功创业模式。相反，看起来很洋气的城市创业，却是屡屡受挫，最终被迫转移到农村。所以，对于创业者而言，没有必要去追求所谓的洋气。创业不是作秀，不是做给别人看的，而是要能够掌握社会发展的规律进行创新，才能获得实质性的突破。

20世纪90年代初，民营企业在中国的地位还很弱。当时，北京大学毕业生一般都去国有企业，而有一位迫不得已去了南方一家名不见经传的民营企业去工作。这位同学，当时内心中肯定是很失落的。后来，他在这家民营企业工作一干就是十多年。这家民营企业从做电池到后来进军汽车市场，一举成为民营企业中的佼佼者。作为当初的名校高才生，这位同学不仅随着企业的成长而成长，而且还握有股份，成为企业的股东，且出任企业的要职。这些年过去了，与当初那些"高、大、上"的同学相比，这位同学显然更成功。北京大学的学生，骨子里有一股傲气。以前，每次放假坐火车回家，车厢里往往都是北京几所高校的学生。这个时候，一路上口若悬河地谈论着的，往往是北京大学的学生。但是，北京大学的学生也有选择冷门行业进行创业的，"伏牛堂"米粉店就是北京大学硕士毕业生所创。"伏牛堂"米粉店与革命创业有一点的联系。在"伏牛堂"米粉店的收银台下面，挂着一块牌子，写着"伏牛堂革命纪念馆"，显示了创业团队对革命创业的尊敬之情。在"伏牛堂"米粉店的主墙上，并排挂着五张画像，是恩格斯、马克思、斯大林、毛泽东、邓小平，分别对应"闯、信、干、霸、革"五个字。这向外界传达了一些信息，说明这家店的创业者内心中有一股向革命先贤学习的情结。

"伏牛堂"这个名字取得也很有意思，体现了不畏困难的斗志。在创业过程中，经常需要克服一些难事。毛泽东在农村创业，发现不少农民缺乏生产工具。当时，牛是一种很重要的农业生产工具，但是，在农村不少农民买不起牛。毛泽东指出说："关于农业生产的必要条件方面的困难问

95

题，如劳动力问题，耕牛问题，肥料问题，种子问题，水利问题等，我们必须用力领导农民求得解决。"① 要发展红区的经济，就需要克服各种困难来解决上述这些问题。比如耕牛问题，毛泽东就想到了用众筹的方式来解决，他说："组织犁牛合作社，动员一切无牛人家自动地合股买牛共同使用，是我们应该注意的事。"② 这个方法受到了广大农户的支持，因为，农户只要出少量的钱就可以获得耕牛的使用权，就可以解决自家土地的耕种问题。当时，一户农户很难承担得起一头耕牛的价格。但是，多户农户联合起来，通过众筹去买耕牛，不仅一般农户能够承受得了，而且还可以实现耕牛的规模效应，提高耕牛的生产效率。可见，在毛泽东看来，即便是耕牛这样的看起来很土的事情，只要有创新的意识和想法，就可以做得很洋气。

三、节省每一个铜板

每一所好的大学，都是一个永不谢幕的舞台，各种人士都想到这样的大学去讲一讲，阐述自己的观点和主张，也借此想看看有没有什么反馈。每年在北京大学，都可以看到来自世界各地的学者、官员、企业界人士等，纷纷登台做各种讲座。到北京大学做讲座，不是一件容易的事情，因为这里的听众很挑剔。所以，每一位邀请到北京大学做讲座的，心中不免有点惴惴不安。有一次，学生会邀请那时候的中国首富刘永好来做讲座。他讲到自己的艰苦创业，忍不住泪流满面。当时，他养鹌鹑攒了仅有的两筐鹌鹑蛋。于是，他自己肩挑着这两筐鹌鹑蛋去集市卖，信心满满。由于下过雨，小路泥泞，他不慎滑倒，鹌鹑蛋碎了一地。这是他创业所有的家当了，看到碎了一地的鹌鹑蛋，他的心也碎了一地。因为知道创业的

① 毛泽东：《我们的经济政策》（1934年1月），载《毛泽东选集》第一卷，人民出版社1991年6月第2版，第131—132页。
② 毛泽东：《我们的经济政策》（1934年1月），载《毛泽东选集》第一卷，人民出版社1991年6月第2版，第132页。

艰辛，成功之后，他依然保持着勤俭的习惯。平日里，他吃的是盒饭，饭盒中不会剩下一粒米。每次坐飞机出行，他也只坐经济舱，当然机票最好是打折的。

创业往往和勤俭连在一起，很少有看到大手大脚创业而成功的例子。毛泽东说："节省每一个铜板为着战争和革命事业，为着我们的经济建设，是我们的会计制度的原则。"[①] 当时，敌人对红区实施经济封锁，试图用经济的手段把革命创业扼杀掉。毛泽东看到一些干部只重视军事斗争，而忽视经济建设。于是，他就提醒大家要重视经济建设，用勤俭创业来突破敌人的封锁。毛泽东一生勤俭，吃饭时，不小心掉在饭桌上的一粒米、一根菜，他都要捡起来吃掉，他的饭碗里从来没有剩下过一粒米。毛泽东清醒地看到，革命创业不仅仅是军事斗争，而且还是经济斗争。在创业初期，经费不充裕的情况下，每一个铜板都具有重要的价值。因此，要节省下每一块铜板而用到创业这个刀刃上去。即便是创业成功之后，毛泽东进了北京，他的勤俭创业的作风一如既往，不改初衷。他的衣服破旧了，总是经过缝补洗净之后继续穿。新中国成立之后，为了诸多礼仪，曾做了两套衣服，买了一双圆头的黄皮鞋，他一直穿到与世长辞。当时典礼局局长曾要他再买双尖头的黑皮鞋，在接见外宾时穿，他没有理睬。再问，毛泽东反问他："外国人是要来见毛泽东还是要看黑皮鞋？"对方无言以对。

不少创业企业，败在大手大脚的铺张浪费之上。一般而言，创业公司的原始资本是非常有限的，甚至是捉襟见肘。这么紧缺的资金，创业者首先需要考虑的是该如何把好钢用到刀刃上，使得这些有限的资金发挥出最大的效用。当团购成为一种潮流时，美团网异军突起，大有鹤立鸡群之势。但是，还没有赚钱就开始大手大脚地花钱了。美团曾经在年中获得3亿资金，可是，到了年末已经花得差不多了。于是，美团遭遇了严重的资

---

① 毛泽东：《我们的经济政策》（1934年1月），载《毛泽东选集》第一卷，人民出版社1991年6月第2版，第134页。

金短缺问题。即便在那时，美团创业核心团队还在高调地宣称自己成功的经验，认为美团在千团大战中脱颖而出的关键之一，是高效率地使用资金。实际情况恰恰相反，是高效率地乱花资金，导致了严重的入不敷出。第二年，美团不得不大规模裁员。就连之前高调宣称"高效率使用资金"的核心创业成员，也不得不黯然离开。在不到一年的时间内，美团如同一出讽刺剧，既有融资成功的高潮，也有用力过猛、大手大脚、急于求成的急转直下。大手大脚地花钱，不但钱会花得毫无意义，甚至老本也会被亏光。结果，美团毫无悬念地陷入了内忧外患的境地。毛泽东说："财政的支出，应该根据节省的方针。"①如果美团的创业团队能够读一读毛泽东的著作，也许这样的局面就不会发生了。

对很多创业型公司来讲，百废待兴，处处都要花钱。因此，凡事要不怕算细账，善于算细账，套用温家宝的话来说就是：再小的开支，对整个公司的长期运营来讲都是不小的数目。毛泽东到农村搞革命创业，不少经费来自群众的众筹，他说："这样依靠群众的力量来解决经济建设的资金问题，乃是目前唯一的和可能的方法。"②创业者实质上是包括投资人、消费者、客户、员工在内的利益相关者的代理人。在这种情况下，创业者大手大脚地挥霍，就是对利益相关者的不负责任。相反，创业者节省用好每一个铜板，把有限的资金用到创业最需要的地方去，那么，这种兢兢业业的创业模式，就是对合伙者和社会负责任的体现，就更能够赢得社会各界的信任。创业者因为勤俭创业，群众都能看得到，就能够更加信任创业者，就会更加支持创业活动。毛泽东不仅自己勤俭，而且还教育广大创业团队的成员，要有艰苦创业的思想和行动，并坚决和贪污与浪费作斗争。毛泽东说："应该使一切政府工作人员明白，贪污和浪费是极大的犯罪。

---

① 毛泽东：《我们的经济政策》（1934 年 1 月），载《毛泽东选集》第一卷，人民出版社 1991 年 6 月第 2 版，第 134 页。

② 毛泽东：《我们的经济政策》（1934 年 1 月），载《毛泽东选集》第一卷，人民出版社 1991 年 6 月第 2 版，第 134 页。

反对贪污和浪费的斗争，过去有了些成绩，以后还应用力。"① 这些做法，广大群众都看在眼里，因此，对毛泽东的队伍产生了充分的信任。即便革命遇到了低谷，广大群众都不离不弃，依然全力支持革命创业，为最终的成功奠定了关键性基础。

第二节 精细化创业

哈佛大学著名汉学家傅高义教授，退休后经常在家里主持研讨会。在开展研讨之前，傅高义和他爱人总是会事先预定好晚餐，然后，大家一起坐到桌子前共进晚餐。每次研讨会前，傅高义都会让学生统计好确切参会的人数，根据统计的人数来预订晚餐。有一次，大家都坐在桌前吃晚饭，发现有点挤，有人就准备把一把空椅子给移去。这时，另一位学者提醒说，不要移去椅子，傅高义总是根据报名的人数来安排椅子。果然，有人来晚了。这时候，大家认识到傅高义其实是个精细化管理的高手。曾经，他去日本调查，写了成名作《日本第一：对美国的启示》及后来的《亚洲四小龙腾飞之谜》。他在研究日本的同时，一定接触到了日本的精益管理思想和做法。其实，傅高义每次在家里组织研讨会，都会事先统计人数来做好安排。所以，餐桌旁的椅子数、晚餐的量都是刚刚好。这样一来，每次研讨会都安排得刚刚好，一点儿没有浪费的地方。即便是这么大牌的学者，对于在家组织研讨会这样的事情，居然做得是如此精细，令人敬佩不已。

一、小事成就大事

在创业领域，史蒂夫·乔布斯俨然已经被神化了。很多人崇拜史蒂

---

① 毛泽东：《我们的经济政策》（1934 年 1 月），载《毛泽东选集》第一卷，人民出版社1991 年 6 月第 2 版，第 134 页。

夫·乔布斯的伟大战略和宏伟布局,但是,却往往忽略他对细节的近乎变态式的重视。史蒂夫·乔布斯会趴在电脑上一个像素、一个像素地看按钮的设计,仔细体会和分辨极其细微的差异。他曾经跟员工说,你要把图标做到让我想用舌头去舔一下。正因为史蒂夫·乔布斯如此关注细节,他才能真正了解用户的需求,才能设计出让全世界都为之疯狂的产品。不少年轻的创业者说,要成为史蒂夫·乔布斯第二。学习史蒂夫·乔布斯要从最基础学起,要从他那近乎极致的精细创业学起。在创业过程中,只有把小事情做到极致,才能够为创业的成功奠定基础,才能够把事业越做越大。一位为史蒂夫·乔布斯工作的女士,曾经分享了她的一次经历。一天,史蒂夫·乔布斯要见她,她就匆忙穿上鞋子离开家去苹果公司。到公司后,发现自己穿的袜子颜色有点不一样,原来是拿错了。当时,她就很犹豫,因为不仔细看,看不出问题。她就问另一位同事,那位同事告诉她,史蒂夫·乔布斯一定会看到这个细节,因为他对细节具有敏锐的观察力。于是,她二话没说,直接开车到斯坦福大学购物中心买了双袜子,再去见史蒂夫·乔布斯。

毛泽东是位伟大的战略家,高瞻远瞩,气势如虹。但是,他也很注重细节,在创业上非常精细。毛泽东说:"但是关于某些主要的事业,首先是国家经营和合作社经营的事业,相当精密的生产计划,却是完全必需的。"① 这些国家经营和合作社经营的事业,是红区经济建设的重要力量之一。对于这些企业的经营与管理,毛泽东提倡"精密的生产计划",就是要做精细化管理。在毛泽东看来,精细化管理的第一步就是要制订精密的生产计划。二十年之后,彼得·德鲁克在研究企业管理的过程中,发现目标对于管理效率具有重大的作用。1954 年,彼得·德鲁克在其名著《管理实践》中第一次提出了"目标管理"的概念,成为现代企业管理的必不

---

① 毛泽东:《我们的经济政策》(1934 年 1 月),载《毛泽东选集》第一卷,人民出版社 1991 年 6 月第 2 版,第 132—133 页。

可少的一部分。彼得·德鲁克认为，先有目标才能确定工作，如果一个领域没有目标，这个领域的工作必然被忽视。毛泽东不仅强调了目标的重要性，而且还强调制定目标需要"相当精密"，要精益求精，不能马虎行事。除了生产目标之外，毛泽东还从原料和市场的角度进一步阐述了精细化管理思想，他说："确切地计算原料的生产，计算到敌区和我区的销场，是我们每一种国营工业和合作社工业从开始进行的时候就必须注意的。"① 可见，毛泽东的精细化创业管理思想具有系统性，涵盖了供、产、销三方面。

精细化创业的核心是注重细节，不放过创业过程中的任何一个细节，因为每个细节都可能蕴藏着导致创业成功或失败的信息。亨利·福特最初想找到一份体面的工作，获得了一家很不错企业的面试机会。当他来到这家公司在大厅等候时，发现一道来应聘的另外三个人学历都比自己高，而他被安排在最后一个进去面试。当轮到他时，亨利·福特进屋看到地板上有一张废纸片，立即弯腰拾起，轻轻地放进了废纸篓里，然后走到总经理办公桌的前面，自我介绍。意外的是，总经理当即表态，说："很好！小伙子，你已被录用了。"总经理看到他颇感意外的眼神，接着解释说："你前面的三位求职者文化程度比你高，而且更风度翩翩。可他们两眼只盯着大事，对小事却视而不见。我之所以录用你，是因为你能拾起我有意丢在地板上的废纸。"这个经历让亨利·福特终身难忘。后来，他创业成立了福特汽车公司，细节管理上更加趋于完美，最终成为一代"汽车大王"。这就是精细化创业的力量所在，滴水成河，聚沙成塔。只要能够把握住细节的力量，创业成功的可能性就可以大大提高。对此，毛泽东指出说："我们的这一个步骤，现在也着着胜利了。"②

老子在《道德经》第六十三章中说："天下难事，必做于易；天下大

---

① 毛泽东：《我们的经济政策》（1934年1月），载《毛泽东选集》第一卷，人民出版社1991年6月第2版，第133页。

② 毛泽东：《我们的经济政策》（1934年1月），载《毛泽东选集》第一卷，人民出版社1991年6月第2版，第130页。

事，必做于细。"精细化创业，就是要能够把大事业不断细分，从细处去用心地进行创业。当这些细处不断被强化，就可以逐渐把事业做得越来越大。事实上，真正伟大的公司都是从细小之处入手的。这些成功的创业，都是先从细小处入手，精耕细作，直到从中挖掘出关键创业信息。在创业初期，资金和经验都十分有限，因此要避免盲目铺开大摊子。不少创业者之所以失败，是无法从细处看到创业的美妙之处。细小处往往隐藏着创业的"达·芬奇密码"，若能破解，就能够获得创业的成功。《华严经》中有云："一花一世界，一叶一如来。"聪明的创业者能够从细微处找到创业成功之道，因为即便是一花一叶，在这些创业者眼里，看到的却是整个世界。毛泽东对于细节，有着非常敏锐的洞察力。在《井冈山》这部电影中，有这样一个剧情。毛泽东命令一支部队下山去攻打某个地方，他无意间发现下山的浮桥被毁了。他就马上问，是谁毁了浮桥。结果是派下去的队伍毁了这个浮桥。毛泽东马上判断出来了，这支部队要叛变。于是，他立即亲自带人去追这支部队。追上后，果然发现这支部队的长官已经在和敌人密谋叛变事宜了。若毛泽东再晚点到，就再也追不回这支队伍了。所以，毛泽东既有大局观，又对细节具有过人的洞察力，成为具有战略头脑的创业家。对此，毛泽东谦虚地说："我们在这一方面，应该有进一步的注意和努力。"①

二、服务也要精细

任何一项创业，本质上都是一种服务。服务的对象不仅仅是消费者、客户、投资人等，还包括内部客户，就是一起创业的员工。不少创业者认为，只要把产品做好就可以了。殊不知，做出来的产品最终还是用于服务消费者的。因此，无论是有形产品类的创业，还是无形服务类的创业，都

---

① 毛泽东：《我们的经济政策》（1934年1月），载《毛泽东选集》第一卷，人民出版社1991年6月第2版，第131页。

需要强调服务质量，以提供给客户最佳的服务。唯有通过这种出色的服务策略，才能让客户与消费者喜欢新创企业的产品与服务，才能让内部员工喜欢投入去创业，才能让社会各界都支持和拥护此项事业。纵观企业发展史，当企业走下坡路时，都普遍有一个特征，就是服务质量不断恶化，内外部消费者不断流失，最终，企业失去了往日的光辉而从世人的视野中消失。所以，对于任何一个机构，服务质量如何，是体现这个机构是否具有竞争力的重要指标。在新创事业中，服务是帮助创业者打开局面的关键利器。因此，每一位创业者都需要高度重视服务的力量。

　　毛泽东通过众筹获得了革命创业所需要的资金支持，是创业得以继续向前推进的关键。但是，在毛泽东看来，群众不仅仅是投资者，更是消费者，是新创事业的服务对象。这就是毛泽东的高明之处，也是他作为一位具有战略眼光的创业家的过人素质。在大兵压境、强敌环伺的处境中，创业团队内不少成员都把精力集中在军事斗争上，而忽略了对于广大群众的服务。这个时候，毛泽东站出来了，他把服务群众提高到战略高度，视为一种战略性手段，是获得军事胜利的重要保障。毛泽东说："我们的同志如果把这个中心任务真正看清楚了，懂得无论如何要把革命发展到全国去，那末，我们对于广大群众的切身利益问题，群众的生活问题，就一点也不能疏忽，一点也不能看轻。因为革命战争是群众的战争，只有动员群众才能进行战争，只有依靠群众才能进行战争。"[①] 那么，问题就接踵而来，如何才能动员群众呢？当时，创业队伍中有两种常用的动员群众的方式，就是官僚主义和命令主义。但是，毛泽东认为，这两种方式都不是好方式，不仅不利于动员群众，而且还可能得罪群众，"如果仅仅提出任务而不注意实行时候的工作方法，不反对官僚主义的工作方法而采取实际的具体的工作方法，不抛弃命令主义的工作方法而采取耐心说服的工作

---

　　① 毛泽东：《关心群众生活，注意工作方法》（1934 年 1 月 27 日），载《毛泽东选集》第一卷，人民出版社 1991 年 6 月第 2 版，第 136 页。

方法，那末，什么任务也是不能实现的"①，革命创业就会难以继续往前推进。在世人的眼里，毛泽东是位伟大的政治家、战略家、军事家，却忽视了毛泽东在事业经营上的过人天赋。从管理上来讲，毛泽东还是一位具有战略高度的经营大师。无论是官僚主义还是命令主义，从管理的角度来看，都是很生硬的管理手法，很难达成管理目标。即便是勉强达成了一些目标，也造成了很多负面效应和不良后果。

所以，创业管理需要很细腻，不能搞粗放式创业，那样很容易导致失败。在北京大学附近，有个海淀图书城，现在改成了创业大街。以前，这个海淀图书城街道两侧，主要是书店，可以找到一些古籍。十多年前，在这条街道的中间位置，有一家很小的门面，是家京东实体店。里面尽管东西少得可怜，服务员也是土土的，但是，服务员的态度却非常好。现在，这条街已经是创业大街了，两边店面也是崭新的，现代化的味道浓厚。这条街的第一家门面就是京东奶茶店。里面有个京东货柜，可以自主提货，很是洋气。有位京东送货员进来，准备把包裹快件放到这个自动货柜里面。可是，他连续操作七八遍，都失败了。后来，他把电源拔掉，重启动。如此三四遍，还是没有成功。最后，他垂头丧气地离开了，眼里含着绝望。

毛泽东在服务上的细腻程度，异于常人，体现了独到的眼光。他说："妇女群众要学习犁耙，找什么人去教她们呢？小孩子要求读书，小学办起了没有呢？对面的木桥太小会跌倒行人，要不要修理一下呢？许多人生疮害病，想个什么办法呢？一切这些群众生活上的问题，都应该把它提到自己的议事日程上。"② 当时，毛泽东已经是创业队伍中的高层领导者了，但依然如此细致入微地去关心群众、服务群众，这是多么难能可贵啊！这

---

① 毛泽东：《关心群众生活，注意工作方法》（1934 年 1 月 27 日），载《毛泽东选集》第一卷，人民出版社 1991 年 6 月第 2 版，第 140 页。
② 毛泽东：《关心群众生活，注意工作方法》（1934 年 1 月 27 日），载《毛泽东选集》第一卷，人民出版社 1991 年 6 月第 2 版，第 138 页。

是一种从内心自然流淌出来的服务意识，这种用心服务具有巨大的感染力。在西方管理学中，有个名词"仆人式领导"，就是说领导不应是高高在上的，而是如同仆人一样去服务别人。宗教领袖耶稣出身卑微，他想新创一个教派，这是一件非常难的事情。但是，耶稣有自己的创业秘诀。他每到一个地方去，先帮别人洗脚。那些劳苦大众，都是被压迫者。突然有一天，有人心甘情愿给自己洗脚，自然对这个人产生了好感。久而久之，耶稣就成为底层群众很受欢迎的人，他的教义也被群众广为接受。可见，对于创业者而言，服务是多么强大的一种力量。京东要想扭转连年亏损的局面，不痛下决心去提高服务品质的话，就永远都没有希望。

三、不要借口，要方法

创业时，总有很多事情要做。于是，有些创业者就会为服务不好找各种借口。俗话说：成功者找方法，失败者找借口。当创业者找了一大堆借口之后，服务质量还是没有得到改善，最后创业失败的苦果还得自己去吞。因此，与其去找各种借口，不如认真去找方法。服务好的企业，必然有其独到的服务方法。认真学习过来，每一位创业者都可以成为一个好的服务者。在一家永和豆浆店中，一名女性顾客和柜台前的收银员争吵。这位顾客说宫保鸡丁饭太辣，但是，店内没有任何说明指出这个饭是辣的，要求退换。收银员说，所有宫保鸡丁饭都是辣的，而且这家店也是承包过来的（意思是不想给予更换）。双方在收银台前对峙了大概有二十分钟。最后，虽然这位顾客拿到了一碗新的不辣的宫保鸡丁饭，但是，她脸上的表情说明她之后可能再也不会光顾这家店了。从服务的角度来看，这位服务员应该二话不说就马上给换，除了马上给顾客道歉之外，而且还要感谢这位顾客提出了建议。这不仅仅是一碗饭的问题，而是一种服务理念和服务态度问题。

哈佛商学院以案例教学闻名于世，每个学生要学成千上万个经营管理的案例。这种案例教学方式，能够形象直观地启发学生，且具有相当强的说服力。毛泽东为了说明服务群众的重要性，就举例说："什么理由呢？举几个例子就明白了。长冈乡有一个贫苦农民被火烧掉了一间半房子，乡政府就发动群众捐钱帮助他。有三个人没有饭吃，乡政府和互济会就马上捐米救济他们。去年夏荒，乡政府从二百多里的公略县办了米来救济群众。"① 这些都是做得好的案例，在这些地方，群众被服务得很好，对于创业队伍的支持度就高。当然，毛泽东还列举了一些做得不够好的地区，由于没有服务好群众，结果出现了当地群众"后来就不高兴到会了，会议也召集不成了"的被动局面。② 毛泽东还进一步指出说："扩大红军、动员运输队呢，因此也就极少成绩。"③ 可见，对于群众服务得好，创业就比较顺利；不能有效服务群众的，群众参与积极性弱，创业就不理想。通过案例对比，毛泽东让创业团队能够意识到服务的战略重要性，要从点点滴滴、细致入微处去提供全方位服务，让广大群众能够切身体会到创业的感染力，进而能够支持革命创业。这是一种良性的共赢循环，不仅有利于群众，同样有利于创业者。从资产规模上讲，阿里巴巴集团已经是世界一流的企业了。但是，若从服务的角度来看，阿里巴巴离世界一流还有相当的距离。假货问题一天不能解决，消费者的权益就无法得到保障，服务的质量就大打折扣，阿里巴巴就无法称得上是世界一流、令人尊重的企业。因为在假货问题上，看到更多的是借口，而问题并未得到根本上的解决。

马云也是毛泽东思想的忠实读者，2001 年到 2003 年，在阿里巴巴经历最为艰难也最为关键的三年内，马云推行过三种"毛泽东式"的管理运动。后来，阿里巴巴还投资上百万元成立名为"军政大学"的培训班，用

---

① 毛泽东：《关心群众生活，注意工作方法》（1934 年 1 月 27 日），载《毛泽东选集》第一卷，人民出版社 1991 年 6 月第 2 版，第 137—138 页。

② 毛泽东：《关心群众生活，注意工作方法》（1934 年 1 月 27 日），载《毛泽东选集》第一卷，人民出版社 1991 年 6 月第 2 版，第 137 页。

③ 毛泽东：《关心群众生活，注意工作方法》（1934 年 1 月 27 日），载《毛泽东选集》第一卷，人民出版社 1991 年 6 月第 2 版，第 137 页。

于培养干部，打造一支能打硬仗的正规军。但是，马云从毛泽东身上也漏学了一些东西，比如发自内心地去服务大众。毛泽东说："我们的任务是过河，但是没有桥或没有船就不能过。不解决桥或船的问题，过河就是一句空话。"① 对于假货问题，阿里巴巴也采取了各种手段，但是，始终没有办法根治。马云对此，也无能为力，说假货是个零售业中的癌症。言下之意，这个世界上没有人能够解决这个问题。因为没有办法消除假货，所以阿里巴巴没有办法过河到达提供全部真货的彼岸去。毛泽东说："不解决方法问题，任务也只是瞎说一顿。"② 在假货的问题上，马云说了很多，但是，并未解决问题。无论创业多么成功，马云的光辉也无法掩盖其在假货问题上的一筹莫展。这说明，他很幸运创业成功了，但是，难以称得上伟大。马云通过互联网，开创了一种服务大众的全新模式，但是，同时也带来了一种让消费者受骗上当的新模式。阿里巴巴带动了无数个体进行创业的同时，也制造了一批小成本就可以欺骗消费者的奸商。所以，马云的创业，解决了一个问题，是以带来新问题为代价的。

台湾地区以善于服务著称，走到哪里，都会被热情的台湾人打动。但是，中国大陆有一家叫"海底捞"的火锅连锁店，传出要进军台湾的消息，整个台湾都震动了。这家火锅连锁店并没有任何背景，而是从当年四川乡下、6张桌子的小店创业起来的。但是，这家火锅店却是很火，已经有100多家店，拥有逾2万名员工，一年6000万的消费人次。据说，这家火锅店提供了"没有一个地球人能拒绝得了"的种种贴心服务，不仅征服了顾客，而且还征服了哈佛商学院，成为哈佛商学院教材。很多人在探究"海底捞"成功的秘密，其实道理很简单。毛泽东说："同志们，真正的铜墙铁壁是什么？是群众，是千百万真心实意地拥护革命的群众。这是

① 毛泽东：《关心群众生活，注意工作方法》（1934年1月27日），载《毛泽东选集》第一卷，人民出版社1991年6月第2版，第139页。

② 毛泽东：《关心群众生活，注意工作方法》（1934年1月27日），载《毛泽东选集》第一卷，人民出版社1991年6月第2版，第139页。

真正的铜墙铁壁，什么力量也打不破的，完全打不破的。"① 所以，对于创业而言，人最重要。"海底捞"的创业者，主要从农村招募店员。"海底捞"善待这些员工，工资中的一部分由公司直接寄给员工的父母。这样一来，在农村的父母特别信任"海底捞"，纷纷送自己的孩子或者推荐亲戚邻里的孩子到"海底捞"工作。这种火热的场景，与当年父母送子女参加红军很类似。毛泽东说："长冈乡青年壮年男子百个人中有八十个当红军去了，才溪乡百个人中有八十八个当红军去了。"② 人气旺了，创业就有希望了。有了这群质朴而心怀感恩的员工以及背后家长的支持，"海底捞"推出了各种令人意想不到、令顾客感动的服务项目，让顾客在"海底捞"感到无比的荣耀。当然，服务是需要不断提升的。毛泽东说："我们要胜利，一定还要做很多的工作。"③ "海底捞"为了创业的成功，在服务上面进行了持续的创新和改进，做了很多工作。因为下足了功夫，服务才被广大消费者所接受，生意自然做得越来越大，越来越红火。

第三节　资源的精细整合

2014 年 6 月 12 日，中关村创业大街在海淀西大街正式开街。开街后的短短几个月时间里，中关村创业大街不仅吸引了来自全国各地的草根创业者、各类创业服务机构在这里聚集，还吸引了美国硅谷企业家以及雷军、王石等国内知名创业家的密集造访。这样的特色街道，搭建了创业者零距离接触社会资源的平台，可以和风险投资者、技术专家、管理高手直接互动，为跃跃欲试的创业者提供助推器。美国马萨诸塞州 128 公路和横

---

① 毛泽东：《关心群众生活，注意工作方法》（1934 年 1 月 27 日），载《毛泽东选集》第一卷，人民出版社 1991 年 6 月第 2 版，第 139 页。

② 毛泽东：《关心群众生活，注意工作方法》（1934 年 1 月 27 日），载《毛泽东选集》第一卷，人民出版社 1991 年 6 月第 2 版，第 137 页。

③ 毛泽东：《关心群众生活，注意工作方法》（1934 年 1 月 27 日），载《毛泽东选集》第一卷，人民出版社 1991 年 6 月第 2 版，第 136 页。

贯硅谷的 101 公路，都是全球创业者集聚的天堂。公路两旁景色优美，树林和湖水互相呼应，在湖的另一侧往往就坐落着创业公司或高科技厂房，看起来很干净。在武汉有条光谷创业街，短短 1 公里的街道上，集中了近两百家高科技创业企业、近千名创业者。这条创业街有个很形象的宣传口号，说："骑着自行车进来，开着汽车出去!"就是说，创业者初期没有太多资源，但是有头脑和创业的想法，就可以骑着自行车去创业了。等创业逐渐做大了，所拥有的资源就会越来越多，那么，就可以鸟枪换炮了，开着汽车去进一步整合资源。

一、资源要精选

创业者在前期创业的时候，都会因为个人资金不足、环境因素、能力互补等诸多因素而选择创业合作伙伴。毛泽东曾形象地说："叫花子打狗还得靠一面墙。"所以，在创业初期，创业者一般都希望找到能够支撑起创业的资源，使得创业之路能够更加平坦些。这种方向是对的，因为创业不能关起门来做，不能闭门造车，而是应该吸纳合适的社会资源进行创业。毛泽东指出说："还得提出一个很好的革命策略，像过去那样地老在狭小的圈子里打转，是干不出大事情来的。"[①] 因此，创业者需要把视野投向更加开阔的世界中，在开放的世界中去广纳各种合适的社会资源，整合起来进行创业。创业者忌讳"夜郎自大""坐井观天"的心理，因为，这是导致创业失败的重要原因。毛泽东说："一个虾蟆坐在井里说：'天有一个井大。'这是不对的，因为天不止一个井大。"[②] 这种自大和自以为是的心理，很容易导致创业者的冒险主义。在创业中出现冒险主义，就会作出超出自己能力范围的事情，结果，把自己给拖垮了。因为盲目扩张而招募

---

① 毛泽东：《论反对日本帝国主义的策略》(1935 年 12 月 27 日)，载《毛泽东选集》第一卷，人民出版社 1991 年 6 月第 2 版，第 153 页。

② 毛泽东：《论反对日本帝国主义的策略》(1935 年 12 月 27 日)，载《毛泽东选集》第一卷，人民出版社 1991 年 6 月第 2 版，第 149 页。

各种人员进来创业，创业队伍鱼龙混杂，战斗力有限，无法完成快速扩张的任务。一旦遭遇挫折，则作鸟兽散了。

凡客自 2007 年创业以来，一直颇为顺利，还未上线就引来数百万美元的融资。这种顺风顺水被创业团队解读为伟大的成功即将到来，于是，开始大规模而肆无忌惮地整合社会资源。大规模招募人力，一度达到 13000 多人。结果，不少人其实无事可做。人员闲置和人浮于事的情况，在凡客处处可见，唯有创业团队高层看不见。那时的创业者真是意气风发，定下了宏伟的发展目标，2010 年营业额 20 亿元，2011 年将实现 100 亿元的销售额，2012 年的销售额达到 300 亿元。不仅要到美国去上市，还要收购 LV。可是，到了 2011 年，业绩优越感不再，资金链紧绷、库存积压，IPO 搁浅、高管离职，业绩开始急剧下滑。凡客挫败后，创业者才发现问题不对了，当时那么多员工，光总裁级的领导就有三四十位，然而凡客却步步陷入危机。后来，凡客只剩下不到 300 人，做衬衫的核心团队只有 7 个人，但业务运转得很顺畅。这个时候，创业者心生疑问：以前那么多人平时都在干吗？但是，为时已晚。对于创业中的冒险主义，毛泽东强调要冷静，要克服急功近利的急躁心态，"我们还得准备再花一个应有的时间，像过去那样地过分的性急是不行的"[①]，等做好了充足的准备，稳步开展业务才是创业的王道。不少创业者发现事业开局不错，就觉得成功近在咫尺了，于是，头脑发热而全然不顾风险地去追求成功，结果，欲速而不达，反而容易遭遇失败。

对于创业者而言，选择合适的资源是很关键的。如果选得不好，就会导致创业的失败。巨鲸便是因谷歌中国而崛起，也因谷歌中国而衰亡。巨鲸由姚明及其经纪人等参股成立，出资规模达到 2000 万元。借助姚明巨大的明星效应及音乐正版说服力，巨鲸很快与谷歌中国联手，双方一起

---

① 毛泽东：《论反对日本帝国主义的策略》（1935 年 12 月 27 日），载《毛泽东选集》第一卷，人民出版社 1991 年 6 月第 2 版，第 153 页。

推出谷歌音乐搜索。这一合作不仅使巨鲸获得 1500 万美元的投资，更重要的是让巨鲸获得巨大资源和收入。对于中国谷歌而言，免费使用了姚明这个广告效应，还是不错的合作项目。在谷歌中国入股并达成音乐搜索合作后，巨鲸彻底抱着谷歌中国的大腿，认为大树底下好乘凉，并没有利用与谷歌中国合作的机会去进一步强化自身实力。即便是在失去谷歌中国技术、流量、资源支持后，巨鲸还一直对谷歌心存幻想，未能拿出有卖点的产品，未体现出新发展思路，导致自身在陷入被动后迟迟无法扭转危局。2010 年，谷歌宣布退出中国，巨鲸的事业也戛然而止。对于巨鲸的创业失败，究其原因，"成也萧何，败也萧何"。创业者在选择资源时，要选择适合自己的资源。一些小型创业公司，都以能够傍上大企业为荣，却不知大企业也都不是吃素的。在产业链中，大公司的胃口更大。一旦小型创业公司有点成绩，往往成为大公司鲸吞的对象。这样的例子，在业界屡见不鲜。所以，幻想着靠傍上大公司来创业的，往往最终都是以失败告终。

对于创业者而言，找到合适的资源，就等于成功了一半。在硅谷，创业的激情和尔虞我诈并存，阴谋和贪婪交织成创业的交响曲。这种局面由来已久。在硅谷前传中，诺贝尔物理学奖得主威廉·肖克利有一条八位博士组成的当时世界上在半导体领域最先进的生产线。万事其实都已经具备了，历史似乎就要选择威廉·肖克利成为硅谷的教父。但是，戏剧性的剧情出现了。这八位博士不能容忍威廉·肖克利的管理方式，决定集体叛逃。于是，他们积极向外寻求合作和支持。这个信号被千里之外的阿瑟·洛克准确无误地接收到了。于是，一次揭开历史新篇章的合作开始了。在阿瑟·洛克的支持下，这八个博士的创业获得了巨大的成功，仙童半导体公司、英特尔公司等，一批创业明星闪耀星空，成为硅谷崛起的象征。如同毛泽东所说的那样，"他们能够善处自己，又能够善处同盟者"①，

---

① 毛泽东：《论反对日本帝国主义的策略》（1935 年 12 月 27 日），载《毛泽东选集》第一卷，人民出版社 1991 年 6 月第 2 版，第 157 页。

结果，这八位博士获得了举世瞩目的成功。创业者在找到了合适的资源时，要懂得如何整合起来把效果发挥到极致。懂得精选和整合资源的创业者，更容易获得成功。

二、关门不一定打到狗

有首歌曾广为传唱：外面的世界很精彩，外面的世界很无奈。创业者在试图整合社会资源的过程中，有些不免遭遇到挫败，留下了阴影。于是，就会有"一朝被蛇咬，十年怕井绳"的畏惧心理。在创业的过程中，就会采用关门主义的做法，关起门来搞创业。这种创业方式，在屏蔽了外部干扰的同时，也使得自己的创业很容易被孤立，创业也会倍加艰辛。毛泽东领导的革命创业，曾经和国民党合作，但后来遭到对方的反扑而想要置于死地。在这种情况下，毛泽东依然坚持统一战线，团结一切可以团结的力量。毛泽东说："目前的时局，要求我们勇敢地抛弃关门主义，采取广泛的统一战线，防止冒险主义。"[1] 现今社会，信息传播的速度越来越快。在这种时局下，若要关起门来搞创业，可能创业还没有搞出来，就已经落伍了。这是因为在快速发展的时代中，信息和资源都在快速地流动和整合，因此，创业者就需要和时间赛跑，看谁更快获得突破而占据有利竞争优势，才能立足和发展。闭门造车式创业，势必会面临有限资源和有限信息的约束，影响和限制创业的进度，在竞争中不容易脱颖而出。所以，在现今社会，创业者之间的竞争也是一种资源的竞争。谁拥有更丰厚的社会资源，谁的创业就更容易成功。

20 世纪 90 年代末，在北京花 480 元，可以买一套正版的国产应用软件 WPS97。那时，国内进行电脑文本系统创业的，好像就只有这个团队了。WPS 创业团队一开始，就强调自己的独创性，和微软的 Office 系统

---

[1] 毛泽东：《论反对日本帝国主义的策略》(1935 年 12 月 27 日)，载《毛泽东选集》第一卷，人民出版社 1991 年 6 月第 2 版，第 153 页。

进行对抗。但是，当时不少电脑安装的是 Office 的盗版软件。WPS 尽管获奖无数，但是用户始终不愿意放弃 Office 文件格式。于是，WPS 团队被迫重做，投入无数时间和精力去分析微软的文件格式，保证排版结果的一致。但是，这样一来，WPS 的独创性丢失殆尽，还被质疑为是山寨的。由于没有资源和业绩，WPS 创业团队的工资和奖金都是非常低的。WPS 创业一路走来，历程曲折。在和微软的十几年竞争中，从占尽先机再到落败，历经沧桑。WPS 创业的落败，原因是多方面的，但是，闭门造车式创业导致的资源缺乏和后劲不足是其创业失败的重要原因。对于关门主义，毛泽东如此形容说："一个则依靠单兵独马，去同强大的敌人打硬仗。"[①] 坦率地说，WPS 创业虽败犹荣，因为这个创业团队就是靠着创业者的意志力和工程师的执着，在极其有限的资源下，居然和强大的微软缠斗了十多年，已经是很不错了。但是，这种飞蛾扑火式的创业，最终不可避免地失败了。在感慨创业团队的壮烈的同时，也需要从中汲取创业的经验与教训。

随着全球化深入发展，闭门造车式创业越来越显得落伍了。毛泽东说："自从帝国主义这个怪物出世之后，世界的事情就联成一气了，要想割开也不可能了。"[②] 托马斯·弗里德曼在《世界是平的：一部二十一世纪简史》一书中，提出了"全球化 3.0"概念。在"全球化 3.0"时代中，个人成为创业的主角，世界各地的人们可以通过因特网轻松实现自己的社会分工，创业突破地理空间的束缚而成为全球性活动。新一波的全球化创业，正在抹平一切疆界，世界变平了，从小缩成了微小。这本畅销全球的书籍，出版在 2005 年。70 年前，毛泽东已经用一句话说明了全球化的本质。因为世界上的事情都是联系在一起的，所以，创业就不能关起门搞。

---

① 毛泽东：《论反对日本帝国主义的策略》（1935 年 12 月 27 日），载《毛泽东选集》第一卷，人民出版社 1991 年 6 月第 2 版，第 154 页。

② 毛泽东：《论反对日本帝国主义的策略》（1935 年 12 月 27 日），载《毛泽东选集》第一卷，人民出版社 1991 年 6 月第 2 版，第 161 页。

这里，毛泽东用了"联成一气"这个词汇，"一气"就是指不间断地，同一帮派、声气相通、同伙等，强调世界上的事情的彼此关联性和不可分割性。"一气"在中国哲学上，还有天地万物之本源的意思。《庄子·大宗师》："彼方且与造物者为人，而游乎天地之一气。"《晋书·凉武昭王李玄盛传论》："王者受图，咸资世德，犹混成之先大帝，若一气之生两仪。"可见，毛泽东用词之精准，令人叹服。在他看来，世界上的事情是联成一气的，这既是一种存在，也是驱动世界发展的源头。在革命创业上，毛泽东就是站在世界革命的格局中来分析中国革命创业大业，批判了关门主义和冒险主义的做法，为中国革命创业探索出一条通向成功之路。

弗雷德·史密斯在耶鲁大学学习期间，曾经大胆地提出了转运中心式（Hub-and-Spokes System）这种航运业的创新经营模式。但是，教授却给了 C 的评价。1966 年他毕业后被海军陆战队任命为中尉，在越南服役两期。在越战期间，他屡立战功，获得过提拔，得过六枚勋章。据他后来回忆说，在越南的这段岁月，让他体会到人性与友情的真谛，学习了团队凝聚的方法，为日后的创业成功奠定了基础。回国后，他再次深入思考大学时期的创业构想，发现银行把支票都集中在票据交换作业中心的做法，能够大大减少票据处理的时间，节省成本的同时能够提高效率。于是，他更加坚信航运快递业也可以借鉴这种模式。他创业时，第一个月就亏损了 440 万美元。但是，他坚信全球化下的巨大力量，在全球化格局中，航运快递业势必会崛起，来满足愈演愈烈的全球化贸易的需求。于是，他把自己的所有家当都赌上去，把自己家族企业的股票全部抵押借贷。尽管如此，创业的前五年可以用"灾难"这个词来形容，他累计亏损了 3000 多万美元，被银行控告欺诈，被家长控告侵占，被投资机构剥夺了执行长的职位……但是，弗雷德·史密斯以罕见的耐心和韧性，终于逐渐迎来了事业的转机。全球化的深入，为他开启了一扇伟大事业的大门，而他正是牢牢把握住了机会而最终获得创业的巨大成功。在面对全球化的机遇与挑战时，创业者需要敞开胸怀去拥抱全球化，而不是关起门来回避全球化。

毛泽东说："只要我们的策略不是关门主义，这个目的是能够达到的。"①
只要创业者不是用关门主义的方式进行创业，那么，就可以利用全球化的
信息和资源，就可以在"全球化3.0"时代中进行创业，去获得成功。

三、精准，精准，再精准

　　1944年，日本占领了中国的许多地方，实际上控制了几乎所有进入
中国的通道。当时能够进入中国的唯一途径就是驾驶飞机，从英属印度的
上阿萨姆地区起飞，飞越喜马拉雅山脉，跨过缅甸的热带丛林，进入中国
的西南部。这条空中走廊后来被称为"驼峰"，是非常危险的航线。在飞
越驼峰的过程中，总共有600多架运输机坠毁，1000名飞行员丧生。在
飞越"驼峰"的飞行员中，有位美国飞行员叫凯蒙斯·威尔逊，他幸运地
经受住了考验而活了下来。战后回到美国，他就开始创业。当时，他资金
有限，但他发现通过杠杆原理，只要精准计算出资金的投入与产出比率，
就可以撬动更多的资金来进行创业。通过这种精准的杠杆原理，他成功地
从银行获得资金，开始大做房地产生意，赢得了创业的第一桶金。对此，
他总结道："杠杆就是一切。只要善于利用别人的钱。就能赚钱。你始终
不必对负债担心害怕。"后来，他又开始去创业做假日酒店，居然发明了
一种"取得承诺"的筹资方法。他先找到一家保险公司，这家保险公司同
意：在汽车旅馆建成时，该公司贷款给他一笔钱，这就是所谓的从他们那
里"取得承诺"。凯蒙斯·威尔逊"取得承诺"后，向其他银行借款。该
银行知道能收回贷款，因为他已"取得承诺"，就同意贷款。在以后的岁
月里，凯蒙斯·威尔逊一再利用这种方法，其次数之多无法计数。正是这
种精准无比的资源使用方式，使得凯蒙斯·威尔逊能够在1952年创建第
一个假日酒店，不到20年间，就把假日酒店开到了1000家。

115

　　①　毛泽东：《论反对日本帝国主义的策略》(1935年12月27日)，载《毛泽东选集》第一卷，
人民出版社1991年6月第2版，第158页。

　　创业者一旦确定创业目标之后，就需要精准地计算创业所需的资源。粗放式创业，越来越难以成功了。在高度竞争的当下，资源和信息流动越来越快，流动成本也越来越低。投资者都在认真选择回报率更高的投资项目，对于创业者而言，唯有通过精准地计算，才能吸引和利用外部资金来进行创业。过去，一些创业者的成功，运气的成分比较多，喜欢采用"散弹打鸟"的方式进行创业。这种创业方式的特点就是目标不够聚焦，消耗的资源却很多。创业者把手头掌握的较为充裕的资源往"鸟"多的地方散出去，认为总能打到一只鸟。毛泽东说："就不会拿自己的策略武器去射击当前的最中心目标，而把目标分散，以至主要的敌人没有打中，次要的敌人甚至同盟军身上却吃了我们的子弹。这个叫做不会择敌和浪费弹药。"[①] 这种创业方式，目标的分散，使得创业需要消耗大量的资源。即便侥幸成功了，但是从投资回报率来看，是比较低的。弄不好，不仅实现不了创业的核心目标，还可能误伤友军，让合作伙伴的利益受损。所以，毛泽东对创业者提出忠告，要精准地选定目标，通过实施精准出击来节省弹药和资源。在创业过程中，要用精益模式进行创业，用最低限度的资源消耗，准确命中目标。

　　在 2007 年，夏·阿加西在美国加利福尼亚州的帕洛阿托创立了美好空间（Better Place）公司。创业开局很好，获得了来自包括通用电气和摩根士丹利等投资机构的共计 8.36 亿美金的风险投资。2008 年，美好空间在以色列推出了第一个电池屋，开始了"烧钱之旅"。当时美好空间只有 750 个司机用户，而建设和维护一个电池屋成本超过 100 万美元。这显然是一项不经济的举措，提升了消费者获取成本，也让企业的现金如流水般流逝。但是，美好空间并没有在意如此高昂的花销，而是沉醉在建立一个跨越全欧洲、美国或中国的标准电池网络的构想中。夏·阿加西想要把整

---

　　① 毛泽东：《论反对日本帝国主义的策略》（1935 年 12 月 27 日），载《毛泽东选集》第一卷，人民出版社 1991 年 6 月第 2 版，第 154 页。

个欧洲、美洲、亚洲的电池标准统一起来，通过建立统一规格的电池屋，实现全球电动汽车的统一充电标准。这个事情的难度，远比秦始皇在中国统一度量衡要难得多，需要花费天文数字般的投资。不切实际的目标和庞大的开销，让这项创业很快就破产了。在破产前，这家公司花费巨资在以色列和丹麦一共建有 1000 多个充电站和 54 个换电站，但是，通过销售而在路上行驶的美好空间电动车只有 1400 辆。本来是要主打电动汽车的，但是，居然把主要资金都投向了"电池屋"。结果，巨大的基础建设投资成为公司发展的包袱和累赘，破产在所难免。这个案例又一次证明了偏离目标和缺乏精准度的创业的代价有多大了。

那么，如何才能防止这样的创业失败呢？毛泽东给出了提示，"不但要看到部分，而且要看到全体"[1]，如此才能避免创业者的误判。不少创业者在计算创业的成本和收益时，往往看重某个方面，而忽略了整体上的布局和测算。结果，导致了以偏概全，使得计算出现致命的偏差。Better Place 在极其花钱的"电池屋"上的投资，与其销售的电动车之间存在巨大的鸿沟，导致了严重的亏损。这种严重不平衡的发展创业模式，最终导致了彻底的失败。所以，创业者要从整体进行规划和测试，精算资金的投入和收益的产生，确保从整体上实现均衡式创业与发展。当然，创业刚开始一般主要还是投入多于产出，因此，会在一段时期内存在投入与产出之间的不平衡。但是，随着销售收入的逐渐增加，最终要实现投入与产出的平衡，才能确保创业能够稳步向前推进。对于这种创业模式，毛泽东有类似的描述，"是由局部性转变到全国性，由不平衡状态逐渐地转变到某种平衡状态"[2]，如此，创业才能走向良性循环，平衡发展就更容易成功。Better Place 在"电池屋"上的巨额投入，与有限的销售收入相比，

① 毛泽东：《论反对日本帝国主义的策略》（1935 年 12 月 27 日），载《毛泽东选集》第一卷，人民出版社 1991 年 6 月第 2 版，第 149 页。

② 毛泽东：《论反对日本帝国主义的策略》（1935 年 12 月 27 日），载《毛泽东选集》第一卷，人民出版社 1991 年 6 月第 2 版，第 151 页。

不仅无法取得平衡，而且差距在不断加大。所以，最后破产就是必然的结果。在创业上，要充分实现资源与产出之间的精准匹配，才能获得资源使用效率的最大化，才能更好地确保创业能够稳步发展，不断壮大创业的力量。

第五章　创业中的战略问题

　　创业者往往都是梦想家，因为有梦想，才会去追梦，才会去创业。但是，创业者在追逐梦想的过程中，并非一帆风顺。不少创业者，缺乏从战略的角度去思考问题，结果，创业遭遇了失败。更可悲的是，即便是创业失败了，有些创业者还不晓得问题究竟出在哪里。从某种意义上讲，创业者不是简单的管理者，而是卓越的战略制定者和正确战略的实现者。迈克尔·波特是企业战略大师，提出了著名的"五力"战略分析模型。在哈佛商学院，别的教授办公室都是一间，而他的办公室是个独立的小楼。走进这个小楼，无论是在会客厅还是在会议室，墙上都挂着航海的油画。在波涛汹涌中，船稳健航行。这或许就是迈克尔·波特想要表达的战略和发展之间的关系吧。战略就如同船的舵手，在波涛汹涌的大海中，牢牢地掌握着前进的正确方向，确保船只能够克服恶劣环境的各种阻力和挑战，向预定的目的地坚定而稳健地前进。在创业的过程中，面临诸多不可测的挑战，前进途中充满了各种陷阱，因此，尤其需要创业者要有战略的思维和全局观，能够牢牢驾驭创业的路线和步调，确保创业向预定目标前进。因此，成功的创业者，一定是出色的战略家。否则，很难到达创业成功的彼岸。

第一节　创业的规律

漫无目的而随意任性的创业，往往失败的多。创业者通过分析和掌握创业的规律，进行深入的战略规划，有步骤地去实施这些战略，创业成功的概率就会显著提高。关于创业的战略学，本质上是一门研究创业全局规律的学科，是以创业过程为研究对象的学问，其主要任务是揭示创业的本质及其发生、发展的基本规律，阐明战略指导的原则和方法，为使用创业力量及实施创业提供科学的理论依据和正确的理论指导。为什么正确的创业战略能够指导创业实践，引导创业走向成功？这是因为，创业者是在掌握创业的规律之后，根据创业的规律来科学合理地制定创业战略，这样的战略体现了创业发展的客观规律。符合创业规律的活动，才是可能成功的活动。毛泽东说："大家明白，不论做什么事，不懂得那件事的情形，它的性质，它和它以外的事情的关联，就不知道那件事的规律，就不知道如何去做，就不能做好那件事。"① 对于创业者而言，"那件事"就是创业的实践活动。创业者，若不懂得相关的规律，就无法制定出正确的创业战略，"就不能做好那件事"，创业活动往往就会失败。

一、本土化战略

在美国，有家调查猴（Survey Monkey）公司，成立于 1999 年，是一家网络调查公司，目前的市值已超过了老牌调查公司尼尔森。看到这种情

---

① 毛泽东：《中国革命战争的战略问题》（1936 年 12 月），载《毛泽东选集》第一卷，人民出版社 1991 年 6 月第 2 版，第 171 页。

况，国内就有创业团队准备复制美国的成功经验，在中国进行一个类似的创业。这是国内创业者的通病，动不动就说美国已经有成功的先例，只要拿过来在中国就可以成功。在这些创业者眼中，百度的成功源于复制 Google，阿里巴巴的成功在于复制 ebay，所以，学习和复制外国创业成功的经验，就可以在中国同样获得成功。持有这种观点者，看不到百度所谓的竞价排名，这是百度的"创新"。竞价排名是百度收入的主要来源，是百度之所以在中国得以成功的核心因素之一。事实上，阿里巴巴是 B2B 综合网站，是企业与企业之间进行贸易，而 ebay 是个人与个人之间进行贸易。这些创业的成功，有学习和借鉴外国创业成功经验的地方，但是，并非完全复制。毛泽东说："他们不知道：这些条令仅仅是一般战争的规律，并且全是抄了外国的，如果我们一模一样地照抄来用，丝毫也不变更其形式和内容，就一定是削足适履，要打败仗。他们的理由是：过去流过血得来的东西，为什么要不得？他们不知道：我们固然应该尊重过去流血的经验，但是还应该尊重自己流血的经验。"[①] 对于创业者而言，学习外国成功经验固然重要，但是，如何使其本土化以适应本地需求，将直接决定创业的成败。

　　毛泽东说："一成不变的东西是没有的。"[②] 创业者在学习和借鉴国外成功创业的经验时，更需要根据当前的国情进行灵活调整，使其符合中国的国情和本土化需求。里德·霍夫曼在 2002 年创业，成立了 LinkedIn 公司。很快，就获得了成功。2 年后，在中国，模仿 LinkedIn 模式，若邻网成立，还获得了软银的投资。这个创业的目标就是模仿和复制 LinkedIn，做中国最大的商务社交网站。但是，若邻网并没有出现像 LinkedIn 那样用户暴增的局面，而是用户数量一直上不去，网站一度裁员，几乎关站。

---

　　① 毛泽东：《中国革命战争的战略问题》（1936 年 12 月），载《毛泽东选集》第一卷，人民出版社 1991 年 6 月第 2 版，第 172 页。

　　② 毛泽东：《中国革命战争的战略问题》（1936 年 12 月），载《毛泽东选集》第一卷，人民出版社 1991 年 6 月第 2 版，第 173—174 页。

毛泽东说："由此看来，战争情况的不同，决定着不同的战争指导规律，有时间、地域和性质的差别。"① 这个原则应用到创业上，强调创业情况的不同，决定了需要有不同的创业指导原则。美国是一个专业社会，尊重个人的履历和专业能力。这是 LinkedIn 崛起的社会原因。而中国是个关系社会，同行很可能就是冤家。因此，在中国这类推进同行交流的网站难有市场。若邻网创业的失败，在于没有认识清楚中美两国在社会互动上的差异性，而一味模仿和抄袭外国模式，失败在所难免。事实上，2014 年 LinkedIn 进入中国后，就遭遇了"本土化魔咒"，业绩并不理想。就连里德·霍夫曼也不得不承认，创业者既要坚持又要灵活，二者缺一不可。

创业之所以需要本土化战略，就是因为没有放之四海而皆准的真理，这是因为除了一般性规律之外，还有一些特殊性的规律。因此，创业也是因人而异、因地而异、因时而异，而不是一成不变的。毛泽东说："因此，在一般战争和一般革命战争的规律之外，又有它的一些特殊的规律。如果不懂得这些，就不能在中国革命战争中打胜仗。"② 套用毛泽东这句话，创业的规律有一般性的，也有特殊性的。如果不懂得这些，就不能在中国创业成功。北京大学口琴协会是个学生社团，成立于 1989 年，是全国最早的高校口琴社团之一，也是北京第一家高校口琴社团。1999 年该协会推选出来自商学院的学生为第十任会长。当时，协会面临很多挑战，会员也很少，活动很难组织起来。新任会长的专业是工商管理，因此，很自然就用工商管理的方式来经营这家社团，希望使其成为学校十佳社团之一。为推广口琴社，就组建了口琴演奏小组，加强排练，扩大演出范围。各个院系一有任何文娱活动，口琴演奏小组就去表演。由于演出和训练的量过

① 毛泽东：《中国革命战争的战略问题》（1936 年 12 月），载《毛泽东选集》第一卷，人民出版社 1991 年 6 月第 2 版，第 173 页。

② 毛泽东：《中国革命战争的战略问题》（1936 年 12 月），载《毛泽东选集》第一卷，人民出版社 1991 年 6 月第 2 版，第 171 页。

大，超出了大家的负荷，结果口琴演奏小组很快就解体了。关键是，口琴演奏小组一旦解体，社团内部人心很快就涣散了。不久，社团也解体了。现在，在社团的编年史中，提到第十任会长时，具体工作内容是空白。第十一任会长的第一件工作，就是重新注册了这个社团。学生社团经营有其自身的规律，而第十任会长当时并没有把握住学生社团的特殊性，套用工商管理的方式来经营学生社团，把一家历史悠久的学生社团给搞垮了。

本土化战略，对于创业者而言，要求就更高了，要求创业者不仅仅能够适应在一个地区的创业，而且还要能够适应不同环境下的多地区创业模式。毛泽东说："只能适应于一定兵团、一定地方和战争发展的一定阶段，这叫做没有进步和没有发展。有一种人，抱着一技之长和一孔之见，再也没有进步，这对革命虽则在一地一时有些作用，但是没有大的作用。"[①] 这说明，创业者不能因循守旧，不能单纯依靠自己过去成功的经验而去新环境中创业，而是需要不断去新环境中发现新的创业规律，采用适应新环境的创业方式。不少海归回国创业，感觉"水土不服"。对此，柳传志认为，如果海归要回国创业，必须要从"创新土狼"做起。由于国内的环境、市场、产业情况等，都与国外有很大的不同。在这种情况下，从国外回来的海归们，需要放下海归的包袱，勇于真正地融入中国土壤中，成为创业中的"土狼"。"土狼"除了对成功的强烈渴望、面对挫折屡败屡战的可怕执着和忍耐之外，还有一个很重要的特点就是对多变环境的适应和求生能力。任正非创业之所以成功，很重要的一点就是培养出了一批"土狼"来。这些"土狼"对环境具有特别的适应能力，从北美的摩天大厦到非洲的撒哈拉沙漠，华为的业务员都能够顽强地生存和发展。

123

---

① 毛泽东：《中国革命战争的战略问题》（1936年12月），载《毛泽东选集》第一卷，人民出版社1991年6月第2版，第173页。

二、好战略需用心悟

创业者需要区分战略和战术的不同。毛泽东说:"研究带全局性的战争指导规律,是战略学的任务。研究带局部性的战争指导规律,是战役学和战术学的任务。"[①] 因此,战略强调的是整体全局性的分析和布局,而战术侧重于局部上的应对。雷军曾提醒创业者,说:"你不要用战术的勤奋掩盖战略的懒惰。"创业者在创业的过程中,每天都需要处理各种事务。这个时候,创业者往往无暇去思考整体上的战略问题,而是把精力都集中到局部事务的处理和应对上。雷军就提醒这些每天起早贪黑的创业者,在低头做事的同时,更要经常抬头看路,思考整体的布局和创业的方向。王石喜欢研究战略问题,可能是受到他父亲的影响,因为他父亲曾经是红四方面军的战士。有一阵子,王石似乎和雪山干上了,一口气完成了所谓的"7+2"的挑战,就是爬上了七大洲的最高峰,还徒步走过气候恶劣的南极、北极。于是,不少人就担心他不在企业中,会不会影响企业的运营。这种顾虑主要源于没有区分战略和战术的不同。在外部产业环境较为稳定的情况下,企业战略调整比较小,企业领导者在确定发展战略后,就可以从企业运营中抽身出来,而不会影响企业的发展,因为管理团队在既定战略的指导下,通过有效的战术就可以提高企业的效率。

区分了战略和战术之后,就需要了解战略举措和战术举措的不同。有些创业的公司,即便挫败了很多次,依然可以继续生存和发展,这是因为主要是战术性失误,而非战略失败。毛泽东强调:"说'一着不慎,满盘皆输',乃是说的带全局性的,即对全局有决定意义的一着,而不是那种带局部性的即对全局无决定意义的一着。"[②] 因此,创业者需要牢牢把握

---

① 毛泽东:《中国革命战争的战略问题》(1936年12月),载《毛泽东选集》第一卷,人民出版社1991年6月第2版,第175页。

② 毛泽东:《中国革命战争的战略问题》(1936年12月),载《毛泽东选集》第一卷,人民出版社1991年6月第2版,第175页。

好正确的战略方向，在全局性、战略性的行动中不能失手，否则，后果会很严重。曾经有两家电商特卖网站引人注目，一家是唯品会，另一家就是聚尚网。这两家特卖网曾经是平分秋色，不分伯仲。但是，现在的结局却是天壤之别。前者于2012年在美国上市，目前的市值高达160亿美元，而后者却宣布倒闭，黯然离场。唯品会创业过程中，屡屡受挫，但始终坚持走中高档大众时尚品牌的战略路线，而不是走奢侈品特卖路线。结果，唯品会尽管业务发展不顺利，但中高档消费者却越来越多地被吸引过来，使得唯品会市值不断被推高。与此相反，聚尚网一开始就定格在顶级奢侈品特卖的战略定位上。由于这个类型的消费人群在中国规模并不大，因此，这个战略定位的号召力是有限的。尽管聚尚网通过各种促销手段，曾经赢得了一些市场，获得过一些成绩，但最终还是因为战略上的失误而导致了创业的失败。这两个创业的命运不同，主要是战略上的不同所导致。

在创业的过程中，创业者有时候自己很难区分哪些事情是重要的、具有决定意义的，哪些事情是次要的、仅仅具有辅助意义的。因此，很容易把精力放在次要的事情上，而重要的、具有决定意义的事情却没有处理好。毛泽东说："说重要，说有决定意义，不能按照一般的或抽象的情况去规定，必须按照具体的情况去规定。"[1] 也就是说，要根据具体情况辩证地看问题。战略是活的，而不是死板的。为了说明战略的灵活性，毛泽东进一步举例说："在给养丰富的地方要注意不使战士吃得太饱，在给养不足的地方却要注意不使战士饿肚。"[2] 这就是战略的权变思想，权变就是指随具体情境而变或依具体情况而定的意思。在传统的行业中，衡量老板创业成功的标准，就是看老板去打高尔夫球、去爬雪山，半年没有出现在公

---

① 毛泽东：《中国革命战争的战略问题》（1936年12月），载《毛泽东选集》第一卷，人民出版社1991年6月第2版，第176页。

② 毛泽东：《中国革命战争的战略问题》（1936年12月），载《毛泽东选集》第一卷，人民出版社1991年6月第2版，第176—177页。

司，企业还照常运营良好。但是，在互联网中创业，创业者就完全不能这个样子了。因为互联网创业环境瞬息万变，老板离开几天，环境就可能发生翻天覆地的变化。因此，在互联网中的创业者，都需亲自指挥，随时根据外部环境的变化而进行政策上的调整。对此，毛泽东强调说："总之，一个原则，就是注意于那些有关全局的重要的关节。"①

伟大的战略家毛泽东已高屋建瓴地把战略阐述清楚了，但是，不少创业者可能还一头雾水，脑海中有不少问号。就像在哈佛商学院，迈克尔·波特在讲台上讲了老半天，把差异化战略、成本最小化战略和专一化战略都讲完了，教室中依然有一些学员觉得不好把握，心中还有不少疑问。为了把战略讲得更透彻，毛泽东继续耐心地说："学习战争全局的指导规律，是要用心去想一想才行的。因为这种全局性的东西，眼睛看不见，只能用心思去想一想才能懂得，不用心思去想，就不会懂得。但是全局是由局部构成的，有局部经验的人，有战役战术经验的人，如肯用心去想一想，就能够明白那些更高级的东西。"② 毛泽东指出，战略就是"全局性的东西"，所以，"眼睛看不见"，是一种形而上的东西。可见，毛泽东把战略提高到了哲学的高度，需要用辩证的思维去理解和领悟，就是毛泽东所说的"用心思去想"。不少创业者说，自己的脑子一直都在想，却为何创业还是没有成功？从战略学的角度，这个问题出在思考的方式上。另外，还有一个就是看创业者的领悟能力，就是悟性。所谓的悟性，就是指对事物的感知力、思考力和洞察力，主要指对事物的理解能力和分析能力。创业者通过"用心思去想"，通过思考、观察和领悟，才能发现好的创业战略，才能找出通向成功的道路。

---

① 毛泽东：《中国革命战争的战略问题》（1936 年 12 月），载《毛泽东选集》第一卷，人民出版社 1991 年 6 月第 2 版，第 177 页。

② 毛泽东：《中国革命战争的战略问题》（1936 年 12 月），载《毛泽东选集》第一卷，人民出版社 1991 年 6 月第 2 版，第 177 页。

三、叫醒你的是梦想

每个人的悟性是不一样的，与个人的天赋有关。但是，悟性也依赖于后天的开发。悟性高的创业者，能够很快领悟出创业的好战略，能够更快找出到达成功彼岸的道路。要提高悟性，一个很重要的途径就是善于学习。北京大学有个很有趣的学生协会，叫"北京大学起床协会"，其口号是：叫醒你的不是闹钟，是梦想。大学生有时候会犯懒，喜欢睡懒觉。于是，这个协会应声而出，通过互助行动，督促大学生珍惜难得的学习机会，抓住时间去学习，而不是睡懒觉。这个协会一成立，立即引发社会各界的好评，国内各大高校纷纷以此为榜样，成立类似的学生社团，互相鼓励和督促，克服睡懒觉的坏习惯，投入更多的时间去学习。对于每一位创业者而言，懒惰是其天敌。创业者唯有通过勤奋和善于学习，才能领悟出好的战略，才能把战略通过创业行动付诸实施，才能在创业的过程中不断注入能量，燃烧激情去追逐梦想。当人问宗庆后，创业什么最重要，他的回答是：勤奋是第一位的。勤奋的学习，投入的创业，才有可能获得成功。有的人，想创业了，就异想天开，希望什么都不用做就能够领悟出创业的成功战略，就能轻而易举获得成功。这种不切实际的创业模式，就如同痴人说梦。

毛泽东强调说："重要的问题在善于学习。"[1] 创业者有了梦想之后，就需要付诸实践，通过创业行动去追逐和实现梦想。在这个过程中，善于学习就显得尤为重要了。据党史专家不完全统计，毛泽东一生读书在9万册以上。他，一个农家子弟，中专学历，没有上过一天大学，没有喝过一天洋墨水，为什么一跃而成为中国乃至世界的伟人？为什么他能领导中国人民进行革命创业，成功推翻了"三座大山"，成立了新中国？答案就

127

[1] 毛泽东：《中国革命战争的战略问题》（1936年12月），载《毛泽东选集》第一卷，人民出版社1991年6月第2版，第178页。

在于他的善于学习。他有一句名言："饭可以一日不吃，觉可以一日不睡，书不可一日不读。"美国开国元勋之一的亚历山大·汉密尔顿，出身卑微，但是从小酷爱阅读和自学。在 9 岁的那一年，亲生父母双双出走，养父母双双去世。即便是遭遇这种困境，他也没有放弃学习，而是依然不断通过阅读来扩充自己的知识面。他甚至住进了当地的图书馆，以每周一本书的速度读完了图书馆内所有藏书。以色列国父本·古里安一生酷爱学习，随身带着书籍，一有空就拿出书来阅读。年轻时，一次，他赶着耕牛边走边阅读，等读完抬起头，才发现牛早就到别处吃草去了。这些创业家，都有一个共同的特点，就是善于抓住一切机会进行学习，而且一生都在学习。

学习的目的不是死记硬背书本里的东西，而是要活学活用。毛泽东说："学习不是容易的事情，使用更加不容易。"[①] 每一位创业者都需要牢记纸上谈兵的惨痛教训，单纯按照教科书的做法很难在现实世界中取得成功。马云曾经送很多优秀员工去学习MBA课程，结果本来很聪明的员工，完成学业后"都傻了"。马云说，这些原本优秀的员工在 MBA 课程中学了太多的成功故事，回到职场后脑子都有问题了。在马云看来，更重要的是，不要晚上想想千条路，早上起来走原路，想了就要付诸行动去改变。也就是说，不能光想，而是要用，要通过实践来检验所学知识。哈佛大学经济系教授约翰·坎贝尔是美国金融学会前主席，资产投资组合方面的国际权威。他平时除了做研究、讲课之外，每周还要抽固定时间去管理一家资产投资公司，这家公司所管理的资产高达 500 多亿美金。他不仅研究投资资产组合理论，而且还在实践中通过管理这家公司来不断检验自己的理论。他做这家公司已经将近 20 年，对于他自己的投资理论而言，是个绝好的检验机会。看到公司投资的业绩很好，管理的资产越来越多，他很有

128

① 毛泽东：《中国革命战争的战略问题》（1936 年 12 月），载《毛泽东选集》第一卷，人民出版社 1991 年 6 月第 2 版，第 178 页。

成就感，因为这说明他自己的理论是正确的。这是一个理论结合实践的很好例子。

　　创业者除了从书本中学习知识之外，还要在干中学。毛泽东说："革命战争是民众的事，常常不是先学好了再干，而是干起来再学习，干就是学习。"① 干中学，就是从创业实践中去学习和掌握知识。毛泽东说："这里的关键，就在于把主观和客观二者之间好好地符合起来。"② Survey Monkey 的 CEO 大卫·古德伯格不认为商学院能够传授给创业者有用的知识，应该把上商学院的这些钱拿来当作创业的种子资金。他进一步强调，认为创业的唯一途径就是动手干，从经验中学习。从目前已经成功的国内创业大佬的经历来看，都具有一个共同特征，就是善于从实践中学习并能及时作出调整。马云、马化腾、史玉柱等，创业的过程中都出现过调整创业项目和方向的经历，这是因为环境在快速地变化，而最初的创业设想已经无法在现实中实现，或者还有更好的创业机会出现，这时，创业者就需要果断地进行调整。这种调整就是建立在干中学的基础上的，从实践中探索创业的路子，并且根据环境的变化而做灵活及时的调整。不善于从实践中学习的创业者，往往会成为鲁莽的创业者。毛泽东说："鲁莽家不知改变，或不愿改变，只是一味盲干，结果又非碰壁不可。"③ 鲁莽的创业者，往往意气用事，一意孤行，结果，失败在所难免。相反，善于学习的创业者，一般身段柔软，能够及时调整发展的方向和政策，使得创业能够在夹缝中顽强生长。

---

　　① 毛泽东：《中国革命战争的战略问题》（1936 年 12 月），载《毛泽东选集》第一卷，人民出版社 1991 年 6 月第 2 版，第 181 页。

　　② 毛泽东：《中国革命战争的战略问题》（1936 年 12 月），载《毛泽东选集》第一卷，人民出版社 1991 年 6 月第 2 版，第 179 页。

　　③ 毛泽东：《中国革命战争的战略问题》（1936 年 12 月），载《毛泽东选集》第一卷，人民出版社 1991 年 6 月第 2 版，第 180 页。

第二节　大海航行靠舵手

对于任何一项事业而言，战略家就是掌舵人，从全局层面来掌控创业步调的进退，因此，直接决定了创业的成败。在哈佛商学院的图书馆里面显著位置上，放着一张大大的桌子。在这张桌子上面摆放着一条拿破仑号战列舰模型，外面用玻璃框罩住。商业管理，战略是关键。这个船模意在提醒商学院的学生，要成为优秀的战略家，才能在惊涛骇浪中掌握船的航向，才能在瞬息万变的业界胜出。曾经有首家喻户晓的歌，就是《大海航行靠舵手》。这是用通俗的话，说明高瞻远瞩的战略家对于创业的重要性。毛泽东说："指挥员在战争的大海中游泳，他们不使自己沉没，而要使自己决定地有步骤地达到彼岸。指导战争的规律，就是战争的游泳术。"[1] 可见，在大海中游泳或航行，都需要有正确的战略，才能够成功地到达彼岸。战略家，就是从全局高度来把握事物发展的客观规律，进而制定正确且符合客观现实的战略，指导创业队伍去获得成功。没有战略的创业，就如同一盘散沙，前进和后退都没有章法，更容易失败。

一、战略防御

2011 年 4 月，斯坦福大学的两位学生埃文·斯皮格尔和鲍比·墨菲在一个班级作业中，提交了一个有创意的项目。同年 9 月，该创意正式上线，就是后来名声大噪的阅后即焚（Snapchat）。Snapchat 的成功，引来了巨兽 Facebook 的垂涎。Facebook 一开始考虑买下它，但是没成功。如果买不下你，就扼杀掉你，这是 Facebook 一贯的手法。购买失败，Facebook 就开始采用扼杀的策略，很快就推出了与 Snapchat 功能相似的 Poke。当

---

[1]　毛泽东：《中国革命战争的战略问题》（1936 年 12 月），载《毛泽东选集》第一卷，人民出版社 1991 年 6 月第 2 版，第 183 页。

时，Snapchat 如同一个小小的蚂蚁，而 Facebook 如同大象，两者实力悬殊。Facebook 出手非常狠辣，不到一天时间，Facebook 的应用 Poke 就登上 App Store 排行榜第一。面对如此凌厉的攻势，Snapchat 承受了巨大的压力，但是，并没有丝毫退却的意思。CEO 埃文·斯皮格尔对 Facebook 攻击的回应很简洁：放马过来吧。这场大象和蚂蚁之争，在很多人看来，Snapchat 这次是死定了。但是，Snapchat 却冷静应对，步步为营，防御做得滴水不漏。结果，它没死，而 Poke 却死掉了。这场发生在加州湾区的战争，已经尘埃落定，但 Snapchat 的稳健防御却在无数创业者心中留下了难以磨灭的印象。创业者一般在初创阶段，公司力量都比较弱，需要在强敌环伺的环境中求生存。在这种情况下，如何采用有效的战略防御，抵挡住强敌的入侵和遏制，就成为每位创业者都需要面对的问题。

　　毛泽东说："在我们的十年战争中，对于战略防御问题，常常发生两种偏向，一种是轻视敌人，又一种是为敌人所吓倒。"[①] 创业者在草创阶段，也往往出现这两种偏向。旧金山的街道很有特色，高高低低的，每一个拐弯，可能就遭遇到一条很有特色的街道。运气好的话，还可以看到一些创业家在自家后院工作。埃文·威廉姆斯经常会坐在旧金山自家后院，用笔记本电脑工作。2004 年，他创业成立了一家 Odeo 播客公司，为用户提供了一个随时随地可收听的个性化的电台，所以很受欢迎。但是，他却忽略了旁边还有一只狮子。如同非洲大草原上的动物，狮子紧紧地看着不远处的麋鹿。突然，狮子开始跑了。2005 年 1 月，史蒂夫·乔布斯接受媒体采访时说："只要人们没有分享盗版音乐，我觉得它就是件好事。我自己并不经常听，但是有时会下载一点。总的来说，它把每个人都变成了广播电台，我觉得很妙。"但是，Odeo 当时正是风光之时，埃文·威廉姆斯显然没有把史蒂夫·乔布斯的话放在心上，并没有做任何防御。于

---

　　① 毛泽东：《中国革命战争的战略问题》（1936 年 12 月），载《毛泽东选集》第一卷，人民出版社 1991 年 6 月第 2 版，第 197 页。

是，狮子突然扑向麋鹿，进攻开始了。当年 5 月，苹果公司开始让新版本的 iTunes 及 iPod 软件具备支持和组织播客广播的功能，第二天，全球的 iPod 用户就已经订购下载了超过 100 万次。此时，埃文·威廉姆斯才发现大事不妙。于是，他一面贬低苹果，一面告诉公司的员工要努力设想一下公司发展的新方向，但为时已晚。创业局面比较好的时候，创业者就会出现毛泽东所说的情形，"一时的环境很顺利，或者虽有严重的环境而看不到，因此往往轻视敌人"①，结果陷入被动。毛泽东进一步指出说："另一方面，对自己的弱点（没有经验，力量弱小），也不了解。"② 毛泽东的忠告，值得每一位创业者牢记。

在战略防御阶段，关键是心理防线不能垮。面对强大的竞争对手的凌厉攻势，一旦创业者的心理防线垮了，那么，战略防御就会彻底失败。毛泽东说："和轻敌者相反，人们太看重了敌人，太看轻了自己，因而采取了非必要的退却方针，精神上同样地解除了防御的武装。"③ 今天国内打车软件中，滴滴打车和快的打车几乎主宰了整个市场。但在 2012 年，这个行业的老大却是百米出租车，北京 10 万名出租司机中有一半都曾配备过百米提供的专用平板电脑，用的是百米打车软件。后来，滴滴打车和快的打车一北一南横空出世，对百米出租车形成夹击之势。一开始，百米出租车并不以为然，通过与 960103 电话叫车平台构筑防线。但是，进展缓慢。这时，滴滴打车和快的打车进行大规模的融资，分别把腾讯和阿里巴巴拉进来。顿时，竞争格局陡变。此时，百米出租车也觉察到了危险，试图通过主动出击来达到战略防御的目的。于是，百米出租车率先推出了对出租车司机的补贴。但是，此时财大气粗的不再是百米出租车，而是滴滴

---

① 毛泽东:《中国革命战争的战略问题》（1936 年 12 月），载《毛泽东选集》第一卷，人民出版社 1991 年 6 月第 2 版，第 197 页。

② 毛泽东:《中国革命战争的战略问题》（1936 年 12 月），载《毛泽东选集》第一卷，人民出版社 1991 年 6 月第 2 版，第 197 页。

③ 毛泽东:《中国革命战争的战略问题》（1936 年 12 月），载《毛泽东选集》第一卷，人民出版社 1991 年 6 月第 2 版，第 198 页。

打车和快的打车。后者迅速跟进，且补贴力度更大。结果，百米资金链出现了问题，捉襟见肘，最终黯然退场。毛泽东说："为敌人吓倒而受挫折的例子，是很多的。"①事实上，随着腾讯和阿里巴巴的入局，百米在心态上发生了微妙的变化。之前，百米的后台是一家房地产公司，觉得自己财大气粗，目中无人。但是，在腾讯和阿里巴巴入局的同时，国内房地产业遭遇了"寒冬"，百米在心理上已经输了一大截。

2010 年 10 月，斯坦福大学毕业生凯文·斯特罗姆创业成立了 Instagram 公司。这家公司一成立，就对 Facebook 构成了强大的威胁。毛泽东说："积极防御，又叫攻势防御，又叫决战防御。消极防御，又叫专守防御，又叫单纯防御。消极防御实际上是假防御，只有积极防御才是真防御，才是为了反攻和进攻的防御。"②面对 Instagram 强大的冲击力，就连实力雄厚的 Facebook 都感到很吃力。于是，Facebook 祭出自己最强大的防御性武器——收购。2012 年 4 月 Instagram 公司被 Facebook 以 10 亿美元的价格收购。Facebook 动不动就出巨资收购别的公司，被解读为Facebook 的侵略性和霸道。但是，从战略攻防的角度来看，这是 Facebook 主动防御的战略举措。如果 Facebook 不主动出击去收购，那么，这些新锐企业就会得到其他财团的支持，会对 Facebook 构成更为强大的威胁。毛泽东说："只有最愚蠢的人，或者最狂妄的人，才捧了消极防御当法宝。"③显然，马克·扎克伯格身上流着犹太人的血液，既不愚蠢，又不狂妄，而是主动出击，通过积极防御来捍卫 Facebook 的帝国地位。

133

---

① 毛泽东:《中国革命战争的战略问题》(1936 年 12 月)，载《毛泽东选集》第一卷，人民出版社 1991 年 6 月第 2 版，第 198 页。
② 毛泽东:《中国革命战争的战略问题》(1936 年 12 月)，载《毛泽东选集》第一卷，人民出版社 1991 年 6 月第 2 版，第 198 页。
③ 毛泽东:《中国革命战争的战略问题》(1936 年 12 月)，载《毛泽东选集》第一卷，人民出版社 1991 年 6 月第 2 版，第 199 页。

二、战略退却

任何一项创业，都是有进有退。马克思说过，历史是螺旋形式发展的。创业从来都不是一帆风顺的，必须战胜一个又一个的困难和挫折，才能够取得成功，而成功又是新问题的开始，一个周而复始的过程。创业的前途是光明的，道路是曲折的。既然是曲折的就会有弯路，创业甚至会有倒退。毛泽东说："革命的道路，同世界上一切事物活动的道路一样，总是曲折的，不是笔直的。"[①] 因为创业道路是曲折的，因此，创业者在战略退却阶段需要合理布局和规划，为迎接创业的高潮做好准备。三国时期，诸葛亮第一次出祁山伐魏。当得知马谡丢掉街亭之后，蜀军粮道被切断，诸葛亮意识到唯有退兵。他安排赵云殿后，掩护蜀军后撤。曹军来追，被赵云杀退。当赵云的部队撤回蜀国时，没有损失一人一骑。诸葛亮见此情形，不禁赞赏：真将军也！事实上，与其称赞赵云的智勇双全，还不如称赞诸葛亮高明的战略退却部署。诸葛亮六次祁山伐魏都以受挫告终，每次受挫后就需退回西蜀以保全力量。大军撤退时，往往损失最大。但是，诸葛亮每次撤退，不仅损失很小，而且还能屡屡得胜，在击退追兵的同时甚至能杀死曹魏的大将。即便是在诸葛亮死后，还能巧妙布局吓跑老奸巨猾的司马懿。诸葛亮晚年六出祁山，六次创业都以失败告终。但是，每次战略退却都堪称艺术。创业受挫反而衬托出诸葛亮在战略退却布局上的光芒。

创业者一般都习惯往前冲，不善于往后撤。如同陈毅元帅所说的那样，"创业艰难百战多"，创业者在前进的征途中，会遭遇各种意想不到的挑战和险阻，需要克服各种困难。有时候，创业者会感觉自己"人在江湖，身不由己"，唯有不断往前冲，杀出一条血路来，才有可能获得创业的成

134

[①]　毛泽东：《论反对日本帝国主义的策略》(1935 年 12 月 27 日)，载《毛泽东选集》第一卷，人民出版社 1991 年 6 月第 2 版，第 155 页。

功。但是，这种思路有时候会束缚创业者灵活应变的能力，如同孙悟空头上被戴了个金箍，再大的本事也不见得都能发挥出来。毛泽东说："谁人不知，两个拳师放对，聪明的拳师往往退让一步，而蠢人则其势汹汹，辟头就使出全副本领，结果却往往被退让者打倒。"[①] 1999 年，第一家小肥羊羊肉火锅店在内蒙古包头开业。在接下去的 7 年中，小肥羊的成功可以与肯德基在美国的成功相媲美，开出了 720 家分店，扩张速度令人惊叹。小肥羊的成功，与其战略退却有关。2004 年，小肥羊开始主动关店。2007 年，小肥羊公司的连锁店数量已由最高峰时期的 721 家减少到 326 家。小肥羊当时的这一举动，在很多人看来都不能理解，这无疑是与市场需求背道而驰，将大把的钱关在门外。但是，小肥羊的创业团队却认定，后退却是为了更好地前进。实践表明，小肥羊创业者的眼光是长远的。小肥羊通过主动关停店面，大大提高了剩余下来的店面的服务质量，建立起良好的口碑和品牌。这个战略退却的过程中，小肥羊不仅没有被弱化，而是变得更强大了。

战略退却不是漫无目的地逃跑，而是围绕着某种战略进行转移，是有部署、有目的地后退。毛泽东说："对的，一切依照当时具体情况看来对于当时的全局和全时期有利益的、尤其是有决定意义的一局部和一时间，是应该捉住不放的，不然我们就变成自流主义，或放任主义。退却要有终点，就是这个道理。"[②] 同样是退却，但是，眼光不同，结果也往往不同。张国焘和毛泽东都带领部队向敌人力量薄弱地区退却，一个是北京大学的高才生，一个是北京大学图书馆的临时兼职人员。但是，退却的结果迥异。前者遭受挫败，损失惨重，而后者则顺利抵达陕西，开辟了新的根据地，开启了中国工农革命的新篇章。毛泽东说："我们的眼力不够，应

135

①　毛泽东：《中国革命战争的战略问题》（1936 年 12 月），载《毛泽东选集》第一卷，人民出版社 1991 年 6 月第 2 版，第 203 页。

②　毛泽东：《中国革命战争的战略问题》（1936 年 12 月），载《毛泽东选集》第一卷，人民出版社 1991 年 6 月第 2 版，第 212 页。

该借助于望远镜和显微镜。"① 这说明,即便是退却,也要有大局观,要用"望远镜",要看得远,避免出现"近视"的弊端。同时,要用"显微镜"看清楚退却路径的每个细节,避免在退却过程中落入对手所设下的种种陷阱。星巴克(Starbucks)咖啡公司成立于 1971 年,其创业与发展历程堪称传奇。但是,2007 年,星巴克却快速走下坡路。创始人霍华德·舒尔茨重返一线,亲自挂帅首席执行官。他上任后,采取了战略退却策略。冒着枪林弹雨般的异议与告诫,他仍义无反顾地暂时关闭美国国内所有门店 3 小时。接着,他开始了被视为"自杀式"的行为——关店。一口气,关闭了 600 多家店。这些举动意味着星巴克要后退一步,只有这样才能大步向前。事实证明,霍华德·舒尔茨的战略退却是对的。经历了断尾求生之后的震荡,星巴克开始走上了复苏之路。

战略退却与逃跑和溃散是完全不同的概念,战略退却是为了下一步的战略反攻做必要的准备。对此,毛泽东指出说:"战略退却的全部的作用,在于转入反攻,战略退却仅是战略防御的第一阶段。全战略的决定关键,在于随之而来的反攻阶段之能不能取胜。"② 当埃文·威廉姆斯的 Odeo 播客,受到苹果公司播客的猛烈攻击时,埃文·威廉姆斯发现大势已去,无力回天。于是,他就把投资从 Odeo 播客撤出,转而去投资社交网络,这就是后来的 Twitter。Twitter 的巨大成功,让埃文·威廉姆斯在 Odeo 播客上的投资损失可以直接被忽略不计。倘若当时,他并没有实施战略退却,而一味和强大的史蒂夫·乔布斯对抗,结果很可能一败涂地。但是,当苹果公司的攻击开始后,埃文·威廉姆斯果断地实施了战略退却,并在 Twitter 上东山再起。整个就是一出绝地反攻的大戏,堪称经典。对此,埃文·威廉姆斯轻描淡写地说:"我的生活充满了很多偶然;我经常

① 毛泽东:《中国革命战争的战略问题》(1936 年 12 月),载《毛泽东选集》第一卷,人民出版社 1991 年 6 月第 2 版,第 212 页。

② 毛泽东:《中国革命战争的战略问题》(1936 年 12 月),载《毛泽东选集》第一卷,人民出版社 1991 年 6 月第 2 版,第 214 页。

遭遇狂妄乐观主义的打击。我已经过了十多年的贫困生活，我记得自己的熬夜生涯。但我现在已经有能力还清父亲的投资了。"

三、战略反攻

亨利·福特在创业过程中，T 型车在他的汽车帝国中占据着重要的位置。福特 T 型车的面世使 1908 年成为工业史上具有重要意义的一年。T 型车以其低廉的价格使汽车作为一种实用工具走入了寻常百姓之家，美国也自此成为"车轮上的国度"。随着 T 型车的风靡全美，竞争者们奋起直追，生产出各种颜色的汽车。T 型车的颜色只有一种，就是黑色，无法适应消费者的多样化需求。竞争者就利用这个弱点，向 T 型车发起了围剿。各种各样颜色的汽车被生产出来，通用的 T 型车市场份额急剧下跌。这个时候，很多人都认为通用汽车要倒闭了。但亨利·福特并不是很着急，有时还去船厂看看，似乎对造船感兴趣。于是，业界就有声音说福特汽车快不行了，亨利·福特要改行去造船了。就连他的妻子也产生了疑虑，问亨利·福特是不是要去造船。对此，他笑而不答。平静了一段日子之后，突然，福特 T 型车大幅度降价，一举击溃竞争者，迅速收复了失地。原来，他去船厂是暗地里以低价收购旧船的钢铁，变成生产汽车的原材料。如此一来，T 型车的成本大大降低，降价成为可能。毛泽东说："反攻是一个长过程，是防御战的最精彩最活跃的阶段，也就是防御战的最后阶段。所谓积极防御，主要地就是指的这种带决战性的战略的反攻。"① 亨利·福特的绝地反击，令对手措手不及，T 型车重新成为消费者的宠儿。

创业的环境瞬息万变，创业者如何才能把握住战略反攻的最佳时机，果断出击而一举扭转局面？这是考验战略反攻决策者的难题，破解这一难题的关键在于计算和预测。毛泽东说："战略指导者当其处在一个战略阶

① 毛泽东：《中国革命战争的战略问题》（1936 年 12 月），载《毛泽东选集》第一卷，人民出版社 1991 年 6 月第 2 版，第 214—215 页。

段时，应该计算到往后多数阶段，至少也应计算到下一个阶段。尽管往后变化难测，愈远看愈渺茫，然而大体的计算是可能的，估计前途的远景是必要的。"① 1995年，刚站到世界半导体舞台上的三星集团，利润由1995年的32亿美元锐减到1996年的1.9亿美元。1997年，形势再一次急转直下，亚洲金融危机爆发，韩国大型财阀纷纷破产倒闭，三星集团负债也处在破产边缘，负债最高时甚至超过300%。业界普遍认为三星将是韩国下一个破产的财团。然而，令人意外的是，三星不仅没有破产，反而开始一系列重大的战略反攻。一个重要的战略举措就是确立中国作为战略反攻的重要支点，是三星"最主要的海外业务与品牌拓展市场"。于是，三星开始在中国大规模开工建厂，并实现了第一轮业务上的井喷。三星在中国的战略反攻获得了成功，带动了韩国三星走出破产的阴影，在短短十余年间破茧成蝶，三星一跃成为"国际巨星"。即便是在苹果公司最鼎盛时期，在中国，三星的智能手机力压苹果手机，成为苹果公司最头疼的事情之一，也是其难以突破的罩门。

三星战略反攻之所以能够创造奇迹，绝处逢生，靠的不是运气，而是"庙算"。"庙算"是《孙子兵法》"计篇"中提出的中国古代最早的战略概念："夫未战而庙算胜者，得算多也；未战而庙算不胜者，得算少也。多算胜，少算不胜，而况于无算乎！"这里的"庙算"就是"谋定而后动"，就是毛泽东所说的处在一个战略阶段时的"计算"，涵盖了前期的战略运筹、应对方案，即使略处劣势，只要比对手拥有更充分的准备、更周全的计划、更多应变的方法，即使遇到突发情况也能化险为夷，达到"未战而庙算胜"。当三星集团陷于破产的边缘时，高层敏锐地意识到中国市场的重要性，就迅速到中国京、津、沪三地考察，并在上海召开了一个社长团级战略会议。在这次战略会议上，三星确立了在中国进行战略反击的战略

138

---

① 毛泽东：《中国革命战争的战略问题》（1936年12月），载《毛泽东选集》第一卷，人民出版社1991年6月第2版，第221—222页。

部署。三星在中国的战略反击，不仅使得其脱离破产的危险，而且一跃成为世界级的企业。2003 年，三星连续两年被美国《商业周刊》评价为全世界成长最快速的品牌；2005 年，三星还一举超越长期占据世界家电业头把交椅的索尼，成为全世界 IT 产业中纯利润的第一名。这个时候，世人才开始关注这场世纪性的战略大反攻的总导演，他就是当时三星集团的当家人社长李健熙。1987 年，李健熙从父亲手中接过三星集团这个大摊子，就开始了二次创业，提出"除了妻儿都要变"的创业口号，励精图治、发奋改革，把三星从破产的边缘带向了世界级明星企业。

毛泽东说："总之，退却阶段时必须计算到反攻阶段，反攻阶段时必须计算到进攻阶段，进攻阶段时又须计算到退却阶段。没有这种计算，束缚于眼前的利害，就是失败之道。"① 这说明，无论是战略退却还是战略反攻，都需要通盘谋划，才能实现战略目标。毛泽东说："没有全局在胸，是不会真的投下一着好棋子的。"② 没有全局观，很难制定行之有效的战略，结果就会出现战略失败。因此，无论是战略退却还是战略反攻，都需要从全局进行思考和布局。在没有把全局研究透彻的情况下，不能草率行事。毛泽东说："机会总是有的，不可率尔应战。"③ 如果是"率尔应战"，那就成为冒险主义者，在还没有弄清楚大局的情况下，贸然出击，往往招致失败，铩羽而归。1993 年，王卫仅 22 岁，这位只有高中学历的上海人起初是在顺德做印染，后来他向父亲借款 10 万元，创业做快递，顺丰就此诞生。2013 年，顺丰开始战略出击，一脚跨入零售业，开自营便利店。结果，进去才发现成本远远超过预期。这种"率尔应战"式创业，草率决策的痕迹很明显，失败也是很正常的。

---

　　① 毛泽东：《中国革命战争的战略问题》（1936 年 12 月），载《毛泽东选集》第一卷，人民出版社 1991 年 6 月第 2 版，第 222 页。

　　② 毛泽东：《中国革命战争的战略问题》（1936 年 12 月），载《毛泽东选集》第一卷，人民出版社 1991 年 6 月第 2 版，第 221 页。

　　③ 毛泽东：《中国革命战争的战略问题》（1936 年 12 月），载《毛泽东选集》第一卷，人民出版社 1991 年 6 月第 2 版，第 220 页。

第三节　创业就是资源战

迈克尔·波特把企业的战略分为三种：低成本、差异化、专一化。差异化战略和专一化战略，两者之间其实是有关联的。用通俗的话来说，差异化战略就是"你没有，我有"，而专一化战略就是"你有，我有，但是我比你更好"。这样，两者之间的不同就可以解释了。但是，两者又存在相通之处。无论是差异化战略，还是专一化战略，在实施过程中，都需要集中资源和力量出击，就是军事上的"集中兵力"战略。毛泽东说："要完全达到这种目的，集中兵力、运动战、速决战、歼灭战，都是必要的条件。而集中兵力，是首先的和主要的。"① 在创业的过程中，创业者无论采用差异化战略还是专一化战略，都需要选定突破口之后，集中资源进行攻关和突破，才能处于主动的位置，才可能为创业的成功奠定基础。所以，对于创业者而言，首先的和主要的，就是集中手头所能掌握的资源，用于最可能突破的创业机会，形成局部的力量优势，去获得创业上的突破和成功。从某种意义来说，差异化是资源集中的必然结果，而资源分散往往无法带来真正意义上的差异化。

一、资源要集中

在创业的过程中，创业者所能掌控的资源总是有限的。创业者需要在有限的资源约束下，在有限的时间内达成创业的阶段性目标，才有可能获得创业的最终成功。成功的创业者一定是高明的资源配置者，能够实现资源在不同创业活动中的最有效配置，实现资源使用价值的最大化。创业的环境瞬息万变，创业的目标也可能是多元而多变的。于是，不少创业者

---

① 毛泽东：《中国革命战争的战略问题》（1936 年 12 月），载《毛泽东选集》第一卷，人民出版社 1991 年 6 月第 2 版，第 223 页。

就会陷入资源配置的误区和陷阱，把有限的资源投入到错误的地方，或者使得有限资源被分散到不同的项目中，资源的使用效率并未发挥出来。毛泽东说："集中兵力看来容易，实行颇难。人人皆知以多胜少是最好的办法，然而很多人不能做，相反地每每分散兵力，原因就在于指导者缺乏战略头脑，为复杂的环境所迷惑，因而被环境支配，失掉自主能力，采取了应付主义。"[1] 毛泽东一眼就看到资源使用效率低下的本质所在，就是创业者缺乏战略头脑。创业者因为缺乏战略头脑，所以，创业环境一变，就会动用手头的资源急于去应对，结果，就被环境牵着走。时间一长，就会发现手头的资源已经用尽，而创业的目标并未实现。毛泽东称之为"应付主义"，创业者可能主观上并不想这样被动应付环境的变化，但客观上，因缺乏战略头脑而疲于奔命，有限的资源都是在被动的情况下被使用出去。创业者无法实现集中有限资源攻破创业难关的战略部署，则创业很难获得成功。

　　位于杭州的数字银行在线（简称数银在线）在 2008 年成立，当时，被视为阿里巴巴之外又一家耀眼的互联网金融明星企业。数银在线定位于提供中小企业融资、个人贷款、投资理财等金融服务产品的在线投融资服务，是金融业的"携程"模式。数银在线曾经一度被美国福布斯（Forbes）评估为中国未来 3 年最具爆发性成长潜力的互联网企业。但是，好景不长。为了提升业务，数银在线被迫不断加大市场推广投入。2011 年，市场推广费用至少在 8000 万元，而当年的收入为 1 亿元左右。也就是说，收入的 80% 用于市场推广。为了充门面，每年花费大概 700 万元租用豪华办公楼。在人力上，也是大量招募和投入。高峰时期，员工高达 300 多人，光人力费用就至少是每年 2000 万元。这种资金支出结构，与其从业务中获得的营业收入相比，根本无法匹配。最终，在创业四年、烧掉近亿投

141

<hr />

　　① 毛泽东：《中国革命战争的战略问题》（1936 年 12 月），载《毛泽东选集》第一卷，人民出版社 1991 年 6 月第 2 版，第 222 页。

入后，走到破产的边缘。这颗明星的陨落，有人说是因为银行的紧逼。银行从合作伙伴，逐渐变成了对手，从数银在线中挖走好的客户，导致数银在线很被动，被迫加大市场推广和人力支出。这种逻辑看似有点道理，但无法解释数银在线失败的根本原因。毛泽东说："被敌逼迫到被动地位的事是常有的，重要的是要迅速地恢复主动地位。"[①] 数银在线做的就是夹缝中的生意，势必会受到银行的挤压。但是，数银在线获得了首轮5000万元投资，却没有集中资金去升级业务，开发出可自主运作的金融业务，而是被动防御，分散资金试图建构防御工事，结果，丧失了"恢复主动地位"的最佳时机，最终因无法与银行相抗衡而失败。

与数银在线资金分散做法不同，阿里巴巴始终采用资金集中化原则。阿里巴巴做金融业务，十多年来，就是做了一个支付宝，始终围绕支付宝做文章。一开始，银行都喜欢支付宝。但是，当支付宝做得越来越大时，银行就开始警觉，开始联手打压支付宝。毛泽东说："集中兵力之所以必要，是为了改变敌我的形势。"[②] 殊不知，阿里巴巴利用支付宝与银行的蜜月期，不断加大研发投入，使得与银行的攻防形势发生了改变。当银行准备联手打压和扼杀支付宝时，赫然发现此时的支付宝已非当初的吴下阿蒙了。毛泽东说："反攻是战略防御和战略进攻之间的过渡的东西，带着战略进攻前夜的性质，集中兵力就为达此目的。"[③] 马云创业牢牢守住一条，就是资源集中原则。马云说，地上有9只兔子，他只会死盯1只兔子抓，"你盯牢9只兔子都想抓，1只也抓不住，死盯1只就赢了"。阿里巴巴在支付宝上集结了足够的兵力之后，不仅仅是防御，而是开始了战略反攻，推出余额宝，甚至成立了互联网银行，俨然是"银行业中的Uber"了。

---

① 毛泽东:《中国革命战争的战略问题》（1936年12月），载《毛泽东选集》第一卷，人民出版社1991年6月第2版，第223页。

② 毛泽东:《中国革命战争的战略问题》（1936年12月），载《毛泽东选集》第一卷，人民出版社1991年6月第2版，第223页。

③ 毛泽东:《中国革命战争的战略问题》（1936年12月），载《毛泽东选集》第一卷，人民出版社1991年6月第2版，第224页。

面对阿里巴巴在金融上的攻势，银行不得不采取守势。

同样在杭州进行互联网金融创业，但是，结局却是两样。创业者在犬牙交错的市场空间中对阵，如何最有效配置资源往往决定了胜负成败。当面对强大对手时，资源的合理配置尤为重要。在对手强势而自己弱势的情况下，创业者就需要找准突破口，进行资源的集中投入，获得在局部上的兵力优势。毛泽东说："这即是所谓内线作战中的外线作战，'围剿'中的围剿，封锁中的封锁，防御中的进攻，劣势中的优势，弱者中的强者，不利中的有利，被动中的主动。从战略防御中争取胜利，基本上靠了集中兵力的一着。"[①] 这说明，在创业初期，创业者即便在资源总量上处于劣势，但是，也可以通过灵活辩证地使用和配置资源，集中手头可用的资源到特定的点上，在局部形成资源上的优势，就可以克敌制胜，获得突破。这就是毛泽东所说的"劣势中的优势，弱者中的强者，不利中的有利，被动中的主动"，可谓是创业的辩证法。所以，创业者在资源配置上，需要集中资源进行灵活配置，进而实现以弱胜强。

二、资源调度要灵活

创业时，采用资源集中战略，并不意味着资源就不调动了。创业过程中的资源配置，是个动态的过程。资源的调度要根据外部环境和内部业务需要进行灵活调整，使得资源的整体配置效果最优化。创业的市场环境在变化，因此，创业的业务范围也需要及时调整。毛泽东说："时大时小时缩时伸是经常的，此起彼落也往往发生。"[②] 当外部需求增大时，业务量会上升，投入的资源就需要加大。当外部需求减少或者竞争者进入时，业务量就可能会下降，投入的资源需要转移出去，避免出现资源的使用效率

---

① 毛泽东：《中国革命战争的战略问题》(1936 年 12 月)，载《毛泽东选集》第一卷，人民出版社 1991 年 6 月第 2 版，第 224 页。

② 毛泽东：《中国革命战争的战略问题》(1936 年 12 月)，载《毛泽东选集》第一卷，人民出版社 1991 年 6 月第 2 版，第 229 页。

低下或者资源浪费的现象。可见，创业者面对的是一个动荡起伏的环境，而资源在业务面上的投入也需要根据所处的特定环境进行及时调配和调度。很多新创企业规模一般都比较小，资源也比较少，也没有那么多的闲散资金。这个时候，有限资源的最优配置就越发重要。创业者激情满怀地去创业，可是，理想是丰满的，而现实却是骨感的。真正开始创业后，不少创业者发现需要用钱的地方比当初计划的要多得多，而当初准备的资源很多都用不上。于是，只能拆东墙补西墙，拆来拆去把个崭新的企业拆得七零八落。这种被动式资源调度的方法，说明创业者在创业之初对于可能的发展形势并没有做好充分的评估和准备工作。

俗话说：唯一不变的就是变化。万事万物，时时刻刻都在变化。创业者在创业之前，往往准备了资源以及应对变化的预案。但是，一旦创业真正启动起来，还是会发现意料之外的情况出现，应对起来，会手忙脚乱。遇到这种情况，创业者需要保持冷静的判断，果断进行战略调整。毛泽东说："但是开始准备的时机问题，一般地说来，与其失之过迟，不如失之过早。因为后者的损失较之前者为小，而其利益，则是有备无患，根本上立于不败之地。"[①] 当创业遭遇到巨大阻力而不得不放弃部分业务时，与其消耗有效的资源去坚守到最后时刻，还不如未雨绸缪，及时调整，主动实施战略转移，把资源转移到更好的领域进行创业。在公司发展初期举步维艰的情况下，成功的创业者大多经历过痛定思痛，甚至壮士断腕，采取了创业战略的大转折。史玉柱转型做脑白金，马云从黄页开始转型做电子商务，陈天桥从动漫社区转型做网络游戏，马化腾从电子寻呼转型做 QQ，丁磊从邮箱转型做门户、短信业务。对于这些创业者而言，创业初期的挫败后能及时调整创业策略，转移资源到新的领域继续创业，才真正奠定了他们后来的成功。

144

---

① 毛泽东：《中国革命战争的战略问题》（1936 年 12 月），载《毛泽东选集》第一卷，人民出版社 1991 年 6 月第 2 版，第 201 页。

当创业者调整到新的发展战略之后，在具体的运行过程中，具体的实施计划和策略，就需要根据当时所处的环境进行及时调整。毛泽东说："计划改变的频繁，是我们家常便饭的事情。"① 创业要快速试错，小步快跑，一味地犹豫不决，下不了决心，最终往往什么事情都做不成。形势每天都在变化，创业者在整体战略的指导下，需要及时应变，通过各种调整来确保创业在与时间赛跑中能够跑赢。创业者往往会感到，计划赶不上变化。因此，创业者在初创阶段，在采用计划管理上，需要注意一些技巧。计划不能太多。计划太多，当环境发生变化而使得计划在执行中无法实现时，无论是从管理者的内心还是下属的执行上都会出现诸多问题，便会打击整个创业团队的信心，激发各种矛盾。计划也不要太远。有时候两个星期以上的计划对初创企业来说，已经是太遥远的计划了，因为在初创公司里，由于变数太大，没有任何一个人知道两星期以后会发生什么。所以，初创企业比较理想的是每周做下周的计划，以周计划来指导每日的工作。初创企业应放弃冗长的计划书，做这个星期应该做的，决定明天要做什么，并且要让创业团队每个成员都知道，大家互相监督执行，只要看清了方向，接下来的就是去习惯每天发生的变化。

北京大学附近就是中关村，是一片创业的热土。很多人在这里设立公司，开始了人生的创业之旅。不过，新创企业一般都很小。以前在中关村有个俗语，说：在中关村，一块砖掉下来，能砸倒好几个老板。因为在中关村有很多规模很小的新创公司，印个名片就是某某公司的老板。这些创业的老板，有的在中关村有固定的办公场所，有的仅有一个柜台，有的连固定的办公场所都没有，而是打一枪就换一个地方。但是，这些创业者每天出门前，都尽可能把自己打扮一番，看上去更像有底气的老板。对于任何一个创业者而言，首先需要自己有底气，不怕别人说三道四。毛泽东

145

① 毛泽东：《中国革命战争的战略问题》（1936年12月），载《毛泽东选集》第一卷，人民出版社1991年6月第2版，第229页。

说:"在这里怕羞是没有用的。"① 想创业就要不怕羞。当中关村的这些创业者在大街小巷推销产品时，因为不怕被别人看不起，所以，后来慢慢成功了。在这些被称为"皮包公司"老板的创业者之中，曾经有一位就是俞敏洪。他在创业初期，居无定所，困难的时候，连个像样的皮包都没有。当俞敏洪在中关村东躲西藏时，他想起了毛泽东的话。毛泽东说:"只有在现在的流动生活中努力，才能争取将来的比较地不流动，才能争取最后的稳定。"② 现在，俞敏洪已经在中关村核心地段建立起自己的大楼，再也不用东躲西藏、颠沛流离了。

三、资源的纵深配置

现在，越来越多的大学生投身到创业大潮中，希望通过创业来实现自己的人生价值。但是，年轻的创业者往往有急于求成的心理，希望创业能一蹴而就，很快就享受到成功的喜悦。事实上，古今中外，古往今来，任何人的创业成功都不是简单的索取，而是长期的坚持和坚韧的付出。越有梦想的人，越需要把浮躁戒掉，通过韬光养晦，不断通过创业来积累力量，通过持之不懈的努力去走向成功。毛泽东说:"在这上面性急是要吃亏的，在这上面提倡'速决'是不正确的。"③ 创业者的急于求成体现在初创时期的过早追求规模，结果，导致了初创企业的最终失败。市场调研公司初创公司基因组（Startup Genome）在 2011 年对 3200 家初创企业的调查发现，高达 70% 的创业失败缘于初创公司试图过早扩大规模，白白消耗了扩大的资源，比如昂贵的营销投入和销售人员的雇佣费用，而此时他们甚至还没有能够满足庞大的市场需求的真正的产品。这就是创业的"速

---

① 毛泽东:《中国革命战争的战略问题》（1936 年 12 月），载《毛泽东选集》第一卷，人民出版社 1991 年 6 月第 2 版，第 230 页。

② 毛泽东:《中国革命战争的战略问题》（1936 年 12 月），载《毛泽东选集》第一卷，人民出版社 1991 年 6 月第 2 版，第 229 页。

③ 毛泽东:《中国革命战争的战略问题》（1936 年 12 月），载《毛泽东选集》第一卷，人民出版社 1991 年 6 月第 2 版，第 233—234 页。

决"论，在初创阶段就把所有资源都给用上，试图通过奋力一搏就获得成功。但是，这种赌徒式创业的方法，往往不能奏效。不能一击即中，那么，新创企业就会出现后续资源贫乏的困境，就会感觉资源投入明显跟不上发展的需要，新创企业离成功也会越来越远。

创业的"速决"论，强调的是在创业初期就把所有能动用的资源都用上，试图通过一次冲锋就拿下阵地。这是一种孤注一掷的做法，缺乏创业的可持续性。创业者需对创业有个长期的规划，确定分阶段的创业目标，根据这些分阶段目标进行分阶段资源的配置和投入。这种资源配置方式，强调的是有限资源在创业的不同阶段上的最优化配置，与把资源集中消耗在创业初期的资源配置方式有显著不同。创业是个循序渐进的过程，正如毛泽东所说的那样，"许多热闹文章都还在后面"[①]，创业者通过一个台阶一个台阶地攀爬，最终能够达到新的高度。越攀爬到后面，高度就越高，创业就越精彩。但是，不少创业者在攀爬过程的前期就已经弹尽粮绝了，有再大的抱负和志向，也是心有余而力不足了。所以，创业者在资源配置上，需要强调配置的纵深性，以适应创业不同阶段的资源需求和特点。创业者不仅仅要有开创新事业的勇气和魄力，而且还需要有把事业不断推向新高度的韧性和智慧。在创业道路上要走得远，就必须储备足够的资源和给养，不能在初创阶段就把所能动用的资源都拼光。可见，对于创业者而言，资源的纵深配置是多么重要。大军未动，粮草先行。创业者在一步一步前进时，每前进一步，都需预先预备好相应的资源，才能抓住创业过程中的机会，拾阶而上。

北京大学不仅是培养学者、政治家的摇篮，也培养了一批企业家。在最新 2015 中国大学杰出校友排行榜中，北京大学培养和造就的杰出政要、国内外院士、杰出人文社会科学家和亿万富豪企业家校友人数最多。

---

① 毛泽东：《中国革命战争的战略问题》（1936 年 12 月），载《毛泽东选集》第一卷，人民出版社 1991 年 6 月第 2 版，第 234 页。

这些杰出人物都可以看成是创业者，分别在公共管理、学术研究和实业领域进行开拓和进取。在这个创业家队伍中，有位女士，创办了优米网。当有人问她创业心经时，她认为创业公司要探索三年，深耕三年。第一个三年主要指的是盈利模式的探索，也是尝试犯错的三年，如果能找到可持续的、规模化的盈利就是胜利；第二个三年是稳定模式、打造团队、优化流程、制度化且形成独特公司文化的三年，这两个三年为公司壮大打下基础。所以，创业者们，不要急，六年才是公司的开始。毛泽东说："往后的发展，在一切内外条件的影响下，无疑地将比过去有大大地增高速度的可能。"① 所以，创业者前六年都是在为之后事业的快速成长奠定基础。在初创的前六年，企业能够生存下来就是成功。2013 年，国家工商总局公布的一组数据显示，近 5 年退出市场的"夭折"企业平均寿命为 6.09 年，寿命在 5 年以内的接近六成。很多新创企业，还没有等到后面的高速发展，在前六年中就已经阵亡了。凡是能够熬过前六年还依然存活的新创企业，走向成功的概率就会高得多。

创业者在初创阶段，要学会保存实力，不能贸然出击。尤其在面对强大对手时，在羽翼不够丰满时，不要试图通过消耗战，去招惹对方的攻击。毛泽东说："'比宝'不是龙王向龙王比，而是乞丐向龙王比，未免滑稽。"② 提到马克·安德森，现在已很少有人记得这位曾经的风云人物了。他在 24 岁创业，成立了网景（Netscape）公司。因为 Netscape 浏览器的问世，拉开了互联网时代的序幕。1995 年，这家创始资金只有 400 万美元的小公司上市，一夜之间便成为 20 亿美元的小巨人。意气风发的马克·安德森认为自己已兵强马壮了，于是，向微软公司主动发起了攻击。结果，微软公司只是做了一个小小的动作，在 Windows 中默认捆绑了 In-

---

① 毛泽东:《中国革命战争的战略问题》（1936 年 12 月），载《毛泽东选集》第一卷，人民出版社 1991 年 6 月第 2 版，第 234 页。

② 毛泽东:《中国革命战争的战略问题》（1936 年 12 月），载《毛泽东选集》第一卷，人民出版社 1991 年 6 月第 2 版，第 236—237 页。

ternet Explorer 浏览器，马克·安德森就俯首称臣了。Windows 操作系统在 PC 中占据了垄断地位，每台电脑一出厂都有一个 IE 浏览器，于是用户不再费力气下载 Netscape 浏览器。"浏览器大战"的结果是，马克·安德森被迫把 Netscape 卖给美国在线，黯然出局。

第六章　创业成功的关键要素

　　成功的创业者，总会被问到一个问题：创业成功的关键是什么？这个问题看上去很简单，但的确不容易回答。于是，有的人就回答说，是自己运气好。其实，运气的背后隐藏着很多原因。中信出版社出版过吉姆·柯林斯和莫滕·汉森合著的一本书，书名是《选择卓越》。在台湾地区，这本书的中文书名是《十倍胜，绝不单靠运气》。两者比较而言，台湾版的书名翻译更为恰当。事实上，吉姆·柯林斯从未把成功归因于运气，在他的《从优秀到卓越》一书中，还批判过所谓的运气论。他去参访那些优秀企业的领导者，当谈论到成功的原因时，有些领导者就说，可能是运气比较好。对此，吉姆·柯林斯深信，绝非单靠运气。他在《从优秀到卓越》一书中，通过详尽的案例分析、深入访谈等方法，阐述了除了运气之外的成功因素。

第一节　信誉是创业之根基

台湾企业家尹衍梁，是一位成功的创业家，从不满足于现状，而是不断通过创业来壮大企业的力量，扩展企业的版图。作为一位成功的创业家，尹衍梁把信誉看得比命还重要。他的父亲告诉他："商人的招牌就是信誉。小商人贩卖的是货品，大商人贩卖的是信誉。"他牢记父亲的教诲，在创业过程中，始终坚守良好的信誉，信用最重要。在创业的过程中，他也遭遇过重大的失败和挫折，不仅蒙受重大的经济损失，而且也在心理上受到重创。但是，每次他都能够从失败中重新站起来，一个很重要的原因就是他的信誉非常好，在困境中能够得到外界的及时相助。因为他有非常好的信誉，即便遭受到重大挫折，大家都相信他能站起来，因此，纷纷施以援手。作为北京大学的教授，在北京大学带博士生期间，无论多忙，他每月都从台北飞到北京来上课。后来，由于"非典"暴发，无法到北京来讲课，就让人在北京大学和台湾办公室之间架起远程视频系统。当技术人员告诉他，"非典"暴发，全城封街，很难在北京找人来装这套系统。他听后，大为不悦，说："我和学生有约在先，你想让我食言吗？"系统架好后，他就继续讲课，风雨无阻，雷打不动。从这个小小的细节，看得出他对承诺的履约能力，这就是重信用的体现。对于创业者而言，信用恰恰是创业成功的重要基础和保障。

151

一、言必信，行必果

1927 年秋收起义后，毛泽东带领部队向井冈山进发。在上山之前，正值当地红薯收获季节。有的战士肚子饿了，就顺手吃了老乡的红薯，老乡对此有意见。毛泽东觉得偷吃一个红薯事小，可损害群众利益事大。于是，他立即召集队伍，郑重宣布了纪律，其中之一就是不拿老百姓一个红薯。老百姓听说了之后，一开始不相信，哪有部队不抢粮的，更何况是一个红薯。但是，久而久之，老百姓发现，毛泽东的军队的确与以往的队伍有明显不同，不仅不会拿老百姓的红薯、粮食，战士说话都很和气，买卖公平，从来不欺负老百姓。更可贵的是，毛泽东的队伍向老百姓借东西，说好了什么时候来还，说到做到，都会及时还回来。于是，老百姓一传十、十传百地传开去了。毛泽东领导的部队，言必信，行必果，这给老百姓留下了很深的印象，老百姓曾这样歌颂红军："红军纪律真严明，行动听命令；爱护老百姓，到处受欢迎；遇事问群众，买卖讲公平；群众的利益，不损半毫分。"正因为如此，毛泽东发动"众筹"搞革命创业时，才能得到广大群众的拥护，纷纷响应，送儿送女去参加红军。如果说，井冈山是毛泽东创业的根据地，那么，"言必信，行必果"的良好信誉则是毛泽东创业的根基。

任何一项初创的事业，都面临很大的不确定性，甚至是创业的失败。在草创阶段，要信守承诺对于创业者而言，是个难度很大的挑战。不少创业者一旦启动创业后，会发现所遭遇的情况比之前所能想象的还要复杂。情况一变，之前对于投资者的承诺、对于顾客的承诺，可能就无法兑现了。在这种情况下，有些创业者选择了回避和推脱，结果，信用破产会加剧创业的失败。雷军说过：90%的创业会死，而信用是创业者的无价宝。创业失败了，只要创业者的信用还在，还是有可能东山再起、卷土重来。但是，创业者一旦信用破产了，那么，就很难再号召资源进行创业了。信用不能等到企业创业成功了，再去重视，而是需要在初创阶段就开始认真维护。向毛泽东学习创业，就要学会如何在初创的困难时期还能够认真信守承诺、履行诺言。在初创阶段的困难时期，能够信守承诺者，越发显得难能可贵，越能够感染众人，越能够获得众人的支持，才能更好地度过创业的艰辛时期，赢来创业的更好局面。毛泽东为了一个红薯，出台了专门的纪律，这不是小题大做，而是为了维护良好的信誉。创业者在创业过程中，永远不要用金钱去挑战信誉底线，不能采用任何借口去损害信誉。越艰难，越要维护好信誉。创业者的信用就是生命，信用没有就什么都完了。

　　毛泽东说："共产党的'言必信，行必果'，十五年来全国人民早已承认。全国人民信任共产党的言行，实高出于信任国内任何党派的言行。"①这句话，可谓一语道破天机。毛泽东领导的革命创业之所以能够获得成功，关键在于讲信用、守信用。在二渡赤水之后，红军再次攻占遵义，但三万多人的部队面临着补给严重不足的问题。当时，中央红军手中没有足够的硬通货，只有中央苏区的纸币。这种纸币只在中央苏区有价值，在遵义是废纸。于是，红军首先将盐商囤积的盐没收，然后用中央红军的纸币购买军需物资，百姓再用红军的纸币购买盐。老百姓之所以愿意用红军的纸币，是因为信誉机制在起作用。在红军没有硬通货的情况下，老百姓因为信任红军才愿意使用红军的纸币。所以，在老百姓看来，"红军"这个牌子就是信用。但是，创业不是一帆风顺的。不久，红军必须再次撤出遵义。这种情形在现代社会的创业中经常会出现，创业者用个人信用或者担保向投资者或银行借了钱。在创业遭遇到挫折后，创业者就偷偷地逃跑了，故意令投资者和银行都无法找到。但是，毛泽东不会这样做。在撤出遵义之前，红军向全城百姓发布告，要尽快收回发放出去的纸币，请老百姓尽快兑现。结果，老百姓的利益保住了，而红军言而有信的做法更是赢得了广大群众的尊重。

　　现在，众筹创业成为时髦，不少人打着众筹的幌子筹集资金。不幸的是，这些众筹活动绝大多数注定要以失败告终。这是因为发起众筹创业活动的人，不少是完全没搞懂众筹是怎么玩的。众筹平台并非神奇的自动取款机，而只是一种让创业者能接触到很多潜在资助者的平台。众筹能否成功，关键取决于能否博得潜在投资者的信任。毛泽东通过众筹来搞革命创业，取得了巨大的成功。老百姓不仅仅贡献出自己很微薄的钱粮，而且

---

　　①　毛泽东：《关于蒋介石声明的声明》（1936年12月28日），载《毛泽东选集》第一卷，人民出版社1991年6月第2版，第247页。

连自己和家人的生命都愿意贡献出来，来支持毛泽东的创业。这是多么伟大的众筹式创业啊！毛泽东懂得众筹的核心是信任，因此，在创业一开始，就建立起良好的信誉，并且通过纪律和各项政策来信守承诺。这一切，老百姓都看在眼里，因此，即便革命遇到了低潮，老百姓都还一如既往地支持革命创业。现在，很多创业的众筹都失败了，这是因为无法获得潜在投资人的信任。所以，对于创业者而言，创业的第一步就是如何被信任。国内创业成功的大佬，起步阶段都是从亲戚、朋友、同学等关系密切的人那里获得资金和支持，因为可以解决信任问题。等创业获得了成绩，就可以通过对外融资的办法来向社会募集资金，扩大创业。这个过程，一个核心的问题始终是如何确保创业者被信任。创业者一旦信用破产，创业也一定会失败。

二、人而无信，不知其可

在上海外滩，2015 年"上海新金融年会暨互联网金融外滩峰会"正在举行中，会议主题是互联网金融，邀请了学界、政界和业界的精英参加这次会议，就互联网金融的发展与挑战，进行深入的探讨和交流。现场讨论的一个焦点问题，就是互联网金融理财产品的承诺是否可信。为了招揽更多的客户和资金，一些不良互联网金融公司以高收益率为噱头，有的甚至宣称高达 20% 的投资回报率。但是，一旦这些不良互联网金融公司获得了资金，就暗箱炒作，挪用资金去投资其他领域。结果，根本无力履行承诺，甚至还卷款潜逃，公司则破产了之。投资受害人发现上当后，很难再追回本钱了。对于欺诈行为，毛泽东很是愤慨，说："语曰：'人而无信，不知其可。'"[①] 创业者不讲信用，靠欺骗客户和投资人，哪能成功呢？但是现实中，一些人在创业之初，就通过各种手段欺骗他人，以达成自己的

① 毛泽东：《关于蒋介石声明的声明》（1936 年 12 月 28 日），载《毛泽东选集》第一卷，人民出版社 1991 年 6 月第 2 版，第 247 页。

目的。这种创业的道路，哪能走得远呢？近期，关于互联网金融公司创始人被抓的消息，对于试图通过欺诈来创业的人而言，显然是当头棒喝。即便是侥幸得手，最后也免不了法律和良心上的追责。所以，这绝非创业的正道，而是创业的歧途。创业者一旦进入这个歧途，那么，不但创业不可能真正成功，而且最终会输得精光。

著名经济学家厉以宁教授认为信誉是创业者最重要的社会资本，他说："你有信誉，别人会拉你一把；如果你没有信誉，你朋友再多也不成为朋友了，因为人家都不相信你了。"一些创业者从亲朋好友、同学那里借来钱，结果，创业失败了，自己也消失了。等下次再想借钱时，再也没有人愿意借钱了，因为，信用已经破产了。曾国藩通过创建湘军而创业，但是，湘军创业之初很不顺，屡屡吃败仗。曾国藩情绪也很低落，甚至跳江自杀，想一死了之。后来，他以屡败屡战来自我勉励，并继续扩军备战。由于曾国藩有很好的声誉，因此，每到一地，当地乡绅大族都解囊相助，使得他能够获得足够的经费来扩充军队，一次一次从失败中再次站起来，最终打败了劲敌而建立功勋。爱国实业家刘鸿生 20 岁就到上海跑街卖煤。他信守"处处为用户着想"的原则，按（煤）质论价，从来不欺骗客户，坚守信用，童叟无欺。很快，他在上海滩的声誉就建立起来了，煤的销量大增，他的佣金如滚雪球般增加。这次创业的经历让他明白了讲信用的重要性，并把守信用作为创业的最高原则。后来，他的事业越做越大，被誉为中国的"煤炭大王""火柴大王""毛纺大王""水泥大王"等。

中国有句俗语：败兵成匪。老百姓一旦遇到败兵，就很痛苦。队伍一旦溃败，往往纪律松散，就会沿途抢掠，对老百姓构成匪患。毛泽东领导秋收起义受挫，带着残兵上井冈山。这是毛泽东创业的低潮，但他把"三大纪律、八项注意"沿途粉刷到墙上，告诉老百姓这是一支与众不同、可以信赖的队伍。这些纪律，就是毛泽东对老百姓的承诺。一旦承诺出去，老百姓就瞪大了眼睛在看。结果，老百姓发现毛泽东的队伍所到之处，对老百姓秋毫无犯，甚至还主动帮助老百姓。于是，老百姓就夹道相迎。所

155

以，良好的信任关系是做事和创业的根基。创业的根本是什么，是信誉。

对于创业者而言，讲信用、守信用，不仅仅是一种道义，更需要勇气。毛泽东说："这些条件的实行，首先需要确守信义，并且需要一些勇气。"① 有的创业者在需要资源时，承诺得好好的。一旦达成不了目标，就拍屁股走人，一走了之，根本没有承担责任的勇气。这显然不是创业的正途，而是自我毁灭的一种表现。在"大众创业、万众创新"的时代中，创业成为一种潮流。在这股潮流中，整体上是好的，创业者的主体都能维护好自己的声誉。但是，也有少数创业者，依然采用机会主义的做法，创业领域的造假现象有进一步蔓延的迹象。随着创业"浮夸风"渐起，信誉危机扯了发展的后腿，成为社会创业的包袱。近期的"明星"创业项目，诸如游侠、一亩田、云视链等接连被外界质疑，虽然这些公司都进行了紧急公关，对外澄清，但显然并未能真正打消大众心中的疑惑。这些疑云对这些新创企业而言，无疑使其前程蒙上了一层厚重的阴霾，其创业者背上了弄虚作假的"帽子"。有些创业者因为眼前利益而不惜以毁掉声誉作为代价，是一种"短视"的行为，得不偿失。创业需要的是勇气，而不是弄虚作假的自我欺骗。否则，创业就会沦落为"狼来了"的闹剧。

三、因信用而同心

1931 年春，毛泽东在《渔家傲》中写道："二十万军重入赣，风烟滚滚来天半。唤起工农千百万，同心干，不周山下红旗乱。"创业者都希望能够获得社会各界的认同和支持，在创业的过程中，实现"同心干"的局面。这种局面有两层含义，对内而言，强调的是创业团队内部的同舟共济，齐心协力去创业；对外而言，就是创业项目具有强大的社会号召力，能够获得客户、消费者、投资者、供应商等各界的积极正面响应，能够予

---

① 毛泽东：《关于蒋介石声明的声明》（1936 年 12 月 28 日），载《毛泽东选集》第一卷，人民出版社 1991 年 6 月第 2 版，第 246 页。

以支持。因此，创业者无不希望能够尽快获得这种局面，使得事业能够越做越大，获得长足的发展与壮大。但是，这种局面不是轻而易举就能够获得的。一些创业者在创业过程中，不但无法获得这种局面，还可能陷入众叛亲离的困境。创业者在学习毛泽东经验时，要能够进一步去思考毛泽东成功背后的道理。在这首词中，其实隐含着一个重要关系：因信用而同心。为什么红军入赣，能"唤起工农千百万"？是因为老百姓信任红军，认为毛泽东的队伍是有信用的。老百姓的这种信任，不是凭空产生的，而是基于过往的认知。毛泽东领导的创业队伍，纪律严明，对于老百姓秋毫无犯，还积极帮助老百姓。这些事实，让老百姓对红军产生了强烈的信任感，自然出现了军民生死与共的"同心干"的创业局面。

不少创业者认识不到信用的重要性，对于创业有着片面的认识，结果，不仅难以在社会上打开局面，就连创业团队也会分崩离析。威廉·肖克利是个绝顶聪明的天才，但却是一位失败的创业家。他的失败，关键原因在于不被信任。当时，他招募了全世界最好的半导体专家，成立了当时世界上最先进的半导体生产线。应该说，当时的威廉·肖克利已站到了开启一个新时代的大门口，已经离成功非常近了。然而，他自恃聪明，看不惯任何人，也不信任任何人。在创业的过程中，经常以一些琐事去苛责创业的伙伴和团队成员，令大家不知所从。久而久之，创业团队的其他人都认为这个人没有信用，于是，想方设法离开他。在离开的队伍中，有八个博士最引人注目。因为这些人的创业，后来获得了耀眼的成功，让人类进入了芯片时代。这样的实例，在当前的创业大潮中，也时时在上演。创业尚未成功，可是在内部已经因为互相不信任而使得创业成员之间离心离德、分崩离析。

创业者最难获得的资源不是资金、技术、人力，而是信用。每一次创业，点子是启发点，资金是启动点，而信用是贯穿整体的一条线。创业者开始想创业，发现会面临一系列的现实问题，比如从哪里去获得资金？谁会愿意来购买你的服务或产品？谁愿意把项目交给你做？谁愿意加入你的创业团队？毛泽东说："这些都是无可讳言的事实。"① 然而，创业并不是从筹集资金那一刻开始的。事实上，从踏入社会的第一步开始，个人创业就已经开始了。在这个创业中，每个人都必须靠自己去积累成功的资源。这个资源，包括资金、能力，更重要的是信誉。没有信誉，创业很难成功。有个在美国留学的中国学生，成绩很优秀，人也很聪明，能力非常强。他在找工作时，旧金山的一家金融公司对他很满意，准备给予高薪聘用。到了入职前的最后一个环节，就是信用审查，却发现他有个不良记录，有一次他逃火车票被查到了。在美国坐火车，都不是人工售票，而是自己用信用卡在自动售票机上买票。上了火车，有时有乘务人员来查票，有时不会查票。这个聪明的中国学生觉得有空子可钻，就没有买票上了火车。结果，途中恰逢有人来查票被发现了。这个事情已经过去数年，连他自己都已忘记了，想不到最后居然成为他找工作的障碍。

守信用除了是指履行合约之外，更重要的是要信守承诺。温州曾是创业的热土，但是在创业之初，却忽视了信用的重要性。结果，温州人成为假冒伪劣商品制造者的代言人。在商店买到的温州制造的皮鞋，很是好看。穿上之后，走到半路上，鞋跟就掉了。所以，很快，温州人整体的信用就破产了。一听说是温州产品，没人敢买。20世纪90年代初，温州某县的一份报纸，是全国讣告刊登量最大的报纸，几乎整个版面都是讣告。在这座县城，有一个著名的废旧机床交易市场，当地人去北方和西部收购国有大中型企业的二手机床，然后转卖或拆卸零件分销。而当企业上门收款时，家中亲人就集体上演收货人猝然离世的苦情戏码，并拿出当地报纸证明事情属实。这种"假死"让当地人"毫无信誉可言"的恶名随之遍

---

① 毛泽东：《关于蒋介石声明的声明》（1936年12月28日），载《毛泽东选集》第一卷，人民出版社1991年6月第2版，第246页。

闻天下。从此，再也没有人敢和这里的人做生意了。这种创业模式是"饮鸩止渴"，以恶意违约来挣钱，结果，恶名远扬。这种做法显然是不对的，毛泽东不仅反对这种不守信用的做法，注重契约精神，更强调守信用的本分。创业者要谨守承诺如同守护自己的生命一样，要像毛泽东所说的那样，"不会因为未签字而不守信用"①，这样的创业者才能被信任，更有可能获得成功。创业者不仅要有契约精神，认真履行已经签字的合同，即便是没有签字的承诺，也要认真去履行，才能建立起良好的信誉，所创的事业才能获得更多人的支持，才能越做越大。温州人曾经因为不守信用而搬起石头砸自己的脚，后来才开始认识到信誉的重要性，不敢再生产假冒伪劣商品了，创业才真正走上了正轨。

第二节　创业需与时俱进

在北京大学未名湖南岸的林子中，有一座墓，墓碑为一长方形的白色大理石，碑上镌刻着叶剑英题词"中国人民的美国朋友埃德加·斯诺之墓"，下注英文。墓旁松柏环绕，绿草如茵。迎面一湖碧水，更觉幽静肃穆。1998 年，电影《毛泽东与斯诺》上映，其中，有个镜头令人印象深刻。在延安，斯诺采访毛泽东时，正好日本飞机来轰炸，警卫人员让毛泽东躲避一下，毛泽东谈兴正浓，坚持不走，后来是彭德怀下令，将毛泽东抬了出去。这是个真实的事情，据毛泽东身边的人回忆，当时一行人到了掩蔽处，毛泽东还大谈飞机扔下的炸弹可以造锄头之类，最后还风趣地问："咱们的客人（日本飞机）走没走？"在创业的过程中，每位创业者都会遇到各种状况，遭遇到各种阻碍与挑战。面对这些新情况，有的创业者会抱怨，觉得前途艰险，甚至萌生退意。但是，坚定的创业

---

① 毛泽东：《关于蒋介石声明的声明》（1936 年 12 月 28 日），载《毛泽东选集》第一卷，人民出版社 1991 年 6 月第 2 版，第 245—246 页。

者则会思考应对新情况的方法，会把新挑战转换为前进的动力。即便是日本飞机扔炸弹，毛泽东不但不害怕，反而想到利用炸弹钢铁来造锄头，通过促进农业生产来壮大自己。如此乐观豁达的创业者，事业哪有不成功的道理啊？

一、主动去求变

创业往往不是一蹴而就的，而是一个不断尝试和反复试错的过程，通过摸索去找出通向成功的道路。由于外部环境随时都在变化，因此，需要根据外部情况的变化而灵活应变。马云辞掉教职创业后，不断调整自己的创业路径。他曾经想做连锁快餐，因此做过一个新开张的肯德基店的店长助理。后来，他发现到这行创业，自己没有优势。于是，他发挥自己的英语专长，创办了一家翻译社，做中英文翻译生意。业务量仅能维持生存，无法做大。有一次，为了帮助杭州市政府和美国一家公司谈合作，他在去美国时第一次接触到了互联网，直觉告诉他这是个大生意。1995 年，马云转行创办了当时中国最早的互联网公司之一"海博网络"，并启动了中国黄页项目。后来 ebay 成功之后，马云才找到电商这个机会，创办了阿里巴巴。所以，罗马不是一天建成的。马云之所以有今天的成就，与他过去不断寻觅机会、调整创业路子有关。若他当初不积极分析和研判外部环境的变化而主动调整创业方向，而安于已有的小生意，就不可能有现在的大生意了。这种创业特征，并非个例，而是成功创业者的普遍特征。用邓小平的话说，创业就是"摸着石头过河"。既然是摸着石头过河，那么，河水流速、河的深度、河里面石头的分布等等，都会影响过河的路径。要成功地过河，就需要根据这些因素及时调整过河的路线，才不至于在河中迷失，或者被河水冲跑。

毛泽东时刻关注国际和国内的形势变化，并以此作为创业战略调整的依据。他说："由于中日矛盾成为主要的矛盾、国内矛盾降到次要和服从的地位而产生的国际关系和国内阶级关系的变化，形成了目前形势的新的发展阶段。"①随着全球化的日益深入发展，当前的创业已经不是一个局部的事情了。在这种情况下，创业者需要有像毛泽东那样的全球化国际视野，并精准判断国际形势的发展变化趋势，并结合本地的特征，才有可能获得创业上的成功。相比其他的创业者而言，李彦宏创业自始至终都聚焦在一个行业。但是，即便是同一个行业，在不同的阶段，他的创业方向和策略也是不同的。最初，百度的商业模式是仿照美国的英克托米（Inktomi）模式。随着 Inktomi 在 2002 年被雅虎仅以 2 亿美元收购，这种模仿以失败告终。于是，李彦宏作出调整，决定复制美国的内容网络分发公司阿卡迈科技（Akamai Technologies）的模式。然而，李彦宏发现中国公司已不可能为搜索付费，于是再次调整，决定模仿硅谷公司真理（Verity）的模式，并未成功。从 2001 年开始，以搜索结果中出现付费广告为赢利模式的谷歌迅速崛起。李彦宏从中受到启发，决定采用付费广告的模式。从此，不断调整发展方向的百度终于踏上了正确的道路，并凭借本土化优势，成为中国搜索市场上的绝对老大。可见，百度的成功与李彦宏当初艰难的寻找和果断的调整是分不开的。

　　在全球化和本地化双重夹击下，创业者需要仔细研究和判断内外部因素的变化，及时作出恰当的调整。在当大环境发生变化时，创业者要像毛泽东那样，"适当地调整国内国际在现时可能和必须调整的矛盾"②，来更好地适应环境的变化，最终达成创业的目标。用一个比喻来理解毛泽东的意思，就是船要到达彼岸，航海的最终目标是既定的。但是，航行途中由于天气、风浪、潮流等等的变化，需要及时调整航行的速度、方向，才能安然抵达最终目的地。宗庆后 16 岁那年，被"安排"到浙江舟山去填海滩，一待就是 15 年。1979 年，宗庆后离开了舟山回杭州做了一所小学的校工。

161

---

　　① 毛泽东：《中国共产党在抗日时期的任务》（1937 年 5 月 3 日），载《毛泽东选集》第一卷，人民出版社 1991 年 6 月第 2 版，第 252 页。

　　② 毛泽东：《中国共产党在抗日时期的任务》（1937 年 5 月 3 日），载《毛泽东选集》第一卷，人民出版社 1991 年 6 月第 2 版，第 254 页。

但是，他骨子里有不安分的因子。1987年，他和两位退休教师靠着14万元借款，开了一个校办企业经销部，主要给附近的学校送文具、棒冰等。当时的杭州街头，常常能看到有位拉着"黄鱼车"推销冰棒的大叔。后来，他敏锐地发现中国存在普遍的儿童营养不足的问题，意识到这是一块大市场。于是，他果断调整创业方向，1989年成立杭州娃哈哈营养食品厂，开发生产的娃哈哈儿童营养口服液，一炮打响，走红全国。所以，对于创业者而言，及时恰当的创业调整，犹如马克思所说的"惊险的一跳"那样，抓住机会就能实现创业上的飞跃。

杭州自古就是创业家的天堂。毛泽东一生曾53次到过浙江，对杭州尤其关注和喜爱。新中国成立后，杭州是他外出视察到得最多的地方之一。他在繁忙的工作之余，在杭州留下脍炙人口的诗篇佳作就有八首。当宗庆后拉着"黄鱼车"在杭州大街小巷推销冰棒时，在杭州大街上，还有一位更为年轻且其貌不扬、看上去有点怪怪的叫马云的人，正骑着一辆破旧的自行车在去上班的路上。当时，他们也许从未有过擦肩而过的经历，抑或是有过，然时过境迁，当事人都已经忘记了。杭州注定是个创业家的集散地，如同西子湖畔的行人一样，一代又一代的创业家在这里出现。杭州还有一座陶朱公庙，纪念历史上著名的创业家范蠡。范蠡的创业成功，与他审时度势的调整密不可分。史学家司马迁称："范蠡三迁皆有荣名。"环境一变，范蠡就能精准预见可能的后果，马上作出调整，即便是高官厚禄，放弃也在所不惜。这种远见和及时的创业战略的调整，使得他被尊为"商圣"。在杭州，还有胡雪岩故居。胡雪岩虽然生逢乱世，却能屡屡创业得手，在乱世中如鱼得水，事业越做越大，与其对外部机遇的把握能力息息相关。后来当他日渐年老，对于外界的反应开始迟钝时，事业就遭遇了倾覆。

二、变革要快而实

机不可失，失不再来。创业者要在快速变化着的环境中找到最佳的突破口，需要的是当机立断的决策力和果断的行动力。创业者很容易陷入路径依赖的陷阱，总觉得自己的最初创业设想是完美的，即使外部环境发生了重大变化，还依然抱着原来的想法不思改变。当创业者过于依赖以往的经验，因循守旧而拒绝改变，往往是其事业开始走下坡路的时候。有个在资源类行业进行创业的人，开局做得非常好，生意可谓蒸蒸日上。但是他死守传统，不去开发创新的产品，也没有开拓创新的模式。不久，新的竞争者出现了，带来了新产品，抢走了不少客户。从此，他的生意萎靡不振，处于半死不活的状态。这样的例子，在创业者群体中并不少见。创业的成功率之所以很低，其中一个重要的原因就是创业者的因循守旧。创业者一旦拒绝改变，就会成为保守的守旧者，就会失去发展的机会。所以，对创业者而言，要永远保持警觉性和进取心，一旦形势发生变化，就需要像毛泽东说的那样，"我们必须迅速地进行改革"[1]，通过及时调整发展策略来适应新环境，而不是死守过去成功的经验而错失良机。因为意识到这一点，古代的创业家、商朝的开国君主成汤王在他的澡盆上刻上如下箴言：苟日新、日日新、又日新。每一位创业者，都应该牢记这条箴言。

　　每一次调整和变革，都会有阻力。在互联网创业上，李彦宏左冲右突，已经三次调整创业的方向，都以失败告终。但是，他并没有灰心，而是继续研究整个行业的发展趋势，并从谷歌的模式中找到了灵感和突破口。对他而言，这意味着需要再次实施重大的调整。当再次站在公司的董事们面前，他感觉到前所未有的压力。在听取了他的新方案之后，董事们用不信任的眼光看着他，看着这位之前三次都侃侃而谈而最终失败的创业者。俗话说，事不过三。董事们开始从各个方面和角度来质疑他的新方案，攻击他的火力很猛。此时的李彦宏，面对如此猛烈的攻击，内心也有些动摇。但是，毛泽东的话让他变得更坚定。毛泽东说："这个任务不但

---

① 毛泽东：《中国共产党在抗日时期的任务》（1937 年 5 月 3 日），载《毛泽东选集》第一卷，人民出版社 1991 年 6 月第 2 版，第 257 页。

必须完成，而且是可能完成的。"① 所以，虽然在董事会上备受质疑，但李彦宏仍力排众议，决意为之。现在看来，当时李彦宏的坚持和勇气是完全正确的。若没有当时他的果断，百度很可能现在就出现在互联网创业阵亡的名单上了。可见，创业企业存亡之间，其实是命悬一线。因循守旧、拒绝变化者，往往会被淘汰出局，而主动思变者，往往能够找到成功的道路。

当然，任何变革都会有阻力，不会是轻而易举就能完成的。尤其是在创业过程中，当愿景和发展战略需要进行调整时，往往就会陷入无休止的争论之中。这种层面上的调整，有个专用名词叫"修正"（revision），就是创业方向上的重大调整。反对这种调整的，就会对变革者扣帽子，称其是在搞"修正主义"（revisionism）。所以，当马云、李彦宏主张调整创业方向时，都被创业团队其他成员视为"修正主义者"，认为创业方向的调整不可行。于是，创业的队伍中就会出现修正与反修正的对立，消耗创业的力量。在这种情况下，创业者需要有过人的勇气和魄力，能顶住压力，坚决果断地实施调整。毛泽东说："这种转变是不容易的，需要重新学习。重新训练干部，成为主要的一环。"② 创业方向上的每次重大调整，都意味着需要重新学习新的知识，需要在新的方向和领域上去开拓和耕耘，因此，创业者及其团队只有善于学习，才能与时俱进，在实现创业转型的同时，快速适应新环境。在这个转型过程中，反对改变者往往会陆续离开创业团队。所以，创业者需要重新训练干部，以补充干部流失的空缺，同时，也使得干部能更好地适应新的创业挑战。

在实施创业方向调整的过程中，创业者不仅动作要快，而且还需要步步为营，稳扎稳打，才能确保整个调整的过程可控和有序。创业的调整

---

① 毛泽东：《中国共产党在抗日时期的任务》（1937 年 5 月 3 日），载《毛泽东选集》第一卷，人民出版社 1991 年 6 月第 2 版，第 253 页。

② 毛泽东：《中国共产党在抗日时期的任务》（1937 年 5 月 3 日），载《毛泽东选集》第一卷，人民出版社 1991 年 6 月第 2 版，第 263 页。

过程，是非常复杂的，可谓步步惊心。稍有不慎，可能就满盘皆输。在这个调整过程中，除了来自内部的阻力之外，还要提防来自外部的颠覆，如同毛泽东所指出的那样，"他们无疑地又要来破坏"[1]，所以，创业者需要时时警惕。在美国，当创业者带着美好的创业构想找投资者谈融资时，投资者通常会问一句话："请问这家公司创立后，如何避免被亚马逊压垮？"亚马逊虽然是一家已经成立超过 20 年的主流企业，但经营方式却与创业公司无异，时时刻刻虎视眈眈地审视新创企业。一旦发现新创企业可能对它构成威胁，亚马逊就会凶狠地出手去摆平掉新创企业。因此，新创企业在进行战略调整时，一旦威胁到这些巨无霸企业的利益，就会遭到这些企业的破坏和颠覆。所以，新创企业的战略调整，处处布满了陷阱，风险无处不在。这种情况尤其需要创业者能够稳健驾驭创业方向调整过程，步步都能踩到实处，巧妙与这些行业巨头周旋，灵活规避风险，进而壮大自己。

三、未雨绸缪才好

常言道："穷则变，变则通，通则久。"然而，对于创业者而言，若真到穷尽之时再来谋求变革，往往为时已晚，错失变革良机。穷则思变不如未雨绸缪，创业者应当以前瞻性的战略眼光，在危机到来之前把握变革时机，更有利于新创企业以稳健的姿态应对风云变幻的市场局势。所谓的未雨绸缪，就是在困境出现之前就已经在积极主动地做好各项应对和变革的准备。拿毛泽东的话说，就是"必须用跑步的速度去准备"[2]，才能不至于落后和被动。就是说，创业者在做准备时，要快速而迅捷。若准备迟缓，不仅不能做好足够的变革准备，还会错过变革的时机。曾经有人在北京开了家养生馆，这家养生馆设计得很有品位，提供的服务也有独特性，目标

165

---

① 毛泽东：《中国共产党在抗日时期的任务》（1937 年 5 月 3 日），载《毛泽东选集》第一卷，人民出版社 1991 年 6 月第 2 版，第 258 页。

② 毛泽东：《中国共产党在抗日时期的任务》（1937 年 5 月 3 日），载《毛泽东选集》第一卷，人民出版社 1991 年 6 月第 2 版，第 256 页。

客户群是来北京旅游的外国客人。开张以后，生意还算不错，前来光顾的客人不少，其中外国游客是主体。由于本地客人比较少，因此，有人建议应当调整定位，以重点吸引本地中高端客户。但这个观点并未被重视，这家养生馆也没有采取任何措施，因为北京奥运会很快就要召开了，还会有更多的外国游客来北京。但随着奥运会的临近，政府颁布了养生馆这类服务业的夜间营业时间限令，同时，严格限制非奥运会相关外国人到北京来旅游。结果，养生馆生意一落千丈。奥运会结束了，这家养生馆也破产了。所以，行动迟缓就会被动，甚至直接导致创业的失败。

中国有句古话："没有远虑，必有近忧"。创业者需要远虑，就是在完成当前的创业工作之外，还要积极思考未来可能出现的情况、挑战等。因为有这些针对未来的思考，就会产生对于当下工作的更多要求，其中之一就是要在创业开拓的同时，也积极做好变革的各项准备。中国哲学中有个著名的图，就是"阴阳鱼"，说明事物发展的正反包容性。所谓创业，就是要积极对外开拓。从阴阳哲学上来说，这是创业的"阳"，就是不断地拓展和自我壮大。但是，同时也需积极做好各项准备，便于自我变革，甚至是自我颠覆。这可以看成是创业中的"阴"。过去的创业理论，大多强调创业中的"阳"面，而忽略了其"阴"面。事实上，如同进攻中的防御，积极准备应变对创业而言，同样具有重大的意义。准备不充分，或者准备不恰当，不仅会阻碍创业走向成功，甚至会加速创业的失败。毛泽东说："我们并不反对准备，但反对长期准备论，反对文恬武嬉饱食终日的亡国现象，这些都是实际上帮助敌人的，必须迅速地清除干净。"① 毛泽东列举批评的这种准备方法，是种消极应付式准备方法，不是为了应对未来挑战而有意识去准备，而是为了准备而准备。结果，就会出现毛泽东所说的"应付主义"，不但对创业没有积极作用，而且还会消耗初创时期有效的资

---

① 毛泽东：《中国共产党在抗日时期的任务》（1937 年 5 月 3 日），载《毛泽东选集》第一卷，人民出版社 1991 年 6 月第 2 版，第 256 页。

源，形成不良的风气。

现在，国家在积极推行"大众创业、万众创新"政策，通过鼓励和激发社会大众的创新与创业来推动经济的转型与发展，实现产业的升级换代。不过，也有一些人认为这个政策可行性不大，理由是创业并不适合所有人，而只适合少数人。这种观点把创业视为少数人的特权，认为只有少数人才可能具备创业这一特质，才可能去创业。这种观点在投资者圈子里，尤其盛行。究其原因，主要是投资者所希望挑选的成功创业项目，往往都是精挑细选之后少之又少的项目。从社会创业的全局来看，这类项目的确是属于少数。从某种意义来说，这是一种狭义上的创业观，认为只有投资机构看得上的创业才叫创业。事实上，大量的投资机构接触不到的、甚至被投资机构所瞧不起的创业项目，都在各自领域中顽强地生存和发展着，都体现了创业者的勇于开拓精神，为社会作出了贡献。毛泽东说："我们的要求是依靠多数和照顾全局。"[①] 所以，社会创业不能仅仅依靠少数的创业者，而是需要依靠大多数，依靠社会大众。正是在这种全局观的指导下，"大众创业、万众创新"政策的出台，激活了社会创业的积极性，形成了百舸争流的火热创业局面。这是一种广义的、全局性的创业观，依靠的是大多数人的创业智慧，而非少数人的精英式创业。

"大众创业、万众创新"政策还有更深一层意义，就是要使创新与创业成为中华民族的主流文化的重要组成部分。前几年，英国李约瑟研究中心（the Needham Research Institute）的研究团队从所有古文献记载中，挖掘出中国从古至今技术发明量演变历程。初步的研究结果，已通过曲线的方式显示了某个领域中国技术发明史。事实上，中国文化中是有发明创造的基因的，比如"四大发明"等。但到了近代，中国在科技发明上，落后于西方社会，这就是所谓的"李约瑟之谜"。到了近代之后，中国文

---

① 毛泽东：《中国共产党在抗日时期的任务》（1937 年 5 月 3 日），载《毛泽东选集》第一卷，人民出版社 1991 年 6 月第 2 版，第 264 页。

化中的创新与创业似乎有明显式微的迹象。"大众创业、万众创新"的提出，不仅能推动社会大众创业的实践，还能形成一种风气和氛围，使得创新与创业成为一种文化。这是一个非常有远见的举措，未雨绸缪，深思远虑。一旦形成了创新与创业的文化，那么，就会出现一批又一批创业者以前仆后继的方式，源源不断地进行创业，形成创业的洪流。创业家需要有远见。即便在创业之初，各种条件都很艰苦的情况下，毛泽东就已经看到文化建设的重要性了，他说："实行必要的文化建设。"[①] 文化是一种无形的力量，但是，会影响有形的创业实践活动。王安的创业，曾经风靡全球，引领电脑开启了一场革命。但是，他的创业过于依赖少数人，而没有形成一种企业文化。结果，当王安病故，显赫一时的王安电脑很快就分崩离析了。这个创业的实例，再次提醒世人，依赖于少数人进行创业的风险是很大的。要使得创业具有可持续性，就需发动多数人，形成创业的文化和氛围。

第三节　创业就是要追求成长

在北京沙河有一十字路口，树立着一座扬鞭跃马的青铜塑像，这就是李自成的塑像。当年李自成就是带着兵马从八达岭长城豁口打过来的，经过沙河，呈泰山压顶之势一举攻克北京城。李自成从一个基层公务员，下海创业，结果"马踏幽燕、定鼎京城"，创业团队摧毁了腐朽的明王朝统治，建立了中国历史上具有重要影响的政权"大顺朝"。这样的创业成绩，可谓是耀眼无比。但是，一旦进入北京城，李自成的创业似乎就戛然而止了。最终，在山海关一败涂地，自己也兵败身亡。不少创业者经过李自成的塑像，都会有敬仰之意，因为李闯王的创业绝对是闯出来了。但

---

① 毛泽东：《中国共产党在抗日时期的任务》（1937 年 5 月 3 日），载《毛泽东选集》第一卷，人民出版社 1991 年 6 月第 2 版，第 261 页。

是，敬仰之中也不免唏嘘不已。在创业形势大好的格局下，李自成沉浸在攻占北京的胜利中，再无进取之心了。从某种意义上来说，不是对手打败了李自成，而是胜利打败了他。

一、破解"成功陷阱"

当世人在感叹李自成的人生起伏时，有些创业者在创业小有成绩时，却往往不自觉地变成了进入北京后的李自成。这就是所谓创业的"成功陷阱"。创业者经过努力，好不容易比较幸运地获得了一定的成功。这个时候，对创业而言，却恰恰是最危险的时期。在新创事业有了一定局面时，创业者以为已获得成功，这种成功的感觉就会麻痹创业者的神经，让创业者感觉志得意满，飘飘欲仙。创业上的成功，会让一个人从勇于开拓走向坐享其成，斗志就会被侵蚀。当创业者安于现状的时候，新创事业就会开始下滑。这种创业者，就像毛泽东所描述的那样，"只是把自己停顿在旧位置，一步也没有前进"[①]，最终被创业的大潮所淹没。在胜利面前，创业者一旦让自己停顿在原地，事业不但会出现停滞不前的情形，而且还会出现倒退，甚至因为出现逆转而功败垂成、功亏一篑。创业如同逆水行舟，不进则退。创业者往往不是在艰难困苦的环境中遭遇失败的，而是在拥抱胜利的同时，被胜利冲昏了头脑，放松了警惕，不再有进取心，于是，失败就接踵而来了。要突破这种"成功陷阱"，创业者需要抱定一个信念，就是无论成功与失败，创业都必须往前走，绝不能出现在原地踏步的情形。

2004年年初，谷歌旗下的社交网络Orkut正式上线，这是世界上的第一个社交网络。同年，Facebook步其后尘，也正式上线。当时在谷歌的一个名为Orkut的工程师发现，可以通过网络建构出新的虚拟社交途径，

169

---

① 毛泽东：《为争取千百万群众进入抗日民族统一战线而斗争》(1937年5月8日)，载《毛泽东选集》第一卷，人民出版社1991年6月第2版，第272页。

于是，以其自己的名字命名的 Orkut 社交网络被研发出来。但是，当时的谷歌从开发出一个超级搜索算法开始，一路过关斩将，将很多其他的搜索引擎都斩落马下，已经成为互联网领域中的杰出成功者。所以，当 Orkut 这种全新互联网社交方式被研发出来后，并没有获得谷歌高层的重视。过去的成功把谷歌的双眼给蒙蔽了，谷歌也由此错过了一个执社交网络领域之牛耳的机会。今天，Facebook 已成为全球范围内首屈一指的社交网络，而谷歌则黯然宣布关闭 Orkut，与一次伟大的创业机会擦肩而过了。毛泽东说："时局已经前进了，不要把它拉向后退。"① 无论多么伟大的创业者，一旦获得了阶段性成功，关键的是要往前看，去进一步发现和挖掘出继续创业的机会，并勇往直前，而不是往后看，被一时的胜利蒙蔽眼睛。任何创业，一旦成功就成为历史，就成为过去。创业者若沉浸在成功中而裹足不前，则势必被时代抛弃，创业者也会从时代的弄潮儿沦落为时代的拖后腿者。

有位浙江企业家在天津劝业场有个很大的商场，生意做得很红火。这位企业家对于所取得的成绩很自豪。当初，他从浙江来天津，一切从零开始进行创业。通过这些年的奋斗，在劝业场开办商场，创业获得了成功。但是，过去的成功让他失去了进取心。他认为，自己的商场经营得是最好的，会继续成为天津零售业的领头羊。创业者一旦获得成功，往往头脑发热，会高估自己的实力，而低估形势的发展。毛泽东说："根据这种估计，当然无所谓新阶段和新任务，情况回到旧阶段，或者还不如。这种意见，我以为是不对的。"② 就以天津这位创业者为例吧，其实这家商场有不少问题，发展也很缓慢，周围的对手却一步一步赶超上来。只不过，这一切这位创业者却看不见，因为他还沉浸在若干年前的成功之中。这样的

---

① 毛泽东：《为争取千百万群众进入抗日民族统一战线而斗争》（1937年5月8日），载《毛泽东选集》第一卷，人民出版社1991年6月第2版，第275页。

② 毛泽东：《为争取千百万群众进入抗日民族统一战线而斗争》（1937年5月8日），载《毛泽东选集》第一卷，人民出版社1991年6月第2版，第271—272页。

例子，在创业中并不少见。

　　毛泽东说："把党的方针变为群众的方针，还须要我们长期坚持的、百折不挠的、艰苦卓绝的、耐心而不怕麻烦的努力。没有这样一种努力是一切都不成功的。"[①] 这一语，道破了破解"成功陷阱"的关键。对于创业者而言，成功永远都是阶段性的，既然是阶段性的，那么，追求成功的道路永远都没有终点。所以，创业者要破解"成功陷阱"，就不要太在意所谓的成功，而是要永远都持之不懈地努力，永远都在奋斗，永远都在勇往直前的创业路上。当创业者想当然地认为自己已找到了成功的方程式的时候，就会被暂时的成功蒙蔽，就会看不到隐藏在黑暗之中的对手正在磨刀霍霍，时刻都在准备着取而代之。毛泽东提醒说："对的，他们总是在企图破坏我们，我完全承认这种估计的正确，不估计这一点就等于睡觉。但问题在破坏的方式是否有了改变。"[②] 但是，被胜利冲昏头脑的创业者往往看不到这些潜在的危机。这些对手其实早就已经注意到他们所谓的成功，正在复制类似的成功模式，然后在该模式的基础上做得更好。所谓的成功者打开香槟洋洋得意地准备大摆宴席、宴请四方宾客时，这些对手可能早就潜入其中，在一旁悄悄打量四周，准备着打出致命一击。

二、成长，成长，再成长

　　创业的过程有进有退，有战略进攻，也有战略防御。因此，一些创业者以此为理由和借口，为自己创业小成之后的坐享其成提供依据。毛泽东说："一时的后退现象，不能代替总的历史规律。"[③] 总的历史规律是向前发展的，真正的创业者不会停下向前的脚步，而是永不懈怠地去创业，

---

　　① 毛泽东：《为争取千百万群众进入抗日民族统一战线而斗争》(1937年5月8日)，载《毛泽东选集》第一卷，人民出版社1991年6月第2版，第279页。

　　② 毛泽东：《为争取千百万群众进入抗日民族统一战线而斗争》(1937年5月8日)，载《毛泽东选集》第一卷，人民出版社1991年6月第2版，第273页。

　　③ 毛泽东：《为争取千百万群众进入抗日民族统一战线而斗争》(1937年5月8日)，载《毛泽东选集》第一卷，人民出版社1991年6月第2版，第275页。

去追求更大的成功。这个创业过程是个没有止境的过程，因此，真正的创业者一直是在创业的路上，不管已经取得了多大的成绩。因为总的历史规律的向前发展是不可阻挡的，所以，创业者即便是在实施战略退却时，也是为了更好地向前发展。毛泽东在"四渡赤水"的过程中，果断地在对手的包围中进行穿插，有时也需要退却，但是，最终的目的还是突围而出，进而战胜对手。为了这个目的，毛泽东领导的队伍不惜通过艰苦卓绝的长征来实现战略退却，看上去是撤退了，实质上是保存了实力，沿途启发了民众，为革命创业的更大局面奠定了基础。所有这些退却的行动，目的是卷土重来，是为了去实现更大的创业目标。所以，真正的创业者都是眼睛看着前方，都是要去达成更高的创业目标。即便是采用迂回甚至撤退的策略，最终目的也是为了去实现更高的创业目标。可见，是否永不懈怠地追求成长，可以作为衡量是否是真正创业者的重要指标之一。

台湾企业家尹衍梁从其父亲手里接过企业，但是他不安于守成，而是创业不止，不断开拓新的版图。他有句口头禅，说："好，还可以更好！"意思是说，尽管已经做得不错了，事业也取得了相当好的业绩，但是，追求卓越是个永无止境的过程，因此，还要去追求更好的成绩。这种精益求精、追求不息的精神，就是创业家的精神，是一种永不满足现状的精神。尹衍梁喜欢建筑业，盖了不少豪宅，受到了市场的追捧。他盖的房子即便价格比一般的房子要贵，但是，质量很好，所以，不少老顾客都来购买。但是，当有人问他：目前为止，他对自己盖的哪幢房子最满意？他的回答永远都是：下一幢。这种永不满足现状的劲头，就是创业的起点。

毛泽东说："观察问题应从这一点出发。"① 对于创业而言，"这一点"是哪一点？其实就是看创业者是否能够永无止境地去追求成长和进步。创业者需要有这种精神，就是要永无止境地去挑战自我、否定自我，进而去

---

① 毛泽东：《为争取千百万群众进入抗日民族统一战线而斗争》(1937年5月8日)，载《毛泽东选集》第一卷，人民出版社1991年6月第2版，第273页。

追求更高的目标。创业者一旦丧失了这种精神，就失去了创业的根本，就会安于现状而不思进取，事业将不可避免走下坡路。所以，判断一位创业者能否在未来取得更大的成绩，不在于其业已取得的成绩的大小，而在于其是否还拥有永无懈怠的斗志和进取心。张朝阳创业刚出道时，可谓横空出世，技惊四方，绝对的互联网产业的弄潮儿和领军者。但后来关于他的八卦新闻多了，而事业上的新闻鲜少听到。如今，在国内互联网领域，他曾经的光芒，已黯淡了很多。

创业的定义有广义与狭义之分。狭义的创业，就是创办一家企业，创业者往往就是企业的创始人。广义的创业，则是一切去追求更高目标、在各自领域开创一片新天地的活动。因此，广义的创业分布在各行各业，每个人都可以在各自的领域进行这种广义上的创业。正是基于这种广义上的创业，国家提出和积极推动"大众创业、万众创新"的政策，号召各行各业的社会大众用创业的情怀去推动手头工作，去激发创新思维，去积极进取。但是，社会上也有不少人不理解这种政策，有人感到忧虑，甚至认为全民创业是历史的倒退。对于这种观点，可以套用毛泽东的一句话进行反驳，他说："这是一种不了解历史发展规律而发生的不适当的忧虑。"[①]新陈代谢是万事万物发展的必然规律，历史的车轮总是不断向前发展的，而人民群众是推动历史进步和发展的根本动力。"愚公移山"的创举，完全是源自社会大众的创意和创业，结果，把一项看上去似乎是不可完成的任务居然给实现了。可见，社会大众的创造力和创业的能量是无穷无尽的，只要妥善加以引导，就能汇成创业的洪流，推动社会的进步和发展。因此，"大众创业、万众创新"的政策是符合历史发展的重要政策，为社会进步导入正能量。

美国国家地理资深编辑彼得·米勒写过一本书，名为《群的智慧：

---

①　毛泽东：《为争取千百万群众进入抗日民族统一战线而斗争》(1937年5月8日)，载《毛泽东选集》第一卷，人民出版社1991年6月第2版，第274—275页。

向蚂蚁、蜜蜂、飞鸟学习组织运作绝技》，这本书的封面有一张很有趣的图，一群小小的蚂蚁抬着一头体积庞大而笨重的大象。这个看似不可能的任务，却暗示着蚂蚁们的齐心协力所能引爆的巨大能量。斯坦福大学的生物学家黛博拉·戈登发现一个蚁群能够解决的问题，是单只蚂蚁不可能办得到的，例如找到通往最佳食物来源的最短路径、保卫领土不被入侵。个别的蚂蚁可能是一个个小笨瓜，一旦形成群体，却能对环境作出迅速有效的反应，靠的就是"群体智慧"。"蚂蚁并不聪明，聪明的是蚂蚁群体"，黛博拉·戈登强调说。毛泽东的革命创业之所以成功，很重要的一个原因是充分激发和调动了社会大众的创业热情，"群众路线"是革命创业成功的三大法宝之一。单个群众力量和智慧都有限，但是，把无数的群众组织起来，就能产生巨大的力量。"大众创业、万众创新"是对革命创业的继承，是"群众路线"在新时期的体现。曾经安徽凤阳的几个农民，却引发了席卷全国的农村改革和创业大潮。1969年，农民出身的鲁冠球带领6名农民，集资4000元，创办宁围公社农机厂进行创业，现已发展成为资产近百亿元的企业集团。可见，社会大众蕴藏着巨大的创业智慧和能量，"大众创业、万众创新"政策就是要充分调动社会大众的"群体智慧"，使得人人都是中国经济新引擎。从全国各地兴起的"淘宝村"可以看出，又一波社会大众的"群体智慧"正在被激发出来，形成一股推动经济成长的新动力。

三、励精图治的创业家

创业者和创业家有什么区别？在创业的，不一定都能成为创业家。创业家需要有两个基础条件：其一就是有创业的成绩，在某个领域开辟了一片新天地；其二就是有持之以恒和持续不断的创业精神。著名的创新理论学者熊彼特认为，经营企业的不一定都是具有创业特征的企业家，他说："只有当他实施新的组合时，他才是企业家。一旦他建立起自己的企业，安定下来，他就失去了这一特征。所以很少有人在几十年的生涯中总是一个企业家。"因此，可以用"内圣外王"来形容真正的创业家，当

174

创业者内心高尚而充分追求卓越的开拓精神时，外部形象就伟大，就能通过持之不懈的创业活动去获得事业上的成就。熊彼特强调勇于创业的企业家精神，他甚至用诗一般的语言讴歌执着于创业的企业家精神："他有一种梦想和意志，去打开一片天地；他有一种征服的欲望，证明自己比别人优越的冲动。"这是一种创业家的精神，就是一种永无止境地去探索和开拓的精神。在这种创业家精神的驱动下，创业者就会不畏艰险、永无止境地去挑战未知的领域而开辟出新天地。耐克（Nike）创始人菲尔·奈特2004年辞去了CEO的职位后，依然闲不住，转而到电影行业进行创业，发行其第一部长篇儿童影片。肯德基的创业者哈莱德·桑德斯66岁才开始创业，褚时健上山种橙子创业时都已经七十多岁了。对于创业家而言，是没有退休这个词的。

　　创业大潮席卷全球，推动着全球经济和社会的发展与进步。除了史蒂夫·乔布斯、马克·扎克伯格、马云等这些伟大的创业者之外，无数默默无闻但为经济增长贡献了95%的份额的小企业主，也是创业家队伍中的重要成员。毛泽东说："两篇文章，上篇与下篇，只有上篇做好，下篇才能做好。"[①] 创业者的内在创业家精神和外在创业的成就之间是互相关联的，如同好文章的上下篇，是不可分割的。当我们在肯定这些新创大企业创始人的创业家精神时，我们丝毫不应该也不能低估广大小企业主所体现出来的创业家精神。《华严经》说："一花一世界，一叶一如来。"千千万万的小企业主，在各自力所能及的范围内通过自己的艰苦创业，不管其事业做得如何渺小或微不足道，但是，其身上也体现了勇往直前、勇于探索的创业家精神，也是值得充分肯定的。德国著名的管理学思想家赫尔曼·西蒙发现世界各地都有一批小企业，在其各自的小市场中，默默且不知疲倦地耕耘着，汇总起来的力量却推动着整个经济往前发展，因此，

175

---

　　① 毛泽东：《为争取千百万群众进入抗日民族统一战线而斗争》(1937年5月8日)，载《毛泽东选集》第一卷，人民出版社1991年6月第2版，第276页。

这些小企业主被尊称为"隐形冠军"。"大众创业、万众创新"政策，就是要进一步激发这些"隐形冠军"的创业能量，使其成为经济增长的新引擎。

创业家是如何炼成的？应该说，后天的学习和努力是关键。创业家精神就是永无止境探索与开拓的精神。毛泽东说："我们无疑地应该学习这些东西，把自己改造得更好一些，把自己提高到更高的革命水平。"① 也就是说，任何普通社会大众，都可以通过后天的学习和创业实践，来掌握创业的技巧，培养出创业家精神，进而为追求更高的创业目标而奋斗不息。毛泽东用了"改造"一词，说明成为创业家的道路是艰辛的，创业者需要不断自我磨炼，才能培养出勇往直前、越挫越勇的创业家精神。歌德曾写道："人世间的惊涛骇浪，最能磨炼人的品性。"只有经得起创业实践的洗礼，才能培养出坚韧不拔的创业家。美国西北大学劳埃德·谢夫斯基教授采用实证研究的方法，历时六年，采访了全世界200多位具有非凡创业成就的企业家，完成了《企业家不是天生的》一书。这个研究表明，从一个普通家庭出身的孩子，通过后天的努力和持之不懈的创业，能抓住机遇而成为成功的企业家。"大众创业、万众创新"政策，就是要鼓励普通大众，勇于投身于创业实践，通过干中学等方法来自我学习和自我磨炼，进而成长为能开疆辟土、独当一面的无畏的创业家。在一个社会中，当这样的创业家不断涌现出来时，那么，经济活力就是强大的，社会就会更加繁荣。

罗马不是一天建成的。这对于创业的启示就是，创业往往不是一蹴而就的。有些创业者，在获得一定的成功后，就会出现停滞不前的局面，似乎创业已全部结束了，无须再作奋斗了。另一种想法会认为说，目前的事业格局和版图已经够大了，再多的努力和投入，也不见得就能出更好的效果，所以，守成即可。创业者一旦有这种守成的想法，就会蜕变成保守

---

① 毛泽东：《为争取千百万群众进入抗日民族统一战线而斗争》（1937年5月8日），载《毛泽东选集》第一卷，人民出版社1991年6月第2版，第277页。

者，不思进取，全无斗志。古今中外，这种创业者失败的例子，比比皆是。究其原因，主要是这类创业者对局势的判断不全面。毛泽东说："原因在于他们观察时局不从根本之点出发，而从许多局部和一时的现象（佐藤外交，苏州审判，压制罢工，东北军东调，杨虎城出洋等等）出发，于是形成一幅暗淡的画图。"[①] 这说明创业者一旦被局部所迷，就容易出现误判，导致创业受挫或失败。如同前文所提到的，谷歌早于 Facebook 研发出了社会网络系统 Orkut，并第一个上线了该系统。但当时谷歌的网络搜索系统可谓是风光无限，所向披靡。当谷歌决策层开会研究 Orkut 的发展政策时，所有人都把焦点关注于搜索引擎的巨大成功之上，而对于网络社区则"形成一幅暗淡的画图"，没有人看好这个方向。最终，会议决定不予以重点支持。这样就给了后来者 Facebook 一个绝好的机会，Facebook 后来居上，不仅获得了巨大的成功，而且成功压制了 Orkut 的发展，使其黯然离场。这个案例说明，与其说 Facebook 强大，还不如说当时的谷歌已经没有创业的敏锐嗅觉了。真正的创业家，都是生命不息，创业不止。被巨大成功光环所笼罩下的谷歌，却让已经到手的机会从指缝间溜走了。这样的憾事，在古今中外创业实践中，并不少见。

---

① 毛泽东：《为争取千百万群众进入抗日民族统一战线而斗争》(1937 年 5 月 8 日)，载《毛泽东选集》第一卷，人民出版社 1991 年 6 月第 2 版，第 272 页。

第七章　创业的实践论

　　创业本质上是一门实践的学问，每个创业者都有自己的一套通过创业实践而得来的创业理论。被誉为"当代毕昇"的王选教授，无疑是当时创新与创业的一面旗子，其传奇般的创业历程，令无数人痴迷。在一次讲座上，王选回忆自己的创业时，说："我就从 1975 年自己动手做，一直做到 1993 年的春节。一直做，做了差不多 18 年，18 年的奋斗。18 年里头没有任何假日，没有礼拜天，也没有元旦，也没有年初一。"创业之初，计算机同行知道王选在搞激光照排，很看不起他，说："王选怎么去搞黑不溜秋的印刷？"但是，王选通过自己的创业实践发现，真实的情况并非如此。他发现印刷行业中要用到很多计算机方面尖端的技术，这是一个充满挑战、前景美好的领域。于是，他就一头扎进去，一搞就是 18 年。这种独辟蹊径的创业实践，让王选成功跨越了计算机软件和硬件两大领域，发明开发了汉字激光照排系统并形成产业，取代沿用了上百年的铅字印刷，推动了我国报业和出版业的跨越式发展，创造了巨大的经济和社会效益。王选在无人区里出成果的成功创业，没有先例可参照，创业的知识不是来自教科书，而是来自 18 年创业的实践。在创业上，只有不断地摸索、实践、总结修正、再实践，才能获得真正的革命性成功。

第一节　实践是认识的来源

创业家都有自己独到的学习方式，都擅长从实践中找到最适合自己的学习途径。同样是为了学习英语，马云在中学时期发现西湖边上经常有外国游客，于是他常常清晨跑到西湖边上主动给这些老外当导游，借机找老外"聊天"。在大学期间，他更是几乎每天都一个人跑到宾馆门口跟老外"对话"。通过这种方式，不仅大大提高了他的英语口语能力，而且还为他了解外面的广阔世界提供了一个重要渠道。现在，马云在国际上都能用非常流利的英语侃侃而谈，国际范十足，而这一切是他过去独特的英语学习实践练成的。王选在他二十多岁的时候，发现自己的英语能力成为科研的重要瓶颈，于是决定锻炼英语听力。从 1962 年开始，他听 Radio Peking，后来就去听外国的台，听了整整四年，一直听到"文化大革命"。"文化大革命"期间，王选被揭发"收听敌台"，吃了不少苦头。但王选认为："但这件事情也是我一生里头一个重要的抉择，锻炼听力给我带来的好处非常大。"马云从学习英语，接触到了美国互联网，才有了后来的阿里巴巴。王选通过"收听敌台"学习英语，却为自己的创业打开了一扇窗，从此更加坚信自己的判断和选择，从"无人区"中进行创业而获得突破性成功。无论是马云还是王选，都体现了创业家的一个共同特征，就是重实践。

一、不能"纸上谈兵"

一说到纸上谈兵，就会想起赵括，输掉了长平之战，导致四十多万赵军被杀，赵国从此一蹶不振。其实，在赵括之前，类似的纸上谈兵惨剧

179

早已经上演过了。燕国名将乐毅一口气攻下齐国七十多座城池，齐国仅剩下两座小城池。这时，燕国用从无带过兵的大将军骑劫替换乐毅，想一举攻破齐国仅剩的这两座小城。结果，骑劫无实战经历，而被田单的火牛阵打败，骑劫也在此战中被齐军杀死。齐国用五千兵力把二十多万燕国大军打得一败涂地，一举夺回了丢失的七十多座城池。与廉颇和乐毅相比，赵括和骑劫所读的兵书战策并不见得少，对军事理论的掌握也很深厚，但是，在军事实践上，这两人都远远不及廉颇和乐毅。创业活动与军事活动有相通之处，都是以实践为基础的学问。在大学里，经常听到关于教授创业的例子，真正创业成功的教授是比较少的。大多数教授创业，都是以失败告终。不是教授们的学识不够，而是对创业实践了解得不够多。举个简单的例子，我认识一位大学教金融投资学的教授，他去股市炒股票，却屡屡被套，亏了不少钱。但他并不是很郁闷，因为他有个做护士的爱人，平时喜欢炒股票，不仅把他亏的钱都给赢回来了，而且还赚了不少。所以，会读书不一定会创业，但成功的创业者都是善于学习的人，因为，这些人善于从实践中去学习知识，并学以致用。

毛泽东说："人的认识，主要地依赖于物质的生产活动，逐渐地了解自然的现象、自然的性质、自然的规律性、人和自然的关系；而且经过生产活动，也在各种不同程度上逐渐地认识了人和人的一定的相互关系。"[1] 关于创业的知识，起源于创业的实践。离开了创业活动，就不可能获得相关的知识。当王选在激光照排领域进行创业时，很多计算机同行不理解，觉得这是个死胡同，不可能成功。导致这种片面判断的主要原因之一，就是这些人没有在这个领域进行创业的实践，因此不会了解其中的无价知识。沃伦·巴菲特在 2014 年致股东公开信中说："我曾经说过，我在生意上的经验对我的投资有所帮助，而我的投资经验反过来又让我成为更好的

---

① 毛泽东：《实践论》（1937 年 7 月），载《毛泽东选集》第一卷，人民出版社 1991 年 6 月第 2 版，第 282—283 页。

生意人。二者的经验是互通的。有一些真理只有通过实践才能彻底领悟。"为了进一步说明其中的道理，他以弗雷德·施韦德的作品《客户的游艇在哪儿?》为例，指出里面有一幅彼得·阿诺的漫画，画中懵懂的亚当看着好奇的夏娃，文字说明是"有一些事情无论通过文字还是图片都无法让一位处女彻底明白"。这种比喻，说明了社会实践的重要性。毛泽东说："一切这些知识，离开生产活动是不能得到的。"① 关于创业的知识，最终还得通过创业实践来获得。

　　创业者从实践中学习新知识，需要的是多动手、善于观察和勤于思考。毛泽东说："《三国演义》上所谓'眉头一皱计上心来'，我们普通说话所谓'让我想一想'，就是人在脑子中运用概念以作判断和推理的工夫。"② 鲁冠球 15 岁辍学，曾经是个打铁匠。他没有受过正规教育，也没有系统的管理经验，但后来他创业的领域包括农业、矿产、新能源、金融等十大产业，控制了近二十家海外公司。究竟是什么让他炼成了如此强大的创业思想体系？答案只有一个，就是创业实践。有一次，鲁冠球带着产品去参加商品交易会，但是，会场的人认为他的生意太小，就是不让他进会场。面对这种尴尬的局面，一般人都会知难而退了，但是，没有受过系统教育的鲁冠球，则是"眉头一皱计上心来"，就在会场外面的地上把展品展示出来，供来往的人参观和问询。为了弄清楚会场里面的价格情况，鲁冠球还主动和从会场出来的人攀谈，从中获得了会场里面的同类价格信息。当他得知会场里面，买卖双方因为价格问题，无法达成共识而买卖无法成交。于是，他灵机一动，马上大声吆喝，说明自己产品的物美价廉。结果，潜在的客户被吸引了过来，鲁冠球的产品也一炮打响。鲁冠球的这种创业知识，在教科书中都找不到，更无法从教科书中学到，而是他

---

　　① 毛泽东:《实践论》（1937 年 7 月），载《毛泽东选集》第一卷，人民出版社 1991 年 6 月第 2 版，第 283 页。

　　② 毛泽东:《实践论》（1937 年 7 月），载《毛泽东选集》第一卷，人民出版社 1991 年 6 月第 2 版，第 285 页。

自己从当时的创业实践中想出来的，是一种活生生的创业知识。这种创业知识简单但能够立竿见影地解决问题。依靠这种途径，鲁冠球不断通过创业实践来积累知识，最终提炼出极有价值的创业哲学和思想体系。

北京大学拥有美丽的校园，这是人人都向往的地方。每年暑假，成千上万的家长带着子女，到北京大学来参观，流连在北京大学的湖光塔影之间，很有感触。其实，除了这些自然风景之外，还有一道亮丽的风景，就是在北京大学转角就能邂逅的创业者。从北京大学东南门进来，就能看到一栋高大的教学楼，外墙上刻着"李兆基楼"的字样。李兆基当年创业时，腰间装了自己的全部家当 1000 元，就去闯香港了。几十年创业下来，他现在已经可以捐数亿给北京大学来支持教育发展了。如同毛泽东所说的那样，"只有人们的社会实践，才是人们对于外界认识的真理性的标准"[1]，创业者的判断是否正确，关键在于能否经得起创业实践的检验。李兆基通过自己几十年的创业实践，总结出一条创业基本原则："小生意怕食不怕息，大生意怕息不怕食。"他认为，做小生意最重要的是勤力，艰苦奋斗。而做大生意，最紧要是计算精确。生意额大，牵涉的本钱和盈利大，出入的利息，多一分少一分都很重要。这样的创业经，不是来自书本，而是来自李兆基自己几十年的创业实践。可见，创业家是在实践中去发现和检验真理的，而不是照本宣科地去套用书本里面的知识来创业。物理上有个不确定性原理，是量子力学的一个基本原理，由德国物理学家海森堡于 1927 年提出。老子在《道德经》中开篇就说："道可道非常道，名可名非常名。"这些都说明，世上有些事情是无法用尺度去测量、用言语去描述的，而只能从实践去体会。创业者在实践中才能摸索出属于自己的创业成功之路，如同只有跳进泳池去才可能学会游泳一样。

---

[1]　毛泽东：《实践论》（1937 年 7 月），载《毛泽东选集》第一卷，人民出版社 1991 年 6 月第 2 版，第 284 页。

二、不要畏惧失败

每一位准备创业的人，在激情满怀地憧憬创业成功的景象时，尤其要有足够的心理准备去迎接创业的失败。创业的失败率很高，这是不争的事实。毛泽东说："人们要想得到工作的胜利即得到预想的结果，一定要使自己的思想合于客观外界的规律性，如果不合，就会在实践中失败。"[①]每一位创业者，在创业前，对于创业都有一番自己的预想和规划。这种预想和规划是一种主观上的认知和思考的结果，是不是符合客观外界的实际情况以及发展规律，需要通过创业实践来检验。客观外界并非静态不变的，而是时时刻刻都在变化着的，因此，要掌握其变化规律具有相当的难度。没有经验的创业者，往往找不到掌握客观外界变化规律的方法和门道，结果，主观预想和客观外界的变化规律之间存在很大的偏差，创业实践的失败也在所难免。农民出身的鲁冠球，发现吃饭是老百姓的头等大事，于是，首次创业时办了一家米面加工厂。但工厂开工后，因被人指斥为办地下黑工厂，所生产的产品无人问津，不得不关闭工厂，贱卖机器设备。这一次创业失败，几乎使他倾家荡产，输得精光，连祖父遗下的三间旧房也不得不变卖去还债。痛定思痛，鲁冠球发现自己预想的和真实的米面加工业实际情况不一样，结果，一踏进去就踩到了食品安全这个"地雷"，第一次创业就失败了。

从概率上说，首次创业就获得成功的概率很低，是个小概率事件；而首次创业就失败的概率很高，是个再正常不过的结果。所以，面对首次创业的失败，除了要坦然面对之外，重要的是如何从中吸取经验和教训，为再次创业打好基础。毛泽东说："人们经过失败之后，也就从失败取得教训，改正自己的思想使之适合于外界的规律性，人们就能变失败为胜利，

---

① 毛泽东：《实践论》（1937 年 7 月），载《毛泽东选集》第一卷，人民出版社 1991 年 6 月第 2 版，第 284 页。

所谓'失败者成功之母'，'吃一堑长一智'，就是这个道理。"① 在创业的历程中，失败是对创业者最好的教育。创业者遭遇失败了，就会去反省和反思，从中找出主观预想和客观外界变化规律之间的偏差，进而加以矫正，使得主观判断和客观规律之间越来越接近，那么，创业者距离创业的成功也就越来越近了。鲁冠球首次创业失败后，意识到自己的误判，并在第二次创业时，纠正了这些错误。吸取首次创业失败的教训，在第二次创业时，鲁冠球不再单枪匹马单干了，而是与所在公社合办，通过公社的声誉来强化第二次创业的合法性。这次，他刻意避开了食品业，而是生产犁刀、万向节等小件制造品，绕开正面竞争而通过拾遗补阙的方式，在竞争对手薄弱的环节和市场夹缝中巧妙地渗透进去，迅速地占领这些不被重视的细分市场。由于对市场和行业有清晰的认识，鲁冠球第二次创业获得了成功，使他获得了创业上最为关键的"第一桶金"。

毛泽东说："实际的情形是这样的，只有在社会实践过程中（物质生产过程中，阶级斗争过程中，科学实验过程中），人们达到了思想中所预想的结果时，人们的认识才被证实了。"② 也就是说，当主观判断和客观规律相符时，关于创业的知识才会被证明是对的，创业的实践才能走向成功。鲁冠球第一次创业，并没有把食品加工业的真实客观情况给摸透。在这种情况下，他对在这个行业创业的认知和判断，存在致命的缺陷。结果，这次创业并未达成预想的结果，以惨败而告终。在进行第二次创业之前，鲁冠球长经验了，先做好充足的基本功，把行业和市场调查清楚，并且联合公社以壮大声势。果然，这次创业达到了他所预想的结果，他在这次创业前的预判和认识被证明是对的。通过反反复复的创业实践，鲁冠球从中总结出创业的心得，他说："要有大海一样的胸怀。不被人理解时，

---

① 毛泽东：《实践论》（1937年7月），载《毛泽东选集》第一卷，人民出版社1991年6月第2版，第284页。

② 毛泽东：《实践论》（1937年7月），载《毛泽东选集》第一卷，人民出版社1991年6月第2版，第284页。

对的你要去听，不对的不用去管。事情不是靠讲出来的，是干出来的。所以要有目标，沉住气，悄悄干。天上不会掉馅饼，一切都是干出来的。"没有受过正规教育的农民鲁冠球，用很朴实的话，说出了创业实践的重要性。一旦有了创业目标，接下去重要的不是讲，而是干，是通过创业实践去实现创业目标。讲出来的是主观判断和认识，但对于创业而言，更为重要的是实践，就是去通过创业实践活动干出来，通过实践活动去达成预想的创业目标。这个才是决定创业成功的关键，所以，创业者与其夸夸其谈，不如埋头苦干。

马云在创业过程中遇到很多挫折，有时甚至绝望，他曾经说，是《阿甘正传》这部电影，鼓励他坚持下去。有一次马云去洛杉矶，专门到派拉蒙的片场，坐在"阿甘"坐过的椅子上陷入了沉思。毛泽东说："判定认识或理论之是否真理，不是依主观上觉得如何而定，而是依客观上社会实践的结果如何而定。"① 马云从《阿甘正传》这部电影中，领悟出不少创业之道。这部电影的主人公是个智商只有 75 的低能儿，不少人主观上就会产生一个判断，天生有缺陷的阿甘很可能成为社会的弃儿。但是，敏于行而讷于言的阿甘却具有十足的行动力。他有个信条：说到就要做到。他居然创业成功了，通过捕虾成了一名企业家。腿脚不便的阿甘居然跑步横越了美国。马云很可能从阿甘身上看到了自己的影子。其貌不扬的他，最初想创业时，接触过的投资人对他不屑一顾，心存质疑和轻蔑：这副长相还想搞创业？在马云创业之初，持有这种主观认识的人不在少数，但马云后来通过持之不懈的努力，创业获得了巨大的成功。这种客观结果，让当初不看好马云的投资者现在后悔不迭。这些投资者的巨大失误，充分印证了毛泽东上面所说的那句话，判断一项创业的成败，不是依主观上觉得如何而定，而是依客观上实践的结果而定。阿里巴巴创业的巨大成功，令很多

---

① 毛泽东：《实践论》（1937 年 7 月），载《毛泽东选集》第一卷，人民出版社 1991 年 6 月第 2 版，第 284 页。

依据主观感觉的投资者错失良机，而少数像孙正义那样尊重客观实践的投资者，赚了个盆满钵满。

三、认识要服务实践

毛泽东说："真理的标准只能是社会的实践。实践的观点是辩证唯物论的认识论之第一的和基本的观点。"[①] 在推动社会创业的过程中，政府部门也需要不断学习，与时俱进，掌握社会创业的基本规律，在政策保障和办事效率上，给予社会创业恰如其分的支持。毛泽东指出，社会实践才是检验真理的标准，强调了社会实践对人的认识的重要作用。在社会创业的洪流中，政府部门首先需要克服为官不为、懒政怠政等不良作风。从根本上来说，某些政府部门这种落后于社会潮流的现象，是一些官员和部分工作人员思想意识跟不上社会创业的步伐所致。在这些人心目中，对于社会创业心存质疑，没有认清楚社会创业是社会发展的必然趋势，而是采用一种消极应付的态度来处理社会创业问题，这就是毛泽东所说的"应付主义"。

曾经，年广久的创业故事可谓家喻户晓，其知名度与现在马云的知名度相仿。他出身贫穷，小时候靠乞讨、摆小摊糊口。后来，他通过炒卖瓜子而创业。他的瓜子味道香，个儿大，分量足，利薄得很，同行都称他"傻子"。在他的艰苦奋斗下，"傻子瓜子"一举成名。但是，在当时环境中，不少人对年广久的创业怀有敌意，思想上还是没有办法从过去的阶级斗争中走出来。结果，年广久先后三次被捕入狱，罪名也是千奇百怪，后来证明他是无罪的。其间，若不是邓小平亲自批示，几次三番出手相助，年广久就会在监狱中虚度光阴，而"傻子瓜子"也早就灰飞烟灭了。毛泽东说："认识从实践始，经过实践得到了理论的认识，还须再回到实践

---

① 毛泽东：《实践论》（1937年7月），载《毛泽东选集》第一卷，人民出版社1991年6月第2版，第284页。

去。"① 当政府部门工作人员的思想和认识不是来自社会创业实践，而是来自过去的行政实践时，就不会认识到现有行政管理有些方面已不适合社会创业实践了，就不会去主动地改变。当前，国家把"大众创业、万众创新"确定为具有战略意义的政策，对社会创业寄予厚望，希望通过这种方式为经济和社会发展注入新动力。我到各地调研时，发现个别地方政府在口号上都提得很好，表示要尽一切可能为社会创业提供保障。但烦琐的行政流程依然还没有改变，懒政怠政的现象依然存在，有利于社会创业的实质性政策和举措并不多，对社会创业存在"雷声大而雨点小"的现象。

毛泽东说："任何过程，不论是属于自然界的和属于社会的，由于内部的矛盾和斗争，都是向前推移向前发展的，人们的认识运动也应跟着推移和发展。"② 在"大众创业、万众创新"的时代，政府工作人员需要及时调整思想，通过观察和学习社会创业实践，提高自身的认识和素质，才能更好地服务社会创业实践，更好地融入社会创业实践中去，成为这股社会洪流中的一分子。地方政府的少数官员和工作人员存在一种片面的想法，认为社会创业是那些企业家或者想当企业家的人的事情，自己是政府部门的工作人员，不会"下海"去，所以，社会创业与自己没有太大关系。这种想法是片面的，社会创业是广义的创业，而不是狭义的创业。广义的创业，包括各行各业在各自岗位上能够不断开拓进取而获得好成绩的，都是创业。所以，即便在政府部门，也有很多方面可以提升和开拓，公务员在自己岗位上也能够创业。如同毛泽东所指出的那样，人们的认识活动应该跟着社会实践向前推移而向前发展。在全民创业的时代，政府部门的工作人员在思想认识上，也应该跟着社会创业的发展而向前推移，才能真正主动变革工作方式，提高行政工作的效率，真正做到为社会创业保驾

187

---

① 毛泽东：《实践论》（1937 年 7 月），载《毛泽东选集》第一卷，人民出版社 1991 年 6 月第 2 版，第 292 页。

② 毛泽东：《实践论》（1937 年 7 月），载《毛泽东选集》第一卷，人民出版社 1991 年 6 月第 2 版，第 294 页。

护航。

认识要服务好实践，前提是认识要跟得上社会实践。当初安徽凤阳几个农民写下血书搞创业，若政府部门的认识跟不上实践，伟大创业就会很快被扼杀掉，创业者不光要进监狱，还可能掉脑袋。可喜的是，安徽凤阳的创业实践，很快被政府高层所发现和认可，政府对于这种社会创业的认识与当时的社会创业实践是合拍的，是同步的。因此，政府很快就行动起来了，把在安徽凤阳的创业之举作为一面旗帜，在全国进行推广，使得这种创业实践在全国如火如荼地搞起来了。毛泽东说："然而思想落后于实际的事是常有的，这是因为人的认识受了许多社会条件的限制的缘故。"[①] 在当今全民创业的时代，政府部门的一些官员和工作人员，需要进一步解放思想，才能真正从全民创业的社会实践中去汲取营养和新的知识，从而改变自己头脑中条条框框的陈旧思想，使得思想能够与社会实践同步。从这种意义上来说，全民创业还可以进一步明确为"官民创业"。也就是说，社会创业不仅仅包括普通老百姓，还包括政府官员和工作人员，是社会所有成员都共同参与的广义创业，而非仅仅是注册公司或办企业的狭义创业。

第二节　把握住创业的规律

普林斯顿大学教授丹尼尔·卡尼曼（Daniel Kahneman）写过一本书，名为《快思慢想》。在这本书中，他阐述了人们认识世界的两种思考方式：感性（系统 1）和理性（系统 2）。感性的思考方式，特点就是快，比如对人的第一印象，在见到人的瞬间就产生了。理性的思考方式相对就比较慢，需要仔细收集各方面情况和信息，进行反复梳理，通过逻辑推理等方

[①] 毛泽东：《实践论》（1937 年 7 月），载《毛泽东选集》第一卷，人民出版社 1991 年 6 月第 2 版，第 295 页。

式来得出结论和判断。对于创业者而言，在创业过程中，这两种思考方式都需要被充分地调动起来。无论是何种思考模式，关键是要能够把握事物发展的客观规律。因为感性认知有时候与实践会有差距，因此，创业者需要同时用理性认知来认识实际情况。创业者在通过感觉感知周围环境的同时，需要提高警惕，不要被自己的感觉所蒙蔽，而是需要继续通过理性思考去掌握社会实践发展的客观规律，进而向创业成功的目标努力。

一、透过现象看本质

董建华的父亲董浩云白手起家进行创业，后来被誉为世界七大船王之一。但是，一次意外失手，险些让董浩云创立和苦心经营的航运王国倾覆。20 世纪 80 年代初期，世界航运业盛极而衰，董浩云没有看清这一形势，反而被繁荣的假象所迷惑，逆流而上，增加投资，大肆扩张船队。当时航运业的繁荣，其实是衰退之前的回光返照。董浩云却把这种表象当成了事物发展的必然规律，认为航运业正迎来另一个高峰。毛泽东说："原来人在实践过程中，开始只是看到过程中各个事物的现象方面，看到各个事物的片面，看到各个事物之间的外部联系。"[1] 这是创业实践的客观规律，任何创业者都需要经过这个过程。即便是创业经验已经非常老到的董浩云，也无法超越这个规律。董浩云在航运业创业那么多年，是位"喜欢远大"和"充满理想"的创业家。但当远大理想不能和创业实践内在规律相匹配时，就会失败。当世界航运业开始走向衰退时，董浩云航运王国的业务一落千丈，陷入破产的境地。

毛泽东说："社会实践的继续，使人们在实践中引起感觉和印象的东西反复了多次，于是在人们的脑子里生起了一个认识过程中的突变（即飞跃），产生了概念。概念这种东西已经不是事物的现象，不是事物的各个

189

① 毛泽东：《实践论》（1937 年 7 月），载《毛泽东选集》第一卷，人民出版社 1991 年 6 月第 2 版，第 284—285 页。

片面，不是它们的外部联系，而是抓着了事物的本质，事物的全体，事物的内部联系了。"① 对于创业者而言，这个过程，就是透过现象看本质的过程，是决定创业能否成功的关键。没有把握住世界航运业走向衰落的发展规律，是董浩云晚年最大的败笔，一代创业大师可谓晚节不保。1982 年，他黯然辞世，留给董建华的是高达 200 多亿港元巨债和濒临破产的企业。毛泽东所指出的对于创业实践认识过程中的"飞跃"，是由董浩云父子两代人来完成的。董建华临危赴任，从父亲的创业失败中领悟到世界航运业发展的客观规律，开始了二次创业。董建华酷爱打太极拳，从太极拳中领悟到阴阳消息的辩证关系。太极拳是一种以柔克刚、借力打力、以退为进的武术，富含着丰富的中国传统哲学思想。董建华借力打力，获得汇丰银行贷款和霍英东的援助，董氏集团有了起死回生的可能。董建华还以退为进，重组公司，在新的董氏集团，他丧失控制权，由老板转为职员。但新的董氏集团因此获得了多家银行的贷款，度过了危机，开始走上了复苏之路，董建华也因此在商界中名声大振。

太极拳爱好者，彼此之间都会有一种惺惺相惜的感觉，就是所谓的英雄爱好汉的情节。董建华和马云都酷爱太极拳，所以当马云邀请董建华当阿里巴巴的独立董事时，董建华慨然应允，成为商界的一段佳话。当然，主观上的感觉和描述客观实践的概念，还是有本质上的不同。毛泽东说："概念同感觉，不但是数量上的差别，而且有了性质上的差别。循此继进，使用判断和推理的方法，就可产生出合乎论理的结论来。"② 可见，感觉是主观上的一种印象，而概念是建立在创业实践基础上进行推理得到的合乎客观情况的结论。创业者不仅要有敏锐的感觉，而且还要通过推理和逻辑判断出客观实践的内在发展规律。20 世纪 80 年代初期，当董浩云

---

① 毛泽东：《实践论》（1937 年 7 月），载《毛泽东选集》第一卷，人民出版社 1991 年 6 月第 2 版，第 285 页。

② 毛泽东：《实践论》（1937 年 7 月），载《毛泽东选集》第一卷，人民出版社 1991 年 6 月第 2 版，第 285 页。

感觉到世界航运业要迎来百年不遇的高峰期时，当时实力远逊于他的包玉刚，却得出了不同的结论。在 20 世纪 70 年代，包玉刚就已经嗅到了航运业式微的气息。于是，他开始系统性收集各方面数据。通过研究和分析，再加上自己的观察和思考，包玉刚得出了一个出人意料的结论。当众人都沉醉在航运业回光返照的繁荣中时，包玉刚已经看到了这个产业的衰落即将来临。于是，他果断决定急流勇退，把资产从海上转投到陆地上，实施分散经营策略，成功收购老牌英资"九龙仓"和英资"四大行"之一的"会德丰"，完成了战略性转移。

包玉刚是宁波人，宁波是离舟山群岛最近的大陆，享有"创业之乡"的美誉。毛泽东说："重复地说，论理的认识所以和感性的认识不同，是因为感性的认识是属于事物之片面的、现象的、外部联系的东西，论理的认识则推进了一大步，到达了事物的全体的、本质的、内部联系的东西，到达了暴露周围世界的内在的矛盾，因而能在周围世界的总体上，在周围世界一切方面的内部联系上去把握周围世界的发展。"① 上海人把自己称为"阿拉上海人"时，其优越感不言而喻，但是，唯独对于宁波人，却心存尊敬，一点儿都不敢小觑。这是因为，当初上海开埠，来上海创业的，很大一部分是宁波人。宁波人到上海创业，简直是无所不包，有做小生意的、做裁缝开服装店的、开钟表眼镜店的、做公司职员的，甚至开钱庄银号和证券交易所的等等。新中国成立前，上海滩有九家钱庄，宁波人要占五家半，宁波人开的大小工商企业有 2746 家。几乎操纵了当时上海滩的金融界和工商界。那时的宁波人，是最具有创业精神的人群，比现在的温州人名头还要响。所以，即便是非常感性的上海人，也不得不面对这个客观事实，丝毫不敢轻视宁波人，这是一种"论理的认识"，而不是"感性的认识"。

191

---

① 毛泽东：《实践论》（1937 年 7 月），载《毛泽东选集》第一卷，人民出版社 1991 年 6 月第 2 版，第 286 页。

二、勇于实践才能赢

人们通过创业实践去探求真理的道路，并非一帆风顺，往往崎岖而艰辛，而且充满了未知的风险。曾任北京大学校长的胡适有句名言："大胆假设，小心求证"。从创业的角度而言，创业者每一次创业实践都是对其假设的一种检验。创业成功了，说明创业者最初的假设是对的。创业失败了，说明当初的假设有问题，需要进行修正。但是，对于创业者而言，这个"求证"的过程并不简单，有时要付出巨大的代价，甚至倾家荡产。从某种意义而言，创业实践是一项勇敢者的游戏。由于创业征途中的每一步，都充满了不可预知的风险，因此，只有勇敢的创业者才能前行。面对不可知的风险，有些人前怕狼、后怕虎，就会踯躅不前，迈不开步，这样的人最好不要选择去创业。有些朋友一说起创业，就眉飞色舞，志向高远，但是，一到需要启动真正的创业实践时，就会退缩，怕失去社保，怕没得休息，怕没有工资，怕创业失败了没有任何保障。怕这怕那，说到底就是畏惧创业实践。这种情形，就是"叶公好龙"，当真正见到真龙时，自己却吓得要命。在全民创业的大潮中，"叶公好龙"式的伪创业者也不少。这部分人，羡慕创业但畏惧创业的实践。这类人若想成为真正的创业者，首先需要突破自己内心的恐惧，才能正确认识和面对创业实践。

创业者面对创业实践的惊涛骇浪时，没有一颗勇敢的心，很容易落荒而逃。两军相争勇者胜。勇于实践是创业者必备的素质。毛泽东说："中国人有一句老话：'不入虎穴，焉得虎子。'这句话对于人们的实践是真理，对于认识论也是真理。"[1] 创业实践纵然是荆棘密布，如同龙潭虎穴，创业者也要拿出十足的勇气，去勇敢地投身创业实践，去通过实践来找到创业成功的道路。毛泽东搞革命创业，不仅仅可能倾家荡产，还可

---

① 毛泽东：《实践论》（1937 年 7 月），载《毛泽东选集》第一卷，人民出版社 1991 年 6 月第 2 版，第 288 页。

能掉脑袋。国民党悬赏他的人头 25 万大洋。在电影《毛泽东与斯诺》有个镜头，日本的飞机来轰炸延安时，士兵劝毛泽东马上转移到防空洞里去，但毛泽东依然谈笑风生，不想转移。后来，被强迫转移。毛泽东很少用枪去直接杀敌，但他身上所体现出来的弥天大勇，却成为了一种伟大的精神力量，鼓励着广大革命创业团队为了真理而前仆后继，勇往直前。在通过创业实践探求真理的道路上，只有勇者才能获得成功。水浒人物，毛泽东很喜欢武松，因为武松有"明知山有虎，偏向虎山行"的勇气。在毛泽东看来，无论是去投身创业实践还是去发现和认识真理，都需要有这种勇气。

在诺贝尔之前，炸药是个极其危险的东西，稍不注意就会爆炸，造成人员伤亡和财物的损失。诺贝尔为了找出更为安全的炸药，进行了勇敢的创业实践。在这个创业的历程中，炸药屡屡意外爆炸，不仅炸毁了实验室、厂房、运输的船只等，还造成了巨大的人员伤亡，连自己的助手和弟弟都被炸死了。但是，诺贝尔并没有丝毫怯懦的意思，而是勇敢地前行，最终成功降伏了炸药，创业也获得了最终的成功。毛泽东说："离开实践的认识是不可能的。"① 因此，要真正认识一个事物，就需要深入实践，通过实践来认识和把握事物发展的规律。约翰·皮尔庞特·摩根是一位伟大的金融家，他无所畏惧的个性在金融投资领域的创业中体现得淋漓尽致。金融市场瞬息万变，风险无处不在。一个小小的失误，结果可能就是灾难性的，会出现如同泰坦尼克号般的倾覆。面对如此大的风险，约翰·皮尔庞特·摩根采用了被称为是搏命式投资的方法，把风险当机遇，最终成就了一代伟大的金融家。由他出资建造的泰坦尼克号早已沉没了，而他的金融王国现在还是世界顶尖的金融机构。用中国的话讲，这类创业者就是"艺高人胆大"，在风险密布的领域能够勇敢而无畏地进行创业，最终获

193

---

① 毛泽东：《实践论》（1937 年 7 月），载《毛泽东选集》第一卷，人民出版社 1991 年 6 月第 2 版，第 288 页。

得了巨大成就。约翰·皮尔庞特·摩根有句石破天惊的话："如果政府和法律不做，我自己来！"充分体现了他勇当第一个吃螃蟹的人的那种无所畏惧。

有些人嘴上说得很好，可是真正要去创业了，就觉得没有把握，不敢走出第一步。毛泽东说："常常听到一些同志在不能勇敢接受工作任务时说出来的一句话：没有把握。"[1] 这类人一般都瞻前顾后，属于风险规避型人群。这个世界上导致创业失败的最大原因，就是不敢创业。也就是说，创业的念头一出现，就被扼杀在脑海中。对于这类人，创业需要引导，通过创业实践来逐渐提高其对于创业的认识，了解创业的风险管控方法，稳健地进行创业。毛泽东说："如果这个人在这项工作中经过了一个时期，他有了这项工作的经验了，而他又是一个肯虚心体察情况的人，不是一个主观地、片面地、表面地看问题的人，他就能够自己做出应该怎样进行工作的结论，他的工作勇气也就可以大大地提高了。"[2] 没有谁是天生的冒险家，人们都是在实践过程中逐渐学会了控制风险的方法。拿破仑英勇无畏、叱咤风云的胆略和气魄令对手胆寒。然而，在《拿破仑书信文件集》一书中，可以看到拿破仑在书信中毫不掩饰自己的"胆小"，他写道："当我部署一次战役的时候，没有人比我更胆小的了。我故意夸大当前形势所可能产生的一切危险和灾难。我处在非常痛苦的焦急状态之中。"战争一旦爆发，瞬息万变，不确定性很大。拿破仑针对各种可能出现的情况作出安排，认真加以研究和推断，评估可能遇到的各种挫折或失败的概率，然后有的放矢地进行筹备。每个人在面对战争时，都会有胆怯的时候，但拿破仑在战前会进行深入的分析和研究，不放过任何细节，做到运筹帷幄的地步，就可有效提高获胜的可能性，并尽可能减少己方的伤亡。

---

[1] 毛泽东：《实践论》（1937年7月），载《毛泽东选集》第一卷，人民出版社1991年6月第2版，第289页。

[2] 毛泽东：《实践论》（1937年7月），载《毛泽东选集》第一卷，人民出版社1991年6月第2版，第289—290页。

所以，实践中的勇气来自虚心体察情况和善于从实践中学习。

三、态度要诚实和谦逊

在中关村，新东方、新浪、优酷等等的大招牌都在各自大楼顶部的最显眼处摆放着，一副高高在上、盛气凌人的样子。当街上的行人看这些招牌时，都得仰视。在微软大楼的门前，摆放着微软的字样，其招牌很谦卑地就摆放在不起眼的地面上，行人只要俯视就可以看得见。微软的这种谦逊风格，符合其创始人比尔·盖茨的一贯风格。比尔·盖茨的形象是戴着一副眼镜，文质彬彬，像个邻家男孩，一点儿没有世界首富的傲气。他骨子里的谦逊，来自其父母。他的父母原是上层人物，却对人礼貌有加；他们很富裕，却从不为此而炫耀，他们完全可以招摇过市地活着，却异乎寻常地谦逊。即便是世界首富，比尔·盖茨依然把自己当作是小学生，始终坚持大量阅读的习惯，如饥似渴地去学习新知识，不断充实自己的知识量，让自己真正做到与时俱进。这种谦逊的态度，值得每位创业者学习。

有些创业者，事业远没有成功，但说话的口气却大得很，自认为非常了不起。毛泽东说："世上最可笑的是那些'知识里手'，有了道听途说的一知半解，便自封为'天下第一'，适足见其不自量而已。"[1] 这样的创业者，离失败也就不远了。世界随时都在变化，狂傲的创业者往往由于过于自负而看不清楚环境的变化，或者对于外界的变化视而不见、熟视无睹，结果，等自己摔跤了才发现问题。自 1997 年成立以来，电子玩具（eToys）在网络玩具销售市场中所占的份额不断扩大，逐渐成长为可与亚马逊书店比肩的 B2C 电子商务领导者，市值曾高达 15 亿美元。成功来得如此之快，令创业团队惊喜不已，也滋生了傲慢的情绪，对未来盲目乐观。当 eToys 市场推广系统尚未建立起来时，创业团队却无视现状而本末

195

---

[1]　毛泽东：《实践论》（1937 年 7 月），载《毛泽东选集》第一卷，人民出版社 1991 年 6 月第 2 版，第 287 页。

倒置地去建设先进的网络电子商务基础架构。这是一种靠投资生存而完全不考虑实际情况的极度冒险策略，因为当时 eToys 的销售量根本无力支撑庞大的电子商务上的投资。但 eToys 的创业团队显然是要傲慢到底，花钱如流水，投入巨资发展电子商务基础架构，许多项目都远远超出预算了，还在雇佣不少水平不符合高薪的技术人员。最终，eToy 的破产为创业团队的傲慢做了注脚。对于创业者而言，罔顾事实的傲慢就是愚蠢的表现。

有些创业者经常说，自己很谦虚。不少人在自己傲慢时，一般都认为自己很谦虚。造成这种错觉的一个原因，就是对于傲慢的认识不清。当一艘船即将倾覆时，船长却召集所有船员到甲板上，下达命令，要求每位船员把自己的皮鞋都擦亮。这位船长显然已经是极端的傲慢了，但船只的倾覆并不因为这样的傲慢而停止。这种例子在创业的现实中并不少见，当 eToy 摇摇欲坠时，创业团队不去想办法提升销售能力，却把大量的资金投放到技术研发上去。结果，不可避免的事情发生了，eToy 这条船彻底倾覆了。毛泽东说："知识的问题是一个科学问题，来不得半点的虚伪和骄傲，决定地需要的倒是其反面——诚实和谦逊的态度。"[1] 每位创业者，都需要时时刻刻牢记毛泽东的提醒，保有诚实和谦逊的态度，这个很重要。因为有了诚实和谦逊的态度，创业者就会看清楚自己的优劣势，不会过高估计自己的实力，才能头脑冷静地根据客观情况来制定创业的策略，在创业实践过程中找出一条通向成功的道路来。谦逊也是创业者保持进取心的重要基础，因为谦逊，创业者就永不会满足于现状，即便取得了再大的成绩，也不会沾沾自喜，更不会因此而放慢前进的步伐。这是一位成熟创业者所应该具备的素质，也是创业者勇往直前的动力之一。

1998 年，经常在北京大学校园内看到有个四十多岁的中年人，整天骑着一辆破旧的自行车去听课。他就是刚从伊利公司离职的牛根生，每次

---

① 毛泽东：《实践论》（1937 年 7 月），载《毛泽东选集》第一卷，人民出版社 1991 年 6 月第 2 版，第 287 页。

上课他都很认真地做笔记，如同小学生一般。第二年，在校园内就再也没有碰到过他。后来听说他回家创业去了。再后来，听说蒙牛乳业神话般地崛起了，而创始人就是这位曾经骑着破旧自行车去学习的中年人。毛泽东说："庸俗的事务主义家不是这样，他们尊重经验而看轻理论，因而不能通观客观过程的全体，缺乏明确的方针，没有远大的前途，沾沾自喜于一得之功和一孔之见。"[1] 缺乏诚实和谦逊的态度，创业者就会沦落为"庸俗的事务主义家"，创业就会碰壁。牛根生在伊利碰壁后，在北京大学学习期间，开始反省和觉悟，非常关键的一点就是发现了谦逊的力量。离开北京大学后，他在呼和浩特市一间 53 平方米的楼房内，开始了真正属于自己的创业。这次创业，他彻底放下了过去曾有过的叱咤风云，而是谦逊地说："别人从零起步，而我从负数起步。"

第三节　知行要高度统一

一天，有人跑到梁稳根面前，说自己发明了一种新型饮料，孩子们长期喝这种饮料，能提高智力水平。即便是智力平平的孩子，喝上几年，也能考上重点大学。若真能研制出这种饮料，那么，市场的需求是巨大的。梁稳根听后，哈哈一笑，对这个人说，先让你家小孩子喝上几年，等你家小孩考上重点大学后再来找我谈合作吧。这个小小的事情，却再次强调了一点，就是：创业是一项知行高度统一的活动和实践。比如你要到食品业去创业，那么，你生产出来的食品首先必须是你自己最喜欢食用的食品。连你自己都不喜欢的东西，你要去创业，要去卖给别人，这不叫创业，这往往是坑人的勾当。所以，创业中的知行统一，首先体现在创业者身上。孔子说"己所不欲，勿施于人"，就是这个道理。

197

---

① 毛泽东：《实践论》（1937 年 7 月），载《毛泽东选集》第一卷，人民出版社 1991 年 6 月第 2 版，第 291 页。

一、知行统一是创业之魂

麻省理工学院（MIT）的校标是一个圆形的图案。图中台座两侧一左一右分别站着两个人，一个人手里拿着劳动工具，是位准备去工作的劳动者；另一位戴着学者的帽子，手捧着一本打开的书正在认真阅读，是位学者。两人之间的台座下面有用拉丁语写成的校训"Mens et Manus"，英文就是"Mind and Hand"，翻译成中文就是脑手并用。这个校徽告诉世人，无论是研究还是实践，都需要知行统一。也就是说，理论和实践需要统一，理论不能偏离实践。台座正面上的"1861"表示麻省理工学院在马萨诸塞州注册办学的年份。沿着知行统一的路子，麻省理工学院走过了一个半世纪，成为世界上举足轻重的著名大学。我在 MIT 校内到处可以发现各种影响社会发展的发明。有一栋楼的一层进门就可以看到一个雷达模型，因为 MIT 在雷达的发明和改进上有突出贡献。1943 年，MIT 研制出机载雷达平面位置指示器，可将运动中的飞机拍摄下来，发明了可同时分辨几十个目标的微波预警雷达。这个发明，为盟军对抗并摧毁轴心国的飞机提供了强有力的支持，为结束第二次世界大战作出了重大贡献。这样的例子，在 MIT 比比皆是。

毛泽东说："你要有知识，你就得参加变革现实的实践。"① 现在"大数据"热潮席卷全球，到处都在谈这个话题，似乎不谈这个话题就会被认为是落伍者。大数据兴起后，的确对社会管理和发展提供了重要的思路和技术手段，基于大数据的各种管理方式和方法也不断被研究出来。在这方面的研究和讨论虽然很多，不过，在"大数据"应用实践上，相对还很不足。其实，在"大数据"这个概念还没有被正式提出来之前，人们就已经把这种思想应用到社会实践中了，成为变革现实的重要途径。王永庆早

---

① 毛泽东：《实践论》（1937 年 7 月），载《毛泽东选集》第一卷，人民出版社 1991 年 6 月第 2 版，第 287 页。

年因家贫读不起书，只好去做买卖。16 岁时仅有 200 元创业资金的王永庆，只能在一条偏僻的巷子里承租一个很小的铺面。他的米店开办较晚，规模最小，更谈不上知名度了，没有任何优势。在新开张的那段日子里，生意冷冷清清，门可罗雀。但是，王永庆显然不愿意知难而退，而是绞尽脑汁要改变现状。细心的王永庆在给顾客送米时，会记下这户人家米缸的容量，并且问明家里有多少人吃饭，几个大人、几个小孩，每人饭量如何，据此估计该户人家下次买米的大概时间，记在本子上。到时候，不等顾客上门，他就主动将相应数量的米送到客户家里，令顾客惊喜不已。在王永庆创业那时，根本就没有"大数据"这个概念，但是，他在自己的创业实践中，摸索出用数据进行决策的方法和知识，从而获得了创业的成功。

中国有句俗语：是骡子是马拉出来遛遛。意思是说，光嘴上说没用，关键是看实践的效果。毛泽东说："你要知道梨子的滋味，你就得变革梨子，亲口吃一吃。你要知道原子的组织同性质，你就得实行物理学和化学的实验，变革原子的情况。"① 郭广昌用从老师那里借来的出国学费 8 万元开始创业，后来发展成了庞大的复星集团。2011 年，他到清华大学做演讲时，现场有人问他，创业成功的秘诀是什么？他的回答很简单，说："想要改变世界，最简单的就是改变生活方式。"不少年轻人想创业，往往容易眼高手低，说得很多，就是不肯动手去从做实验，不去从实践中检验自己的想法。其实，古今中外所有的创业，都是一样的，就是从创业实践中去摸索出通往成功的道路。当初马云建议王健林别做影院，因为电影一放在网上全世界都可以看了。王健林则另有想法，他把购物、休闲和电影结合起来，万达广场和万达影院一起建，就把谈恋爱的年轻人给吸引住了。万达影院一上市，市值就高达 500 亿。实践表明，在这个创业上，王

199

———————
① 毛泽东：《实践论》（1937 年 7 月），载《毛泽东选集》第一卷，人民出版社 1991 年 6 月第 2 版，第 287—288 页。

健林的判断是对的。谈恋爱的年轻人大多想避开父母的耳目，选择到电影院去看电影，而非留在家里。互联网电影试图消灭空间与场地的限制，但年轻人的社交行为往往喜欢选择在特定的场所进行。对这些谈情说爱的青年男女而言，电影院不仅仅是个看电影的地方，更是一个可以用正当理由避开父母耳目的地方。

马云希望阿里巴巴能活过一百年，这个心愿对张小泉来说，早已实现了。张小泉品牌成名于 1663 年，至今已超过了 350 年，在当今刀剪行业是唯一的中国驰名商标。毛泽东说："如果要直接地认识某种或某些事物，便只有亲身参加于变革现实、变革某种或某些事物的实践的斗争中，才能触到那种或那些事物的现象，也只有在亲身参加变革现实的实践的斗争中，才能暴露那种或那些事物的本质而理解它们。"① 张小泉并没有受过正规教育，自幼跟着父亲做事，他父亲打磨的剪刀，坚韧锋利。张小泉子承父业，开始创业后，发现父亲的工艺还有可以提高的地方。他亲自反复进行实验和比对，终于发现了新工艺。在打制剪刀的过程中，张小泉打破了千百年来以生铁锻打剪刀的常规，独创性地将钢条嵌入铁槽之内，这就是著名的"嵌钢"工艺。张小泉通过"亲身参加变革现实的实践"，"暴露那种或那些事物的本质"，使剪刀具有了钢铁分明、刃口锋利的特点，生意格外兴隆。张小泉的创业知识，来自其社会实践。张小泉不仅创新了刀具制作工艺，还给社会带来了变革。以前，人们还不知道用剪刀，裁衣用刀子划，断线拿刀子割，很不方便。张小泉造出锋利的剪刀后，人们就改用剪刀来裁衣剪线，轻快方便得多了。张小泉对当时社会的变革作用，如同互联网对现代社会的变革一样。没有互联网之前，人们通信通过邮局，要等数日才能到对方那里。现在在键盘上点击几下，无论天涯海角，对方马上就能收到邮件。

---

① 毛泽东：《实践论》（1937 年 7 月），载《毛泽东选集》第一卷，人民出版社 1991 年 6 月第 2 版，第 287 页。

二、创业要实事求是

创业者光有远大的理想是不够的，还需要掌握客观情况，根据实际情况来开展创业实践。毛泽东说："只有那些主观地、片面地和表面地看问题的人，跑到一个地方，不问环境的情况，不看事情的全体（事情的历史和全部现状），也不触到事情的本质（事情的性质及此一事情和其他事情的内部联系），就自以为是地发号施令起来，这样的人是没有不跌交子的。"① 这是多么可贵的忠告啊！随着中国经济的崛起，创业的氛围也越来越浓，一些"海龟"也纷纷回国创业，但真正创业成功的属于少数。"海龟"回国创业，容易水土不服，导致水土不服的主要原因是其主观期望与客观现实之间存在差距。这些洋博士若无法实事求是地去了解和掌握国内创业环境和特点，凭着自己的主观愿望去创业，就会碰壁，甚至很快就遭遇到创业上的"滑铁卢"。究其原因，问题出在创业者单凭主观创业愿望而不去深入细致地了解国内的创业条件，在没有做好各项创业评估和创业准备之前，就贸然行动启动创业活动。等真正开展创业活动后，才发现现实情况和自己预想的有很大的不一样，与自己在国外所习惯的环境更是不一样，但此时已经陷入了进退维谷的困境。

爱日租曾是国内短租市场的明星公司，上线一个月后，爱日租获得了 200 万美金天使投资。截至 2012 年年底，爱日租房源已覆盖国内 80 个城市，房源数超过 80000 套。但是，两年中烧掉了千万美元之后，承载着 Airbnb 模式的爱日租在中国市场曾高打高举，终归"水土不服"在 2013 年 7 月关闭网站。爱日租在中国的创业和倒闭，让人感到可惜的同时，更多地需要引起创业者的警醒。爱日租的创业和经营模式，完全复制国外的做法，无视国内具体的情况和创业环境，最终被消费者所抛弃，这才是导

---

① 毛泽东：《实践论》（1937 年 7 月），载《毛泽东选集》第一卷，人民出版社 1991 年 6 月第 2 版，第 290 页。

致爱日租悲剧的根本原因所在。毛泽东说："感觉只解决现象问题，理论才解决本质问题。这些问题的解决，一点也不能离开实践。无论何人要认识什么事物，除了同那个事物接触，即生活于（实践于）那个事物的环境中，是没有法子解决的。"[1] 爱日租的三个创始人均来自美国知名高校，履历光鲜，但对中国互联网创业环境和目标市场没有深入理解。当舶来品爱日租的运作模式和手法已引起消费者的反感时，其创业团队依然不思改变，而固执、僵硬地套用国外模式。最终，受到了广大消费者的抵制，网络上骂声一片。爱日租创业团队生硬照搬国外模式，而与国内社会消费习惯相脱离，"这样的人是没有不跌交子的"[2]。

创业者的认识要与实践同步，超前了或者落后了，都不利于创业。毛泽东说："他们的思想超过客观过程的一定发展阶段，有些把幻想看作真理，有些则把仅在将来有现实可能性的理想，勉强地放在现时来做，离开了当前大多数人的实践，离开了当前的现实性，在行动上表现为冒险主义。"[3] 对目前的"80后""90后"而言，其脑海中的互联网公司不会有"瀛海威"这个名称。但是，对于曾经在中关村附近求学的"70后"而言，应该对"瀛海威"有印象。1995年，中关村南大街有一块醒目的广告牌："中国人离信息高速路还有多远？向北1500米。"在这块广告牌以北1500米处，是当时的瀛海威科教馆，这应该是当时最早的互联网创业吧。那时，新浪、搜狐都还没有诞生。"瀛海威"成为当时中国互联网创业的先驱，也是这个领域的启蒙者。不过，那时候能接触到互联网的，仅仅是极少数人，大多数人连互联网是什么都不晓得。在这种情况下，"瀛海威"苦撑着，期待着春天早日到来。但是，在春天真的到来之前，"瀛海威"撑不

---

① 毛泽东:《实践论》(1937年7月)，载《毛泽东选集》第一卷，人民出版社1991年6月第2版，第286—287页。

② 毛泽东:《实践论》(1937年7月)，载《毛泽东选集》第一卷，人民出版社1991年6月第2版，第290页。

③ 毛泽东:《实践论》(1937年7月)，载《毛泽东选集》第一卷，人民出版社1991年6月第2版，第295页。

住了，黯然离场。

对于创业者而言，如何才能获得知与行的统一，从而获得创业的成功？毛泽东说："实践、认识、再实践、再认识，这种形式，循环往复以至无穷，而实践和认识之每一循环的内容，都比较地进到了高一级的程度。这就是辩证唯物论的全部认识论，这就是辩证唯物论的知行统一观。"① 也就是说，创业往往都不是一蹴而就的，而是创业者不断思考、摸索、再思考、再摸索的循环过程。通过这个过程，创业者不断通过创业实践来检验自己的认识和判断，从中找出问题的根源，并及时通过找出合适方法来解决问题，直到最后找到了通向创业成功的道路。所以，对于创业者而言，思考和行动是并行的，思考通过行动来检验和修正，而创业行动通过思考来总结和提炼，并通过行动优化来一步一步朝创业目标迈进。成功的创业者，需要兼具两种角色：梦想家和实践者。创业者要通过自己的思考去想象未来各种可能性，去畅想美好的未来。同时，创业者还需要脚踏实地去行动，通过实践来检验各种构想，在创业实践中找到有效途径，获得成功。可见，创业者的梦想不是空想，而是建筑在实事求是基础上的对于未来的构想。通过实事求是的创业实践，一些看起来不可能的想法，其实会在现实中被实现。这个过程，就是创业。

三、知与行的辩证法

在创业过程中，知行的统一不是一种静态的统一，而是一种动态的统一。所谓动态的统一，是指对于创业实践的认识会根据创业的进展和出现的新情况进行及时调整，从而在更高的层面上实现知行的统一。毛泽东说："然而一般地说来，不论在变革自然或变革社会的实践中，人们原定

---

① 毛泽东：《实践论》（1937 年 7 月），载《毛泽东选集》第一卷，人民出版社 1991 年 6 月第 2 版，第 296—297 页。

的思想、理论、计划、方案，毫无改变地实现出来的事，是很少的。"① 创业就是一种变革自然或变革社会的实践，创业者通过创业实践来向社会提供有附加价值的产品或服务，让社会变得更美好。在这个过程中，创业者的想法和认知会随着创业的深入而进行调整。庄辰超在北京大学读书期间，就开始创业了。毕业后，继续在创业的征途上摸索。几经调整，后成功创办了去哪儿网。当有人问他创业的感受时，他认为主动调整很重要，强调说，创业中的动态调整跟解数学题差不多。当创业者带着预先的构想去创业时，一旦投入到实践中，就会发现实际的情况与预想的有很大的不同。因此，就需要紧跟实践，从创业实践中学习新知识，并及时调整自己的想法和策略。所有创业实践，都是动态发展变化着的，因此，就要求创业者及时更新自己的想法和知识，牢牢把握住滚滚向前的实践的车轮，才能成为时代的弄潮儿，成为成功的创业者。

创业实践发生了变化，创业者就需要根据具体情况及时有效地作出对应的调整。毛泽东说："在这种情形之下，由于实践中发现前所未料的情况，因而部分地改变思想、理论、计划、方案的事是常有的，全部地改变的事也是有的。"② 这是一种权变的思想，强调创业需要随具体情境而变或依具体情况而定，即在创业实践中要根据所处的环境和内部条件的发展变化而随机应变。Zappos 是美国一家卖鞋的 B2C 网站，1999 年开站创业后的头几年，业绩不甚理想，与创业者之前所设想的有很大差距。创业团队冥思苦想，试图找到突破困境的办法。后来发现，女性从网络上买鞋子试穿后，退货比例高达三成。过去的网络商店，退货流程很麻烦，顾客抱怨很多，且不能及时给予反馈，使得顾客的流失率很高。于是，创业团队改变思路，把经营重点从扩大鞋子种类转移到提高顾客满意度上来。为充

① 毛泽东：《实践论》（1937 年 7 月），载《毛泽东选集》第一卷，人民出版社 1991 年 6 月第 2 版，第 293—294 页。

② 毛泽东：《实践论》（1937 年 7 月），载《毛泽东选集》第一卷，人民出版社 1991 年 6 月第 2 版，第 294 页。

分获得顾客的反馈信息，简化退货等流程，Zappos 专门开发了一套电子邮件系统，能自动应答顾客提交的退货要求。这一改变，效果立竿见影，收入瓶颈终于被打破了，2001 年收入增长了五倍，此后开始了持续增长。Zappos 的这种调整，属于毛泽东所说的"部分地改变"的事，是创业者根据内外部情况对于原来的创业计划和构想进行局部的调整，使其更能适应环境的需要，进而找到突破瓶颈的方法。这种调整，是创业过程中的局部调整和优化，是通过局部优化来提升整体效率的重要步骤。

　　当然，由于现实情况的需要，创业者还会通过毛泽东所说的"全部地改变的事也是有的"的方式，来改变创业的方向，甚至改弦易辙，从整体上对于创业进行重大战略性调整。在 20 世纪 90 年代中关村的创业浪潮中，段永基的名头比柳传志还要响。1989 年，段永基入主四通公司。当时，他并不认为个人电脑那么快就能普及，而把重点放在四通 4S 激光照排之上，但效果不佳。毛泽东说："即是说，原定的思想、理论、计划、方案，部分地或全部地不合于实际，部分错了或全部错了的事，都是有的。"[1] 这是强调创业要实事求是，需直面现实而进行有效应对，这是成功创业所必需的。比如当段永基发现情况不妙时，就迅速掉转船头，转做商业专用机。1997 年，国家大规模推行金税工程。此时，段永基就抓住机会，使四通成为金税办公室组成单位之一，其研究制造的计税收款机、增值开票机，成为市场的热销商品。段永基是个很有想法的人，也是个很善于灵活调整的人。一旦发现自己的想法与实际情况不相符时，他就会迅速加以调整，并且找出能更好解决现实问题的点子。对于创业者而言，自己的想法被现实证明是错误的，这是再正常不过的事情。关键是，当想法被现实否决后，创业者能否从中找到新的更接近成功的想法，从而开启通向成功的大门。

205

---

　　[1]　毛泽东：《实践论》（1937 年 7 月），载《毛泽东选集》第一卷，人民出版社 1991 年 6 月第 2 版，第 294 页。

　　毛泽东说:"许多时候须反复失败过多次,才能纠正错误的认识,才能到达于和客观过程的规律性相符合,因而才能够变主观的东西为客观的东西,即在实践中得到预想的结果。"① 也就是说,创业本身就是一个试错和纠错的过程。创业者的想法不断在实践中接受检验,通过不断地纠错和反思,使得创业者对现实的认识更加符合客观实践及其规律。丘吉尔每当遇到问题,总能提出很多想法。他提出的一百个想法之中,通常九十九个会被实践检验是错误或无用的想法,但剩下那个想法却能非常好地解决问题。金克·吉列连续做了 24 年的推销员,一直到他 40 岁的时候,他的人生还没有任何起色。这个时候,他开始反思自己的人生,怀疑自己过去的想法是不是出错了。为了改变现状,他想通过写书出名而获得成功。于是,他把业余时间都用在了写书上面,他的著作《人类的趋势》在 1894 年问世了。不幸的是,几乎无人问津,没有销量。金克·吉列发现此路不通,但并没有气馁,而是继续思考,想到研制一种可便携、使用方便的剃须刀。这次,他获得了成功。毛泽东说:"但是不管怎样,到了这种时候,人们对于在某一发展阶段内的某一客观过程的认识运动,算是完成了。"② 金克·吉列完成了他人生中最重要的认识运动,走上了创业的大道。

---

　　① 毛泽东:《实践论》(1937 年 7 月),载《毛泽东选集》第一卷,人民出版社 1991 年 6 月第 2 版,第 294 页。
　　② 毛泽东:《实践论》(1937 年 7 月),载《毛泽东选集》第一卷,人民出版社 1991 年 6 月第 2 版,第 294 页。

第八章　创业的矛盾论

　　吉姆·柯林斯和杰里·波拉斯于 1996 年在《哈佛商业评论》上撰文《建立公司愿景》指出："长期保持成功的公司，为了适应不断变动的世界，会不断调整企业的策略与做法，但同时，要保有固定不变的核心价值与核心目的。"那么，究竟何为愿景？文中并没有给出明确的定义，而是在一开始就引用了托马斯·斯特恩斯·艾略特在《四首四重奏》(Four Quartets) 中的诗句。这四句是："我们不会停止探索，而一切探索的终点，都会回到原来的起点，这时，我们才算第一次真正认识它。"这个"它"，就是创业成功的道理。创业者在实践中通过艰辛的创业，所要找寻的就是这个"它"。创业者要找到这个"它"，不仅要从创业实践中去找寻，而且还要有辩证思考的思辨能力。创业者一旦投身于创业实践中，就会发现有很多力量在牵引着自己。这些力量彼此之间可能是互相补充的，也可能是互相抵消的。创业者如何才能从这些错综复杂的多元力量中把握住前进的方向，进而获得创业的成功，这不仅仅是个实践问题，而且还是个哲学命题。从某种意义而言，伟大的创业家往往都是哲学家，具有其独到的创业哲学。单个创业者的轨迹可能是随机的，但是，无数创业者的轨迹汇集在一起，往往可以看到一些规律性的东西。抓住了这些规律性的东西，那么，创业者就能够把实践的经验上升为形而上的思辨，更能够指导现实中的创业实践活动。

第一节　唯一不变的是变化

哈佛大学哲学系在世界哲学界名闻遐迩，许多世界一流哲学家如奎因、罗尔斯等曾在此任教，这里还有像普特南、诺齐克等许多当代著名哲学家。哈佛大学哲学系曾经举办过一个研讨会，讨论的是史蒂夫·乔布斯的哲学。在这个会上，很多哲学家和学者从各个角度来探讨创业家史蒂夫·乔布斯的哲学思想，令人大开眼界。过去，一说到史蒂夫·乔布斯，都和创业、创新、技术、财富等联系在一起，谁也不会想到他居然还有那么深厚的哲学思想。听完这场哲学系的研讨会，才感觉自己第一次能够更加深刻地了解史蒂夫·乔布斯了，这种感觉，犹如"众里寻他千百度，蓦然回首，那人却在灯火阑珊处"一般的神奇，启发我去进一步探究哲学和创业之间的颇为神秘而深刻的关系。

一、变化是常态

舟山群岛有一个海岛叫"东极岛"。古朴的渔家特色，美不胜收的风光，东极岛在无数的创业者心目中，俨然成为一个内心向往的"新世界"。不少创业活动，被搬到了东极岛来举行。在东极岛拍摄的电影《后会无期》，有句经典台词："你连世界都没有观过，哪来的世界观。"这句话不仅激发了创业者对东极岛的好奇，更触动了创业者深埋在内心的创业神经。不少创业者自从投身创业实践后，就从未想过世界观的问题，也不晓得世界观和创业有什么关联。但是，在忙碌的创业实践中打拼和沉浮之后，创业者逐渐感悟出来一些东西，逐渐去思考创业的目的和深层次意义。几位创业者，从美国名校毕业后回国创业。每隔一段时间，都会到山岭深处的僻静之所，关闭一切通信工具，静静去思考世界的运行规律。有的创业者无论多忙，都要定期到海边去看潮起潮落。在这些创业者看来，世界就如同这潮水，永远都潮起潮落地变化着，而创业者如同驾驶着在海面上航行的船，需要根据潮水起落、风力变化等等诸多因素，才能稳健而安全地驾驶船只，到达目的地。这些创业者都具有一种自发的思辨意识，从创业实践中去思考周围人、事、物变化的规律，这是一种自发而朴素的哲学意识。

　　创业者看世界的角度，往往会对其创业的格局和成败产生深远影响。毛泽东说："所谓形而上学的或庸俗进化论的宇宙观，就是用孤立的、静止的和片面的观点去看世界。这种宇宙观把世界一切事物，一切事物的形态和种类，都看成是永远彼此孤立和永远不变化的。如果说有变化，也只是数量的增减和场所的变更。"① 若采用这种"孤立的、静止的和片面的观点"去看世界，那么，创业者往往会陷入"只见树木，不见森林"的陷阱。在长虹总部，给人印象深刻的是其修建的国际酒店富丽堂皇。但是，这种富丽堂皇的背后，却暗潮涌动。2007 年，长虹执意上马等离子面板生产线，甚至喊出"不做面板毋宁死"的二次创业口号。不过，"液晶为主，等离子为辅"的产业趋势已经是大势所趋。长虹没有看到这一点，或者说，长虹采取了"选择性失明"的办法，在等离子面板上押宝。这种片面的观点让长虹付出了沉重的代价。这个曾经创业大潮中的弄潮儿，现在已黯然失色了。长虹的二次创业之所以会失败，原因是多方面的，但是其中一个很重要的原因是其决策层对于形势和产业发展的重大误判，而导致这个重大误判的根源在于"用孤立的、静止的和片面的观点去看世界"。

---

　　① 毛泽东：《矛盾论》（1937 年 8 月），载《毛泽东选集》第一卷，人民出版社 1991 年 6月第 2 版，第 300 页。

毛泽东说："和形而上学的宇宙观相反，唯物辩证法的宇宙观主张从事物的内部、从一事物对他事物的关系去研究事物的发展，即把事物的发展看做是事物内部的必然的自己的运动，而每一事物的运动都和它的周围其他事物互相联系着和互相影响着。"① 持有这种辩证思维的创业者，看周遭人、事、物的变迁，则能从全面、整体的层次来观察和分析事物发展的规律，找出事物与事物之间的联系，从中获得创业突破的机会。当御手洗毅准备从打印机入手进行创业时，这个市场已被施乐公司所垄断。善于思考的御手洗毅并没有退却的想法，反而仔细研究起日本的环境来。御手洗毅发现，日本的办公产品损耗率明显高于美国。于是，他整日思考其中的原因，冥思苦想但无功而返。有一天，他去泡温泉，当他进入温泉池的一瞬间，如同阿基米德跳入浴池一样，一个念头闪过他的脑海。他连忙跑回办公室，展开了系统的研究。结果，他发现日本多山也多温泉，温泉区溢散出来的硫黄蒸气，常会锈蚀周边城市办公室设备的零件。因为找到了一个事物与它周围事物之间的关系，御手洗毅决定开发抗硫化物的电阻电容以应用在办公机器上，佳能公司就横空出世了。在日本这样的环境中，佳能产品的故障率远远低于其他同类产品，使得佳能产品迅速席卷了日本市场，一举超过了这个领域中的老大施乐公司的市场份额。御手洗毅创业之所以能成功，在于别人仅仅看到一个事物的变化，而他看到了这个事物和周围事物之间的辩证关系。

既然变化是常态，因此，创业者所能做的就是跟住环境变化的节奏，在变化中求生存和发展。在应对变化时，需要区分两种变化的观念。毛泽东说："后来的变化，不过是数量上的扩大或缩小。他们认为一种事物永远只能反复地产生为同样的事物，而不能变化为另一种不同的事物。"② 这

---

① 毛泽东：《矛盾论》（1937年8月），载《毛泽东选集》第一卷，人民出版社1991年6月第2版，第301页。

② 毛泽东：《矛盾论》（1937年8月），载《毛泽东选集》第一卷，人民出版社1991年6月第2版，第301页。

里，毛泽东提醒创业者不要仅仅看到量变，还要能够看到质变。这种量变的观念，认为事物的本质没有变化，只是数量发生了变化。过去，做零售业的喜欢通过开分店的方式来扩展业务。随着分店的增加，销售额也会增加。这是一种量变的过程，其发展受到很多现实的约束。马云则反其道而行之，通过互联网来做零售，结果，从根本上改写了零售业的运营模式，是一种质变。马云自己没有仓库，没有物流，没有采购，没有一切传统零售业所必需的功能，有的是服务器和互联网。但是，马云所创业的零售王国的销售额快要超过沃尔玛在全球的销售总额。一般的创业者，往往是从量变的角度来进行创业，而伟大的创业者往往从质变的角度进行创业。所以，伟大的创业者对于变革社会的贡献就大，因为这类创业者使得一些事物在发展过程中进行了质变，是一种质上的飞跃，而非仅仅是数量上的增加。

二、内因是关键

经常有大学生创业受挫后，会痛诉环境的艰险、对手的阴狠、市场的无情和合作伙伴的背离等等。对于这些抱怨，创业者需要的是冷静反思。毛泽东说："事物发展的根本原因，不是在事物的外部而是在事物的内部，在于事物内部的矛盾性。"[1] 在相同的环境中，条件差不多的大学生进行类似的创业，有的能成功，有的却失败了。不是外部原因决定了谁应该成功，谁会是失败者，而是创业者或者创业团队的内部原因决定了创业的成败。夏朝一个背叛的诸侯有扈氏率兵入侵，夏禹派儿子伯启抵抗，结果伯启打了败仗。他的部下很不服气，要求继续进攻，但他说："不必了，我的兵比他多，地也比他大，却被他打败了，这一定是我的德行不如他，带兵方法不如他的缘故。从今天起，我一定要努力改正过来才是。"从此

211

---

[1] 毛泽东：《矛盾论》(1937 年 8 月)，载《毛泽东选集》第一卷，人民出版社 1991 年 6 月第 2 版，第 301 页。

以后，伯启每天很早就起床工作，粗茶淡饭，照顾百姓，任用有才干的人，尊敬有品德的人。过了一年，有扈氏知道了，不但不敢再来侵犯，反而自动投降了。伯启并没有把失败归因于外因，而是认为内因才是关键。所以，当他从内部强化和改变自己时，就不战而胜了。就是这个伯启，创业后建立了中国第一个奴隶制国家。

创业者在创业过程中，要善于从内部找原因，找出通往成功的道路。在对待内因和外因上，创业者要牢牢把握住内因，因为内因是第一位的。毛泽东说："事物内部的这种矛盾性是事物发展的根本原因，一事物和他事物的互相联系和互相影响则是事物发展的第二位的原因。"[①] 史蒂夫·乔布斯是在参观施乐帕洛阿尔托研究中心时获得了麦金塔电脑的关键创意，但这丝毫不能说明是外因导致史蒂夫·乔布斯的创业成功。同样是这个研究中心，为什么那么多创业者前来参观而偏偏史蒂夫·乔布斯会有灵感呢？哲学家在研究史蒂夫·乔布斯时，发现他有一种发自内在的力量，称之为"现实扭曲力场"。这种发自内在的力场，能让史蒂夫·乔布斯对于周围人、事、物有独到的鉴别能力和吸纳能力。在老布什当总统期间，美国联邦调查局还专门调查过史蒂夫·乔布斯的这种能力，把他作为具有特异功能的人来对待。若不是美国总统换届，世界上很有可能就会少了一位创业教父，而多了一位传奇般的007。史蒂夫·乔布斯的案例，在很多产业的创业中都有。每个行业里面的创业，在同一时期，往往是同时有不少类似的创业团队在创业。大浪淘沙之后，成功脱颖而出的创业者往往有其内在的原因。道理很简单，每天都会有苹果掉下来砸到人身上，但是，砸到牛顿身上与砸到别人身上却有完全不同的结果。当外部环境和刺激相差不多时，结果却不同，这就是内因在起作用。

---

① 毛泽东：《矛盾论》（1937 年 8 月），载《毛泽东选集》第一卷，人民出版社 1991 年 6 月第 2 版，第 301 页。

毛泽东说:"两军相争,一胜一败,所以胜败,皆决于内因。"① 创业者在创业初期,一般实力都是有限的,而面对的往往是一些财大气粗的大企业。这种竞争格局,显然对于那些老牌大企业更有利。但是,这不意味着创业者就一定会失败,成败的关键看内因。1989 年,位于山景城的财捷(Intuit)公司在财务软件上创业,打开了局面,但不小心踩到了微软这个老虎的尾巴。微软收购 Intuit 公司被拒后,恼羞成怒,对 Intuit 公司发起了猛攻。当时,Intuit 公司仅有 50 名雇员,年销售额 1900 万美元。这是一场蚂蚁与大象的对决,业界没有人看好 Intuit 公司。毛泽东说:"胜者或因其强,或因其指挥无误,败者或因其弱,或因其指挥失宜,外因通过内因而引起作用。"② 可惜,气势汹汹的微软决策层并没有读懂毛泽东的这句话,而是一味强攻,结果得势不得分。久攻不下就愈发心浮气躁,逐渐泄气了。相反,弱小的 Intuit 公司却指挥得当,步步为营,不仅没有被微软攻破,反而越战越勇,变得更为强大了,成为微软的克星。这是一场少见的让微软低头的战斗,而 Intuit 公司成功的关键在于内部良好的指挥和正确的应对策略。微软的失败则在于其内部战略战术的不统一,进攻时犯了毛泽东所说的"冒险主义",撤退时犯了毛泽东所说的"逃跑主义"。

Intuit 的胜利说明一点:在企业的竞争中,强与弱并不是绝对的,企业有效的竞争策略加上公司内部资源的合理配置和使用,往往起到决定性的作用。Intuit 在这些方面有个高手,就是其联合创始人斯科特·库克。当初,他为了解决妻子管理支票簿的抱怨而构想了快克(Quicken)软件的创意。在成立初期,公司曾两次濒临破产,都被他从内部一一化解,得以化险为夷。斯科特·库克的特点就是善于用辩证的方法去观察和分析周围人、事、物的变化,从而能够见招拆招,用辩证的方法找到化解困难的

213

---

① 毛泽东:《矛盾论》(1937 年 8 月),载《毛泽东选集》第一卷,人民出版社 1991 年 6 月第 2 版,第 303 页。

② 毛泽东:《矛盾论》(1937 年 8 月),载《毛泽东选集》第一卷,人民出版社 1991 年 6 月第 2 版,第 303 页。

途径。毛泽东说:"这个辩证法的宇宙观,主要地就是教导人们要善于去观察和分析各种事物的矛盾的运动,并根据这种分析,指出解决矛盾的方法。"①斯科特·库克创业成功的秘诀就在于此。他看到员工在办公室不停接听客户的抱怨,于是,转念一想,与其让客户打电话进来,不如主动找上门去。这种辩证思维,让他设计出"跟我回家"调研项目(Follow me Home Research)。在用户的许可下,Intuit 员工跟随用户回家,观察他们在真实环境中如何进行个人财务管理及使用相关软件,这项工作极大地提高了 Intuit 对用户需求的洞察力,同时一下子抓住了客户的心。这些辩证的思维和做法,汇聚在一起就能形成一股强大的力量,强大到足够让骄傲的微软都俯首称臣。所以,毛泽东特别提醒广大创业者,说:"因此,具体地了解事物矛盾这一个法则,对于我们是非常重要的。"②

三、矛盾是普遍的

创业既是一次奇幻冒险之旅,更是处理各种矛盾之旅。创业过程中的矛盾,无所不在。不同创业阶段,存在不同的矛盾。旧矛盾解决了,新矛盾又出来了。所以,创业者永远在处理和解决矛盾。毛泽东说:"矛盾的普遍性或绝对性这个问题有两方面的意义。其一是说,矛盾存在于一切事物的发展过程中;其二是说,每一事物的发展过程中存在着自始至终的矛盾运动。"③创业过程,就是一场自始至终都存在的矛盾运动过程。创业者不可能排除和消灭矛盾,而是需要协调关系来引导矛盾往有利于创业的方向发展。因此,成功的创业者都应该是高效的矛盾协调者,能够通过有效的方法和途径来处理各类矛盾,找出解决矛盾的办法,最终获得创业上

① 毛泽东:《矛盾论》(1937 年 8 月),载《毛泽东选集》第一卷,人民出版社 1991 年 6 月第 2 版,第 304 页。

② 毛泽东:《矛盾论》(1937 年 8 月),载《毛泽东选集》第一卷,人民出版社 1991 年 6 月第 2 版,第 304 页。

③ 毛泽东:《矛盾论》(1937 年 8 月),载《毛泽东选集》第一卷,人民出版社 1991 年 6 月第 2 版,第 305 页。

的成功。由于矛盾是普遍存在的，因此，创业者就要学会在各种矛盾中求生存与发展，如同游泳者要学会在波涛中自由遨游一般。遇到各种矛盾，创业者都需要沉着冷静地应对，不能慌了阵脚，不能采用"逃跑主义"的方式，被矛盾所打败，也不能像鸵鸟遇到危险把头埋进沙子那样去回避矛盾。面对矛盾，创业者要勇敢而冷静地面对它，思考它，要想办法去处理它。创业者不仅要能直面矛盾，而且还要有一定的预见性，在矛盾还没有暴露之前，就能预先做些伏笔，化解矛盾于无形。这类创业者，就是创业的高手。

当重庆邮电大学两名大学生想要联合创业时，矛盾就开始产生了。他们想要开一个水果蔬菜网，但是取什么样的名字，两个人彼此观点对立。这样的剧情被反复上演着：一个人提出一个名字，另一个人就迫不及待地去否决。这样的循环令两个人心力交瘁，倍感苦恼。毛泽东说："一切事物中包含的矛盾方面的相互依赖和相互斗争，决定一切事物的生命，推动一切事物的发展。"① 对于很多创业者而言，创业之初的矛盾都会不可避免地遇到，这个阶段的矛盾也可以说是对创业者的一次考验和检验。若这个阶段的矛盾处理不好，创业还没有启程就可能停止了。在这两位大学生创业的案例中，正当这两个人因为严重分歧而都感到快要绝望时，其中一个人不经意冒出一个词，"菜小二"，另一个人忍不住笑了出来。两个人对视一下，仿佛在瞬间就达成了共识。这个矛盾就以这种方式解决了，两个人开始了携手创业的征程。当这两个人互相否定对方的提议时，矛盾在深化，事情看上去好像不妙。这种过程就是一种矛盾变化的过程，看上去不好的不一定结果就是不好的。随着彼此否定的深入，同时，也在不断启发对方的思考，激发出彼此的创造力。当矛盾积累到一定程度，事物就被推向一个新的高度，在"菜小二"被喊出的一瞬间，矛盾解决了。创业者

215

① 毛泽东：《矛盾论》（1937年8月），载《毛泽东选集》第一卷，人民出版社1991年6月第2版，第305页。

往往会经历这种"山重水复疑无路，柳暗花明又一村"的感觉，这就是矛盾深化而推动事物发展的结果。

创业者在创新的过程中，也需要学会善用矛盾的力量来引导创新活动。毛泽东说："新过程的发生是什么呢？这是旧的统一和组成此统一的对立成分让位于新的统一和组成此统一的对立成分，于是新过程就代替旧过程而发生。旧过程完结了，新过程发生了。新过程又包含着新矛盾，开始它自己的矛盾发展史。"[1] 可见，伴随着创业的是新陈代谢，是新旧矛盾的辩证发展。1985 年，张瑞敏刚到海尔搞创业，发现居然有 70 多台冰箱的质量有问题。于是，他带头砸掉了这些冰箱。创业家需要有大破大立的勇气和魄力，"破"就是对过去旧的做法的否定。当张瑞敏抡起大锤砸向有问题的冰箱时，他砸碎的不仅仅是问题冰箱，而是问题冰箱生产的旧过程。当他领导大家把所有 70 多台问题冰箱都当众砸掉了，"旧过程完结了，新过程发生了"，质量意识开始融入到了海尔所有人的头脑中，成为海尔生产新过程的血液和生命。这种做法，如同毛泽东在三湾进行改编一样，让旧的做法和过程终结，让新的过程发生。所以，创业者要密切关注变化发展着的创业实践，敢于突破与实践不相符的成规旧制，敢于破除落后的思想观念。同时，创业者要注重研究新情况，善于提出新问题，敢于寻找新思路，确立新观念，通过创新和创业来不断开拓新境界。

创业者不仅要处理和解决矛盾，还要主动去发现矛盾，发现矛盾的窍门在于发现差异性。毛泽东说："人的概念的每一差异，都应把它看作是客观矛盾的反映。客观矛盾反映入主观的思想，组成了概念的矛盾运动，推动了思想的发展，不断地解决了人们的思想问题。"[2] 维珍航空飞机的外部颜色很好看。登机前，机长和乘务员都主动到旅客面前做很具有个

[1] 毛泽东：《矛盾论》（1937 年 8 月），载《毛泽东选集》第一卷，人民出版社 1991 年 6 月第 2 版，第 307 页。

[2] 毛泽东：《矛盾论》（1937 年 8 月），载《毛泽东选集》第一卷，人民出版社 1991 年 6 月第 2 版，第 306 页。

性的自我介绍，亲近感十足。进入飞机后，粉色系让人如同进入少女的闺房。这些点点滴滴的细节，都充分体现了维珍航空与其他航空公司的差异性。事实上，维珍航空的创始人理查德·布兰森就是一位善于捕捉和制造差异性的创业者。他在 20 世纪 70 年代从一间电话亭大小的办公室白手起家，手里头只有少得可怜的创业资金。现在，他的王国包括了婚纱、化妆品、航空、铁路、唱片、手机、电子消费产品领域。他创业成功的秘诀就是持之不懈地制造差异性。他以特立独行著称，甚至推出自由休假制度，只要员工自己愿意，随时可以开始休假，而且想休假多久就休多久。不少人不理解这些创业者的特立独行和奇怪的做法。对于这种现象，毛泽东一针见血地指出说："他们不知道世界上的每一差异中就已经包含着矛盾，差异就是矛盾。"[①] 在聪明的创业者眼中，差异不仅是矛盾，也是解决矛盾的非常好的方法。用矛盾来解决矛盾，多么高明的辩证法啊！

第二节　具体问题具体分析

在迈克尔·波特之前，"差异"还不是管理学的术语。后来，迈克尔·波特提出了企业竞争的三大战略，其中之一就是差异化战略，"差异"才开始成为企业经营管理的一个重要术语。其实，"差异化"和"差异"之间是有区别的，前者强调的是不断区分、不断制造差异的动态过程，而后者是对区分程度的一种描述。迈克尔·波特很聪明，他提出的"差异化"战略，强调制造差异的过程，而巧妙避开了差异程度的陷阱。其实，对于创业者而言，重要的不是是否要差异化，而是何种程度的差异才能够具有竞争力。在深圳的创业者，创业起家大多靠的是模仿，通过制造"山寨"产品，迅速获得市场的认可而攫取了第一桶金。不少创业者通过头脑风暴

217

---

① 毛泽东：《矛盾论》（1937 年 8 月），载《毛泽东选集》第一卷，人民出版社 1991 年 6 月第 2 版，第 307 页。

等方法，创造出各种奇奇怪怪的与当前主流产品差异性很大的产品，结果，因为没有市场而束之高阁。所以，"差异化"战略，难的不是回答是否要差异化的问题，而是要确定何种程度的差异化才是最有效的。可见，要真正用好"差异化"战略，关键是要把握差异的本质。我曾经请教过迈克尔·波特，为什么很多企业应用"差异化"战略，却遭到了失败，他的回答并没有让我找到答案。后来，当我研读毛泽东的《矛盾论》，结果豁然开朗，顿悟其中的道理。

一、差异化要有根据

创业者要想成功，就需要不走寻常路，也就是说，要另辟蹊径，通过实施差异化的策略，凭借创新的力量在激烈竞争中脱颖而出。这条路子，理论上是对的，但在创业实践中，真正成功的是少数人。究其原因，关键问题就在这个差异化到何种程度才是最优的创业策略。差异化不足或过度差异化，都会造成创业的失败，这就是所谓的"差异化的陷阱"。有个案例，可以说明误用差异化的后果。有人要去饲养金黄色的甲鱼进行创业。市面上的甲鱼一般都是黑色的，而这位创业者要饲养披着"黄金甲"的甲鱼，与现有的甲鱼能够显著区分开来。但是，创业以失败告终，因为只有极少数人会买这种甲鱼仅供观赏之用。创业者想要创业，就一定需要有个好的切入点。奇思怪想搞差异化需要有个度。美国有个杂志每年会评选年度最奇特的产品想法，选的都是千奇百怪的产品创意。但是，这些创意都只能停留在概念阶段，无法进入市场。这是因为，市场所需的差异化商品，有一定的现实根据，绝非天马行空般的幻想就可以实现。创业者唯有把握住市场的脉络，才能把握好差异化的度，才能通过实施差异化策略进行成功创业。

那么对于创业者而言，如何才能把握好差异化过程中的度？这就需要从更深入的层面来思考差异化的本质。从辩证法的角度来看，差异化的本质就是处理矛盾的特殊性。毛泽东说："任何运动形式，其内部都包含着本身特殊的矛盾。这种特殊的矛盾，就构成一事物区别于他事物的特殊的本质。[①]　所以，差异不是被制造出来的，而是事物发展运动自身会产生特殊矛盾，这些特殊矛盾的产生和处理过程，就是差异化的过程。因此，创业者不能仅仅看到差异化这个表象，而是需要把握住矛盾的特殊性，才能把握好差异化的度，才能获得创业的成功。毛泽东进一步解释，说："这就是世界上诸种事物所以有千差万别的内在的原因，或者叫做根据。"[②]　毛泽东所说的"这"，就是矛盾的特殊性，就是事物彼此区分和有差别的内在原因。这种内在原因很重要，所以，毛泽东强调其为"或者叫做根据"。不少创业者因为没有把握好差异化的度，结果遭遇了失败，究其原因是没有认识和把握好这个"叫做根据"的东西。迈克尔·波特没有说清楚的事，毛泽东几句话就说明白了。也就是说，创业者不能从外部表象来把握差异化的度，而是需要通过内在矛盾的特殊性来把握，才能真正掌握好差异化的度，才可以少走弯路，提高成功的概率。判断是创业的外行还是内行，就是看其是否精通从内部矛盾的特殊性来把握差异化程度，因为内行都是从内在矛盾的特殊性来进行分析和研判，并作为创业策略的决策依据。

创业者若无法有效把握矛盾的特殊性，那么，就会沦为教条主义者，机械地实施差异化战略，结果就会失败。20世纪80年代，迈克尔·波特的竞争理论诞生后风靡全球，成为业界竞争的必备利器。但是，创业者在应用迈克尔·波特的竞争理论时，有些会不顾创业实践的特殊性，而一味照本宣科，反而会加剧失败。当年为了制造差异化，摩托罗拉公司提出"铱星计划"，可以在地球任何地方联系到你想联系到的人。从表面上看，这将是一个非常成功的差异化战略选择。"铱星计划"于1991年启动，摩

219

---

①　毛泽东：《矛盾论》（1937年8月），载《毛泽东选集》第一卷，人民出版社1991年6月第2版，第308—309页。

②　毛泽东：《矛盾论》（1937年8月），载《毛泽东选集》第一卷，人民出版社1991年6月第2版，第309页。

托罗拉公司投资4亿美元成立了铱星公司。此后投入巨资，发射了几十颗卫星，还进行了大量的宣传推广，但公司业绩令人沮丧。到1999年，公司只有1万名用户，但拖欠的银行贷款却高达15亿美元，最终不得不申请破产。毛泽东一语道破天机，他说："我们的教条主义者在这个问题上的错误，就是，一方面，不懂得必须研究矛盾的特殊性，认识各别事物的特殊的本质，才有可能充分地认识矛盾的普遍性，充分地认识诸种事物的共同的本质；另一方面，不懂得在我们认识了事物的共同的本质以后，还必须继续研究那些尚未深入地研究过的或者新冒出来的具体的事物。"当摩托罗拉公司高举差异化的大旗，投入巨资打造"铱星计划"，试图借此一举拉开与竞争者的差距，并击溃这些竞争对手，却忽视了矛盾的特殊性，对于"新冒出来的具体的事物"缺乏深入研究，最终导致了差异化战略的巨大失败。

这个"铱星计划"，是一个过度差异化的案例。过度差异化的根源在于看到了矛盾的普遍性，但忽视了矛盾的特殊性，犯了教条主义错误。毛泽东说："我们的教条主义者是懒汉，他们拒绝对于具体事物做任何艰苦的研究工作，他们把一般真理看成是凭空出现的东西，把它变成为人们所不能够捉摸的纯粹抽象的公式，完全否认了并且颠倒了这个人类认识真理的正常秩序。"[1]　创业者的差异化选择，并不是看自己是否有个好产品、好创意、好模式，而是要看是否有个好市场。如果市场里的目标消费者人群根本就没有这方面的需求，那这种差异化是注定要失败的。研究目标消费者人群的需求就是研究矛盾的特殊性。摩托罗拉公司决策层在没有进行"艰苦的研究工作"，没有对目标市场进行深入调查研究的前提下，就凭经验和感觉支持"铱星计划"的上马，招致失败也是必然的。所以，创业者不能做毛泽东所说的"懒汉"，而是应该做个勤劳的创业者，要"对于具

---

① 　毛泽东：《矛盾论》（1937年8月），载《毛泽东选集》第一卷，人民出版社1991年6月第2版，第310页。

体事物做任何艰苦的研究工作"，才能把握住矛盾的特殊性，才能把握好差异化的度，才能获得创业的成功。当然，没有哪一种创业战略是没风险的。创业战略的选择是相对的，动态的。在快速变化的环境中，创业者做战略选择时，既要体察矛盾的普遍性，更要研究矛盾的特殊性，才能保证所选择的创业战略的风险会相对低一些，而创业成功的可能性会更高些。

二、创业需因地制宜

俗话说：不想当将军的士兵不是好士兵。对于创业者而言，不想把事业做大的创业者不是好创业者。创业者想做大生意，把事业做大，就需要不断拓展事业的版图，拉升业务量。在这个过程中，就需要不断研究发展过程中的各种矛盾，并采取对策来解决和处理好这些矛盾。毛泽东说："一个大的事物，在其发展过程中，包含着许多的矛盾。"[①] 这些矛盾是创业者不可回避的宿命，若想不断扩大事业格局，创业者唯有认真研究这些矛盾并积极采用恰当的对策来处理和解决，才能在矛盾中稳健地前进。近些年，创业家看上了太空这个大生意，谷歌（Google）的创始人拉里·佩奇、Facebook 的创始人马克·扎克伯格、亚马逊创始人杰夫·贝索斯、PayPal 创始人埃隆·马斯克等纷纷投入太空领域的创业。众所周知，太空生意肯定是一门大生意，不仅市场大，而且进入门槛高。因此，在这些创业家看来，这是一个"新大陆"。这些创业家怀着哥伦布航海的气概，不畏艰险地去探索太空领域中的创业。正如毛泽东所说的那样，大的事物包含着许多的矛盾。太空创业这样的大事物，许多矛盾都包含在其中，稍有不慎，就会遭遇灾难性后果。对于这门大生意，不仅仅是考验创业者的财力、人力和物力，更考验创业者研究和化解各种矛盾的能力。到目前为止，太空领域中的创业，里面很多矛盾尚未被解决，因此，还没有私人创

221

[①]　毛泽东：《矛盾论》（1937 年 8 月），载《毛泽东选集》第一卷，人民出版社 1991 年 6 月第 2 版，第 311 页。

业成功的例子。

当前的太空创业热，并不是创业家的第一次卫星热，早先微软和摩托罗拉都曾大力投入卫星，结果都以失败告终。20世纪90年代，比尔·盖茨投资通信公司 Teledesic 公司，计划发射840颗均匀分布在空间的低轨卫星。烧了90亿美元后，项目宣告失败。毛泽东说："不但要研究每一个大系统的物质运动形式的特殊的矛盾性及其所规定的本质，而且要研究每一个物质运动形式在其发展长途中的每一个过程的特殊的矛盾及其本质。一切运动形式的每一个实在的非臆造的发展过程内，都是不同质的。我们的研究工作必须着重这一点，而且必须从这一点开始。"① 这说明了创业要注意矛盾发展的特殊性和变化性。比尔·盖茨这次创业惨败，根本原因还是他对太空创业的矛盾特殊性没有研究清楚。由840颗卫星构成的通信系统是个大系统，但每颗卫星各自又都是一个小系统，每颗卫星都具有其矛盾的特殊性。因为矛盾的特殊性，技术人员计划一颗一颗地发射卫星。但比尔·盖茨却没有看清楚矛盾的特殊性，居然要求洲际弹道导弹群发卫星。这种忽视矛盾特殊性的想法，事实证明是灾难性的。由于要解决巨大的矛盾，Teledesic 公司发射卫星的计划一再拖延，最终，仅仅成功发射过一颗卫星。卫星迟迟上不了天，Teledesic 公司最终只能从地球上消失。比尔·盖茨在地球上的创业大获成功，微软强势崛起，但他在太空上的创业却是惨败，Teledesic 像流星一般陨落了。这又一次证明了，地球和太空各自有其矛盾的特殊性，用地球上的创业经验去到太空中创业，不一定就能成功。

创业者要避免陷入上述这种陷阱，一个办法就是从自己熟悉的领域和环境进行因地制宜的创业。这种创业，因为创业者对于相关情况比较了解，对于矛盾的特殊性能把握得更好，所以，就能够找出处理特殊矛盾的

① 毛泽东：《矛盾论》(1937年8月)，载《毛泽东选集》第一卷，人民出版社1991年6月第2版，第310页。

最佳办法，解决和克服创业过程中出现的各种困难并及时调整，获得创业成功的概率就高。我在北京大学的办公室就在"逸夫楼"里面，这栋楼是邵逸夫捐助建造的。邵逸夫从小是在与表演相关的环境中长大的，他的父亲经营一家名为"笑舞台"的剧院，他的几位哥哥几乎都进入了娱乐圈。所以，邵逸夫耳闻目染，对于表演和电影、电视都非常了解。后来，他就在这个行业创业，一辈子都没有离开过这个行业。毛泽东说："为要暴露事物发展过程中的矛盾在其总体上、在其相互联结上的特殊性，就是说暴露事物发展过程的本质，就必须暴露过程中矛盾各方面的特殊性，否则暴露过程的本质成为不可能，这也是我们作研究工作时必须十分注意的。"[1]邵逸夫从小就跟着父亲、哥哥们在电影及剧场中，使得这个行业的"矛盾各方面的特殊性"都一览无余地暴露在他面前，从中他掌握了这个行业发展的规律和特殊性。当他长大后准备要创业了，就从这个他最熟悉的领域入手，创业相对而言，就比较顺畅，事业也越做越大。

　　因地制宜的创业，就是要把创业者所处的创业环境、创业条件、创业切入点等等具体的情况给研究透。这些情况很细致，也很复杂，但创业者都要逐一认真去对待和研究，揭示其矛盾的特殊性，找出各自的特点和内在的发展规律，从而能够从容地开展创业。毛泽东说："这些矛盾，不但各各有其特殊性，不能一律看待，而且每一矛盾的两方面，又各各有其特点，也是不能一律看待的。"[2]创业者最怕的就是跟风，看到别人成功了，就急于模仿，自己也想去获得同样的成功。这种跟风式创业，就是忽视了矛盾的特殊性，忽视了自己所处的环境和条件与别人的不同，采用盲目模仿的方式去创业，结果，往往无法获得理想的局面。随着社会创业的风起云涌，社会上兴起了兴办创业咖啡馆之风，全国各地，不管有没有条

223

　　① 毛泽东:《矛盾论》(1937 年 8 月)，载《毛泽东选集》第一卷，人民出版社 1991 年 6 月第 2 版，第 311 页。
　　② 毛泽东:《矛盾论》(1937 年 8 月)，载《毛泽东选集》第一卷，人民出版社 1991 年 6 月第 2 版，第 312 页。

件，无数的各式各样的创业咖啡馆开张了。但是，有些地区喝咖啡的人不多，在咖啡馆谈创业的就更少了。于是，各地紧接而来地出现了创业咖啡馆的关门潮。可见，研究特定环境的创业条件很重要。毛泽东曾语重心长地说："研究这些问题，是十分重要的事情。"[1] 这显然是对创业者很好的忠告。

三、创业要有针对性

社会创业的本质就是找寻解决社会问题的办法。这个办法找得好，社会创业就能成功。社会创业源于社会，而又反馈于社会。社会运行过程中会存在各种问题，就会对创业产生需求，各种旨在解决相关社会问题的创业活动和实践就会出现。毛泽东说："不同质的矛盾，只有用不同质的方法才能解决。"[2] 社会运行中有各种矛盾，社会创业就需要针对特定的矛盾提出解决方法，进行有针对性的创业。创业若缺乏针对性，就很容易失败。旧金山是个大都市，游客多，流动人口也多。但是，在旧金山的大街小巷，都可以看到无家可归的流浪汉，坐在大街上伸手要钱。看到这种情形，有位企业家想了一个办法，旧金山附近集中了很多 IT 企业，对编程人员的需求大，可以通过教会这些无家可归的人各种编写程序的技巧，让他们找到工作。这样，不仅可以解决旧金山流浪汉的问题，而且还缓解了 IT 企业的招工难的问题，一举两得啊。但是，事实上效果却不理想。这些无家可归者即便学会了编程技巧，也不愿意去找工作。从社会矛盾的角度来分析，这位企业家的解决方法可谓是有创意，但用错了地方。旧金山无家可归者之所以选择流落街头，并不是真的没有技能去找到工作，而是不想去工作。问题没有分析对，方法再好，也是徒然。

---

① 毛泽东:《矛盾论》(1937 年 8 月)，载《毛泽东选集》第一卷，人民出版社 1991 年 6 月第 2 版，第 312 页。

② 毛泽东:《矛盾论》(1937 年 8 月)，载《毛泽东选集》第一卷，人民出版社 1991 年 6 月第 2 版，第 311 页。

社会矛盾的发展和演变是动态的，因此，创业的过程也是动态的，需要不断通过创新出新方法来处理社会新出现的各种矛盾。毛泽东说："过程变化，旧过程和旧矛盾消灭，新过程和新矛盾发生，解决矛盾的方法也因之而不同。"[①] 创业者若用老办法解决新问题，就会碰壁，甚至遭遇创业的失败。在智能手机出现前，夏普手机比三星手机要风光多了。夏普不断在手机的使用效果上下功夫，设计出来的手机用起来很"酷"，曾经风靡一时。但是，市场在悄悄地发生着变化，消费者开始喜欢更加轻薄的手机。在这种情况下，夏普依然我行我素，采用老办法来应对新问题，结果，市场销量直线下跌。与此同时，三星看到了市场的变化，则主攻轻薄型手机，迅速获得了市场青睐。当社会矛盾发生了变化，手机用户需要的是"更轻"而不是"更酷"时，采用老办法的夏普就遭遇发展的瓶颈了，而采用新办法的三星则异军突起而后来居上，一举超越了夏普的地位。这种此消彼长的格局变化，关键在于解决社会矛盾的办法是否也能与时俱进。当市场发生变化了，新过程和新矛盾发生的时候，一味因循守旧，死抱着老办法不放，就会失去竞争力。因此，创业者需要有创新精神和旺盛的创新欲望，不能指望用老方法解决新问题。

创业者在研究矛盾的特殊性时，不能孤立地看问题，而是需要从总体层面去把握矛盾的特殊性。毛泽东说："研究事物发展过程中的各个发展阶段上的矛盾的特殊性，不但必须在其联结上、在其总体上去看，而且必须从各个阶段中矛盾的各个方面去看。"[②] 1886年，美国亚特兰大市的一个药剂师，精选不同配料，发明出一款美味的饮料，这就是今天风靡全球的 CoCa-Cola。此后，这款饮料横扫北美和欧洲。但是，在 20 世纪 20 年代，这款饮料进入十里洋场的上海，却迟迟打不开局面。问题到底出在哪

---

① 毛泽东：《矛盾论》（1937 年 8 月），载《毛泽东选集》第一卷，人民出版社 1991 年 6 月第 2 版，第 311 页。

② 毛泽东：《矛盾论》（1937 年 8 月），载《毛泽东选集》第一卷，人民出版社 1991 年 6 月第 2 版，第 315 页。

里呢？这家公司来上海的创业团队百思不得其解，就全面梳理在上海的销售计划，从各个环节进行检查和推敲，试图从中找出解决问题的办法。这个排查的过程，可谓是"探赜索隐，钩深致远"。最后，有人提出，问题可能出在名字上。当时，这种饮料的中文译名是"蝌蝌啃蜡"。为了检验这个假设，于是登报重金悬赏征求新译名。结果，"可口可乐"在众多译名中脱颖而出。从此，这款饮料在中国市场上开始大受欢迎。所以，创业者必须从矛盾的各个方面去看问题。

创业者要善于去发现问题、研究问题和解决问题。毛泽东说："研究问题，忌带主观性、片面性和表面性。"① 大多数创业者都有各种各样的新想法，这些想法往往以诱人的面目出现，使得创业者希望通过创业去在现实中实现这些想法。很多想要创业的人，都带着各种奇奇怪怪的想法来谈创业，规划未来的创业路径。但是，这群具有创业冲动的人，往往容易被一些华而不实的想法迷住了双眼。当真正落实到创业实践，就发现到处是问题，计划一再被修改和调整，很多计划被延期或者搁浅，最终，创业大多以失败告终。毛泽东说："表面性，是对矛盾总体和矛盾各方的特点都不去看，否认深入事物里面精细地研究矛盾特点的必要，仅仅站在那里远远地望一望，粗枝大叶地看到一点矛盾的形相，就想动手去解决矛盾（答复问题、解决纠纷、处理工作、指挥战争）。这样的做法，没有不出乱子的。"② 可见，创业要想"不出乱子"，就需要深入研究问题的特殊性，力争全面、深入、细致地掌握问题的方方面面情况，从中找出解决问题的最佳方法。如此，创业才能比较顺利，问题才能得以更好的解决。

226

① 毛泽东：《矛盾论》（1937年8月），载《毛泽东选集》第一卷，人民出版社1991年6月第2版，第312页。

② 毛泽东：《矛盾论》（1937年8月），载《毛泽东选集》第一卷，人民出版社1991年6月第2版，第313页。

第三节　赢在化解矛盾

哈佛大学对于校园可持续发展很重视，由执行副校长带队，统筹和负责全校可持续发展改革。在校方推动校园可持续发展的过程中，阻力重重，矛盾很大，曾经一度要被迫放弃。但是，校方在认真研究了这些矛盾之后，认为教授们之所以反对，主要原因是会影响到教授们已经习以为常的工作模式。于是，校方就调整策略，先从教育入手，先给教授们做好思想工作，再来导入相关的可持续发展改革。这个举措，获得了成功。比如，校方先推广健康的生活习惯，要求教授们不要老在电脑前坐着搞研究，而是要定期站起来活动活动，这样，既可以放松大脑以提高研究效率，又可以保持健康，避免得脊椎病等疾病。然后，校方就更换了教授办公室的电灯系统，若办公室里面长时间没有人活动，则电灯就自动关闭了，可以省电。这个举措，为哈佛大学每年节省了很多电费，教授们也愿意接受这种方式。可见，任何一项活动在实施过程中，都会遇到各种矛盾，关键看如何化解这些矛盾。

一、抓住主要矛盾

在管理理论中，经常会总结出一些模型，比如罗伯特·卡普拉在平衡计分卡理论中总结出四个维度，迈克·波特在竞争理论中总结出五种力量。并不是说，在这四种维度、五种力量之外就没有其他因素，而是说，相对于其他因素而言，上述因素作用更为显著。因此，在管理上，要重点关注这些维度和因素。这些管理理论和实践的背后，就隐含着一个重要假设：创业与管理过程中的矛盾，有主次之分。毛泽东说："在复杂的事物的发展过程中，有许多的矛盾存在，其中必有一种是主要的矛盾，由于它的存在和发展规定或影响着其他矛盾的存在和发展。"① 在精力、资源等有限的前提下，创业者首先要关注那些决定创业成败的主要原因，而不是本末倒置地去在次要矛盾上浪费精力和资源。特拉维斯·卡拉尼克创立优步（Uber）以来，就卷入了巨大的矛盾旋涡，各种官司纷至沓来。看起来，他好像就要被这些官司所淹没了。但是，面对那么多复杂纠结的矛盾，特拉维斯·卡拉尼克内心非常清醒，就是要抓住主要矛盾。在他看来，抓住了主要矛盾，就如同抓住了急速奔跑的野马的缰绳，就可以在错综复杂而快速变化的创业环境中保存和壮大自己。他化解主要矛盾的关键就是紧守公司的使命："让出行像流水一样可靠，随处可在，连接你我。"因为他始终紧守这条使命，所以，即便是很多人群和社会团队甚至一些政府都反对，但是广大消费者的喜欢让这些反对者无计可施。

毛泽东说："捉住了这个主要矛盾，一切问题就迎刃而解了。"② Uber创业之所以在巨大阻力面前依然能获得成功，就是抓住了主要矛盾。在快速变化的社会中，人们越来越发现时间不够用了。Uber 的出现，在帮助人们赢回更多时间的同时，还可以提高收入，节约出行成本，并且带来出行的安全感。所以，对于每天都为生活奔波的社会大众而言，Uber 的出现带来的是惊喜。因此，Uber 如同有一股魔力，紧紧地抓住了广大社会大众的心。当然，在广大出租车司机心目中，Uber 不是天使，而是前来掠夺生意的魔鬼。所以，这些出租车司机就出来抗议，试图遏制和扼杀Uber 的成长。可见，Uber 创业后，就直接导致了这两种矛盾，对于 Uber的发展产生正负两种作用。当然，还有其他种种矛盾。毛泽东说："因此，研究任何过程，如果是存在着两个以上矛盾的复杂过程的话，就要用全力

---

① 毛泽东：《矛盾论》（1937 年 8 月），载《毛泽东选集》第一卷，人民出版社 1991 年 6月第 2 版，第 320 页。

② 毛泽东：《矛盾论》（1937 年 8 月），载《毛泽东选集》第一卷，人民出版社 1991 年 6月第 2 版，第 322 页。

找出它的主要矛盾。"①特拉维斯·卡拉尼克对于这些矛盾进行研究后，分清楚主次，就紧紧抓住主要矛盾，不断推出各种新颖的服务来带给消费者各种惊喜，使得 Uber 在世界各地都受到消费者的追捧。对于次要矛盾，特拉维斯·卡拉尼克则委托律师去处理。如此一来，尽管各地"倒 Uber"的势力不断通过各种手段来遏制 Uber 的发展，但是，这根本无法阻挡 Uber 势如破竹般在世界各地的前进步伐。

任何矛盾都有主次之分，创业者若无法抓住主要矛盾，创业历程就会变成天天都在"救火"，按下葫芦浮起瓢，每天都在疲于奔命而无法有效解决问题，最终拖垮了自己，创业也鲜少能成功。毛泽东说："万千的学问家和实行家，不懂得这种方法，结果如堕烟海，找不到中心，也就找不到解决矛盾的方法。"②不少创业失败的根源，也就在此。1996 年，路易斯·柏德思（Louis Borders）在旧金山创立了一家生鲜 O2O 企业网络货车（Webvan），用户在线上下单，而线下是租借的大型仓库和配送的队伍。这是一种全新的生鲜销售模式，创业之初遇到了各种意想不到的挑战，比如经常缺货、供货不及时、采购跟不上等等。路易斯·柏德思认为在所有这些问题和矛盾中，问题出在自己没有仓库。于是就花费 4000 万美元巨资，在旧金山建了一个仓库，为旧金山全市区半径为 60 英里范围内的居民服务。结果，在订单有限的情况下，仓库庞大的建设和维护成本成为创业的巨大包袱。Webvan 从 1999 年 6 月接收第一个订单，到 2001 年 7 月的最后一个订单，每接一个订单就亏损大约 130 美元。用毛泽东的话来说，这段时间，路易斯·柏德思"如堕烟海"，陷入了越卖越亏的恶性循环而不能自拔。最终，在两年中烧掉了 12 亿美元，以破产告终。然而，这次创业失败似乎并没有让路易斯·柏德思清醒，而是在"烟海"中堕得

229

①　毛泽东：《矛盾论》（1937 年 8 月），载《毛泽东选集》第一卷，人民出版社 1991 年 6 月第 2 版，第 322 页。

②　毛泽东：《矛盾论》（1937 年 8 月），载《毛泽东选集》第一卷，人民出版社 1991 年 6 月第 2 版，第 322 页。

越来越深，在接下去的几次创业中，他依然没有能摆脱失败的阴影。

中国哲学中有五行八卦相生相克、相辅相成思想，强调矛盾的动态性和互相转换性。亚马逊创始人杰夫·贝佐斯似乎是路易斯·柏德思的克星，往往从反方面抑制其发展。路易斯·柏德思后来创办了美国最大的连锁书店鲍德斯书店（Borders），因为亚马逊线上书店的快速崛起，鲍德斯书店后来也破产了。在生鲜O2O领域，路易斯·柏德思的失败令投资者和创业者对此谈虎色变，避之唯恐不及。毛泽东说："然而这种情形不是固定的，矛盾的主要和非主要的方面互相转化着，事物的性质也就随着起变化。"① 矛盾转化了，创业思路和方式也需要随之进行调整。例如杰夫·贝佐斯没有被路易斯·柏德思的失败所吓住，反而似乎从中看到了一种希望。他仔细研究了环境、技术和市场的变化后，在 Webvan 破产7年之后，决定进入在线生鲜杂货行业。与路易斯·柏德思的思路不同，杰夫·贝佐斯认为在线生鲜生意的矛盾关键不在仓库，而在配送。于是，亚马逊并没有去大规模地铺设仓储系统，而是将精力放在最后一公里，即配送上面。毛泽东说："取得支配地位的矛盾的主要方面起了变化，事物的性质也就随着起变化。"② 当亚马逊把配送提到重要地位上来时，决定在线生鲜生意能否成功的关键就从仓储能力转移到了配送能力上来了，而在配送上，亚马逊具有得天独厚的基础。可见，Webvan 的创业失败和亚马逊在同领域的创业成功，都不是偶然侥幸的，而是必然的。成功的创业者都需要懂得矛盾的动态变化。当马云在达沃斯论坛上被问到如何处理阿里巴巴与亚马逊的竞争时，马云就用太极拳来解释，说打太极拳时，你东我西，你上我下。这就是一种矛盾转换和动态变化的哲学思想。

---

① 毛泽东：《矛盾论》（1937年8月），载《毛泽东选集》第一卷，人民出版社1991年6月第2版，第322页。

② 毛泽东：《矛盾论》（1937年8月），载《毛泽东选集》第一卷，人民出版社1991年6月第2版，第323页。

二、在裂变中求合作

创业的过程，就是矛盾演变的过程。创业的开始，就是矛盾的开始。矛盾的结束，就意味着创业的终止。因此，在创业全过程中，矛盾是无所不在的。矛盾如同水，创业如同船。水能载舟，亦能覆舟。创业者若能妥善驾驭好矛盾，矛盾会推动创业前进。但是，创业者若无法处理好矛盾，创业可能很快就会分崩离析，失败就在所难免了。为什么善于驾驭矛盾对创业是有利的？原因在于矛盾不会永远是对立的，而是会有同一性。毛泽东说："一切对立的成分都是这样，因一定的条件，一面互相对立，一面又互相联结、互相贯通、互相渗透、互相依赖，这种性质，叫做同一性。"[①] 创业的过程，是社会资源整合的过程，利益相关者之间都会存在或明或暗的矛盾。但是，这些利益相关者之间也有同一性，有共同的目标，就是通过创业来实现其价值。创业者若能引导利益相关者往这个共同目标去努力，求同存异去共同实现创业的目标，那么，创业成功的可能性就更大。所以，矛盾既可能导致创业的利益相关者之间的对立与分裂，也可能引导大家走向合作共赢。这里面关键不在于矛盾本身，而在于矛盾转化的条件是否具备。创业者要能够善于创造条件、营造氛围，促使和激发矛盾向合作的方向转换。

毛泽东说："然而单说了矛盾双方互为存在的条件，双方之间有同一性，因而能够共处于一个统一体中，这样就够了吗？还不够。事情不是矛盾双方互相依存就完了，更重要的，还在于矛盾着的事物的互相转化。"[②] 不少创业者因为把握不好矛盾的相互转化而遭遇失败。沃尔特·迪士尼自筹了 1500 美元，创办了动画片制作公司。但是，创业之初却屡屡遭遇挫

231

① 毛泽东：《矛盾论》（1937年8月），载《毛泽东选集》第一卷，人民出版社1991年6月第2版，第328页。

② 毛泽东：《矛盾论》（1937年8月），载《毛泽东选集》第一卷，人民出版社1991年6月第2版，第328页。

折和失败。在他创业陷入低谷时，来到好莱坞，遇到了女发行商温可莱女士，她一眼看中《爱丽丝梦游仙境》动画，让迪士尼事业从低谷一下子冲上了云霄。但是，矛盾却在悄悄地转化。温可莱女士嫁人后，由其丈夫出面打理生意，导致与迪士尼合作的破裂。丢掉了版权，迪士尼又一次陷入了事业的悬崖中。伴随着迪士尼跌宕起伏的创业历程，是矛盾的同一性与对立性的转化。当迪士尼遇到温可莱女士时，动画的制作商和发行商之间实现了矛盾的同一性，因此，彼此合作非常顺畅，迪士尼的事业也就蒸蒸日上，发行商的利益也是水涨船高。但是，当发行商换人之后，矛盾的对立性开始占据主导位置。发行商试图通过压榨动画制作商的空间来获得自身利益最大化。这个时候，发行商和制作商之间就是对立面，合作机制被破坏殆尽，最终，失去版权控制权的迪士尼不得不黯然离场，他的这次创业以失败告终。

中国人民自古以来就有创业的热情，在创业的实践中，积累起不少非常宝贵的经验。俗话说："亲兄弟，明算账。"即便是亲兄弟，一起进行创业，也要把账算得清清楚楚的。这是因为，不把账算清楚，不仅创业很难成功，就是亲情也可能被毁掉。这就是中国人民古老而朴素的创业思想，也是从无数创业实践中总结和提炼出来的经验。毛泽东说："一定的必要的条件具备了，事物发展的过程就发生一定的矛盾，而且这种或这些矛盾互相依存，又互相转化，否则，一切都不可能。"① 即便是亲兄弟联手进行创业，随着创业的深入，矛盾也会发生变化，最后，有些亲兄弟甚至反目成为仇人。这样的例子，在古今中外的创业实践中是屡见不鲜了。但是，创业过程中账务清楚，分工明确，责权利明晰，那么，矛盾转化为对立的条件就不会成立，即便是亲兄弟一起创业，也可以获得创业的成功。刘永好等四兄弟一起创业，建立起了希望集团。但是，四兄弟之间的分歧

---

① 毛泽东：《矛盾论》（1937 年 8 月），载《毛泽东选集》第一卷，人民出版社 1991 年 6 月第 2 版，第 332 页。

也渐渐摆到了桌面上。若再不加以调整，希望集团很可能因为内部分歧而崩溃。于是，通过两次分家，使得四兄弟之间产权明晰、分工明确。这种分家，看上去好像是分裂了，实质上是四兄弟的定位和分工更明确了，因此，为矛盾从对立转化为合作提供了客观条件。在此基础上，一个更为强大的新希望集团诞生了。所以，创业者不要怕矛盾，关键是要善于协调矛盾向和谐方向去发展。

俗话说：道不远人。创业的“道”其实就在人们的身边，就在日常生活中。也就是，很多人寻找创业成功的“道”其实是无处不在、无时不在的，关键在于是否能参悟到、意识到。毛泽东说：“所谓矛盾在一定条件下的同一性，就是说，我们所说的矛盾乃是现实的矛盾，具体的矛盾，而矛盾的互相转化也是现实的、具体的。”① 因此，创业者需要从现实中找出化解矛盾的办法。创业者要学会辩证地看问题，不要因为一时的挫折和矛盾而放弃创业。塞翁失马，焉知非福。任何事都有两面性，祸福成败在一定条件下都是可以互相转化。在矛盾尖锐时，不妨静下心来，静观其变。随着外部环境的变化，矛盾也会随之转移或者发生转变，事情就会出现转机，形势就会对自己创业有利。创业者之所以需要有永不放弃的坚持，就是因为矛盾不是静止不变的，而是在变化中。当条件成熟，矛盾就会从不利转化为有利，创业就可以获得突破的机会。

三、能合作，也会抗争

谈判是合法抗争的重要形式之一，也是解决日常生活及商务矛盾的最常用手段之一。毛泽东曾经以“有理、有利、有节”这三个“有”来处理一些重大谈判时要掌握的原则，毛泽东自己就是位伟大的谈判家，曾经亲自飞赴重庆进行谈判，在谈判桌上为完成革命创业争取到了积极主动的

① 毛泽东：《矛盾论》（1937 年 8 月），载《毛泽东选集》第一卷，人民出版社 1991 年 6 月第 2 版，第 330 页。

地位。创业者除了要有创新意识和开拓精神之外，还需要掌握各种谈判技巧和方法，通过谈判来争取应有的权益，为创业实践保驾护航。创业者向毛泽东学习创业，不仅要学习他指挥千军万马的运筹帷幄，还要学习他在谈判桌上针锋相对的谈判策略和驾驭谈判进程的能力。

创业过程中，合作是很重要的，但是，合作并不意味着无原则的苟同。毛泽东说："有条件的相对的同一性和无条件的绝对的斗争性相结合，构成了一切事物的矛盾运动。"① 任何一项创业活动，都是合作与斗争的集合。所以，创业者既要学会合作的技巧，也要掌握谈判的本事。

合伙创业是当前创业的主要形式，因为一个人的力量是有限的，对于风险的承受力也是不够的，在这种情况下，找几个合伙人一起创业就能壮大初创阶段的力量。但是，事情总是具有两面性的。毛泽东说："根据事物的具体发展，有些矛盾是由原来还非对抗性的，而发展成为对抗性的；也有些矛盾则由原来是对抗性的，而发展成为非对抗性的。"② 合伙创业的结果可能是一场喜剧，也可能是悲剧。创业者大多喜欢寻找合伙人一起上路，但很多情况下或难以为继，或分道扬镳，或分崩离析，甚至对簿公堂。人还是原来的人，但是环境发生了变化，矛盾就会发生变化，人的想法和行为也会发生变化。迪士尼到纽约去联系《米老鼠》发行事宜，非常不顺利。那时，他认识一位叫鲍威尔的教父，屡屡给陷入困境的迪士尼伸出援手。后来，迪士尼干脆就把业务交给这位教父。随着《米老鼠》日渐火爆，但迪士尼发现这位曾经的恩公却把越来越多的收益给私自转走了。最终，两个人不欢而散，如同陌生人一般。所以，创业者在汇集人气进行创业时，要关注矛盾的悄然变化，在矛盾暴露之前能够予以巧妙处置和安排，避免矛盾到了不可收拾的地步。

---

① 毛泽东：《矛盾论》（1937年8月），载《毛泽东选集》第一卷，人民出版社1991年6月第2版，第333页。

② 毛泽东：《矛盾论》（1937年8月），载《毛泽东选集》第一卷，人民出版社1991年6月第2版，第335页。

　　创业者需要学会与矛盾共舞，因为创业中自始至终都会有矛盾，而矛盾不可能被消灭，但可以被疏导。在当今社会的创业中，创业者要学会用疏通的方法来引导矛盾向有利于创业的方向去发展，避免出现矛盾激化的不利局面。毛泽东说："当着我们研究矛盾的特殊性和相对性的时候，要注意矛盾和矛盾方面的主要的和非主要的区别；当着我们研究矛盾的普遍性和斗争性的时候，要注意矛盾的各种不同的斗争形式的区别。否则就要犯错误。"[①] 在最后，创业者要牢记毛泽东的训诫，需要充分研究矛盾的复杂性、变化性和对立统一性，要成为疏导矛盾的创业高手。若不深入去研究创业过程中方方面面的矛盾，就会出现如同毛泽东所说的"否则就要犯错误"。这是从革命创业实践中总结出来的弥足珍贵的经验教训，"前事不忘，后事之师"，每位创业者都应该牢记毛泽东的告诫。

---

　　① 毛泽东：《矛盾论》（1937 年 8 月），载《毛泽东选集》第一卷，人民出版社 1991 年 6 月第 2 版，第 336—337 页。

参考文献

1.毕桂发：《毛泽东用过的典故》，上海辞书出版社 2015 年版。

2.《邓小平文选》第三卷，人民出版社 1993 年版。

3.《毛泽东选集》第一卷，人民出版社 1991 年版。

4.顾佳峰：《达观天下：跟尹衍梁学管理》，北京大学出版社 2016 年版。

5.龚育之：《毛泽东的读书生活》，生活·读书·新知三联书店 2009 年版。

6.（清）谷应泰：《明史纪事本末》，中华书局 2015 年版。

7.王养冲、陈崇武选编：《拿破仑书信文件集》，上海人民出版社 1986 年版。

8.萧诗美：《毛泽东智慧》，人民出版社 2013 年版。

9.张文木：《重温毛泽东战略思想》，山东人民出版社 2016 年版。

10.中共中央文献研究室：《毛泽东思想年编（1921—1975)》，中央文献出版社 2011 年版。

11.中共中央文献研究室：《毛泽东年谱（1893—1949)》（修订本），中央文献出版社 2013 年版。

1. Amartya Sen, *Identity and Violence: The Illusion of Destiny*. W. W. Norton & Company, 2007.

2.Daniel Kahneman, *Thinking, Fast and Slow*. Farrar, Straus and Giroux, 2013.

3. Ezra F. Vogel, *Deng Xiaoping and the Transformation of China*. Belknap Press, 2013.

4. Fred Schwed, *Where Are the Customers' Yachts?* Wiley, 2006.

5. Lloyd E. Shefsky, *Entrepreneurs Are Made Not Born*. Glencoe/Mcgraw-Hill, 1996.

6. Malcolm Gladwell, *Outliers: The Story of Success*. Back Bay Books, 2011.

7. Jack Welch, John A Byrne, *Jack: Straight from the Gut*. Grand Central Publishing, 2003.

8. Jack Welch, Suzy Welch，*Winning*. HarperBusiness，2005.

9. Jim Collins. *Good to Great: Why Some Companies Make the Leap And Others Don't*. HarperBusiness，2001.

10. Jim Collins, Jerry I Porras，*Built to Last: Successful Habits of Visionary Companies*. HarperBusiness，1994.

11. Joseph A Schumpeter，*Essays: On Entrepreneurs, Innovations, Business Cycles, and the Evolution of Capitalism*. Transaction Publishers，1989.

12. Michael E Porter，*Competitive Strategy: Techniques for Analyzing Industries and Competitors*. Free Press，1998.

13. Michael E Porter，*Competitive Advantage: Creating and Sustaining Superior Performance*. Free Press，1998.

14. Peter F Drucker，*The Practice of Management*.HarperBusiness，2010.

15. Peter F Drucker，*The Effective Executive: The Definitive Guide to Getting the Right Things Done*. HarperBusiness，2006.

16. Peter F Drucker, *Managing for Results*，HarperBusiness，2006.

17. Peter F Drucker，*The Age of Discontinuity: Guidelines to Our Changing Society*. Transaction Publishers，1992.

18. Peter Drucker，*How to Make People Decisions*.HBR, July–August，1985.

19. Peter Miller，*The Smart Swarm: How Understanding Flocks, Schools, and Colonies Can Make UsBetter at Communicating, Decision Making, and Getting Things Done*. Avery，2010.

20. Peter M Senge，*The Fifth Discipline: The Art & Practice of The Learning Organization*. Deckle Edge，2006.

21. Philip T. Kotler, Kevin Lane Keller，*Marketing Management (15th Edition)*. Pearson, 2015.

22. Robert S Kaplan，David P Norton，*The Balanced Scorecard: Translating Strategy into Action*. Harvard Business Review Press, 1996.

23. Thomas L. Friedman，*The World Is Flat: A Brief History of the Twenty-first Century*. Farrar, Straus and Giroux, 2005.

24. Thomas S Kuhn，*The Structure of Scientific Revolutions*. University Of Chicago Press, 2012.

237

后　记

　　写这部书，有一定的机缘。在北京大学光华管理学院攻读博士学位时，我跟着台湾企业家尹衍梁先生学习企业管理。他所领导的大润发公司到大陆来发展零售业，经过十来年发展，已经可以与沃尔玛和家乐福这些国际零售商巨头抗衡了。当时，我曾经向先生请教大润发崛起的奥秘，他认为是学习和灵活应用了毛泽东创业的战略和战术，帮助大润发能很快适应大陆的环境，实施了适合本地的本土化战略，最终后来居上。事实上，马云也坦言自己在创业过程中，学习和借鉴了毛泽东创业思想与方法。在产业界，这样的例子不在少数。这些真实的例子，启发了我深入学习、系统梳理、认真研究毛泽东的创业思想。随着研究的深入，越来越深刻地发现毛泽东创业思想的广博精深，是极其难得的创业思想瑰宝。我希望通过此项研究为广大创业者以及社会大众进行创业提供良好的指引。

　　当前，身处"大众创业、万众创新"的时代，越来越多的人投身各种创业实践中去，但是，创业成功率低的难题，依然是世界难题。我曾经和美国麻省理工学院（MIT）的罗伯特·兰格教授探讨过这个问题，他是美国科学院、美国工程院、美国医学院的三院院士，自己也领导数十项创业活动，他说在美国创业成功的概率也是非常低的，好的创业理论对于创业成功很重要。在国内，马云、马化腾等的成功创业，令很多大学生热血沸腾，跃跃欲试，希望投身创业成为人生的大赢家。但是，创业真正成功的概率还是非常低的。绝大多数创业，都是以失败告终。就其本质，创业是一项复杂的系统工程，需要在不确定而多变的环境中去把握机会，所以，要想获得成功，的确不易。与当前创业者所面临和遭遇的问题相比，当年毛泽东革命创业时所遇到过的问题，有过之而无不及。当时，毛泽东通过正确的创业战略与战术，通过坚韧卓绝的创业行动，最终赢得了革命创业的伟大成功。因此，毛泽东创业时所积累的宝贵经验，对于当前的社会创业而言，具有非同寻常的价值。

本书从创业的角度来研究毛泽东思想，以广大创业者容易理解的方式来阐释毛泽东创业思想。这种方式，有利于毛泽东创业思想更加贴近当前的社会创业实践，有利于广大创业者更好地掌握和理解毛泽东的创业智慧，并在现实的创业实践中加以有效使用，最终提高创业成功的概率。在这部书稿的写作过程中，得到了不少朋友的帮助。蒲宇飞师兄认真研读了书稿后，给出了具体的意见。我在斯坦福大学访学期间的同屋魏建国，他也是我在北京大学的同事，也仔细研读了书稿，并提出了自己的想法。此外，还要特别感谢 Facebook 创始人马克·扎克伯格先生，给予书稿很高的评价。感谢哈佛商学院院长尼丁·诺瑞亚教授和麻省理工学院斯隆管理学院副院长黄亚生教授的支持和帮助。感谢哈佛大学肯尼迪政府管理学院托尼·赛奇教授的指导意见。感谢哈佛大学傅高义教授，他在很大程度上影响了我写作的风格。感谢北京大学中国社会科学调查中心主任李强教授在工作过程中所给予的指导和帮助。感谢美国科学院院士、普林斯顿大学的谢宇教授，其严谨的做学问方式让我很受启发。

感谢所有关心和帮助过我的人，谢谢。

顾佳峰

2016 年 7 月于北京大学燕园

策划编辑：郑海燕
责任编辑：陈　登
封面设计：林芝玉
责任校对：吕　飞

图书在版编目（CIP）数据

跟毛泽东学创业／顾佳峰　著 . —— 北京：人民出版社，2017.11（2025.8 重印）
ISBN 978 - 7 - 01 - 018135 - 6

I.①跟…　II.①顾…　III.①毛泽东思想研究②创业 - 研究　IV.① A84 ② F241.4

中国版本图书馆 CIP 数据核字（2017）第 217764 号

跟毛泽东学创业
GEN MAOZEDONG XUE CHUANGYE

顾佳峰 著

人民出版社 出版发行
（100706　北京市东城区隆福寺街 99 号）

中煤（北京）印务有限公司印刷　新华书店经销

2017 年 11 月第 1 版　2025 年 8 月北京第 3 次印刷
开本：710 毫米 ×1000 毫米 1/16　印张：15.75
字数：216 千字

ISBN 978 - 7 - 01 - 018135 - 6　定价：58.00 元

邮购地址 100706　北京市东城区隆福寺街 99 号
人民东方图书销售中心　电话（010）65250042　65289539